16

DAS ANDERE
DAS ANDERE
DAS ANDERE
DAS ANDERE
DAS ANDERE

EDITORA ÂYINÉ

Belo Horizonte | Veneza

Morten A. Strøksnes
O LIVRO DO MAR
ou a arte de capturar um tubarão gigante num bote inflável de borracha na vastidão do oceano durante quatro estações

TRADUÇÃO DO NORUEGUÊS | Leonardo Pinto e Silva
PREPARAÇÃO | Érika Nogueira
REVISÃO | Ana Martini, Andrea Stahel

SUMÁRIO

007 **O LIVRO DO MAR**

423 Biografia

O LIVRO DO MAR

Já alcançaste as origens do mar?
Já passeaste pelo mais profundo do abismo?

Livro de Jó (38:16)

1

Três bilhões e meio de anos transcorreram desde que a forma de vida mais primitiva evoluiu no mar até o momento em que recebi um telefonema de Hugo Aasjord, numa noite qualquer de julho, durante um animado jantar no centro de Oslo.

— Já viu a previsão do tempo para a próxima semana? — perguntou ele.

Havia muito tempo que aguardávamos uma condição muito específica. Nem sol, nem calor, nem mesmo tempo firme. O que queríamos era a menor incidência possível de ventos entre Bodø e Lofoten, mais precisamente no Vestfjorden. Quando o que se quer é calmaria num fiorde norueguês, é melhor não se afobar. Passei semanas atento à meteorologia. Previam-se frio e brisa leve, jamais apenas brisa, vento fraco ou parado. Acabei esquecendo de conferir a previsão e me entreguei às férias preguiçosas de dias cálidos e noites amenas em Oslo.

Assim que ouvi a voz de Hugo, que detesta telefones e só recorre a eles quando o assunto é importante, logo adivinhei que a previsão para os próximos dias era exatamente a que esperávamos.

— Vou comprar as passagens amanhã e aterrisso em Bodø segunda-feira à tarde — respondi.
— Muito bem, nos vemos então. — *Clique.*

Na poltrona do avião rumo a Bodø me pus a observar a paisagem pela janela e a imaginar que ali estava a superfície do mar. Cerca de dois milhões de anos atrás, a Terra inteira era coberta de água, à exceção talvez de algumas ilhas bem afastadas umas das outras. Ainda hoje o oceano soma mais de 70% da superfície terrestre. Alguém um dia escreveu que o planeta não deveria se chamar Terra. Em vez disso, deveria ser chamado Mar.

Lá embaixo vi passarem montanhas, florestas e planícies até finalmente pousarmos em Helgeland, onde, a oeste, descortinam-se fiordes majestosos e mares revoltos, e a linha do horizonte se desfaz num tom cinza brilhante sem distinguir mais o que é céu e o que é mar. Cada vez que deixo Oslo e viajo ao norte da Noruega sou tomado pela mesma emoção. Digo adeus à terra firme, aos formigueiros, pinheiros, rios, lagos e charnecas para abraçar o mar, livre e infinito, embalado pelas canções da época de ouro das navegações, que ecoavam em portos clássicos como os de Marselha, Liverpool, Cingapura ou Montevidéu, enquanto mãos operosas puxavam cordas, içando e arriando velas no convés.

Marinheiros em terra firme lembram hóspedes irrequietos. Talvez nunca se lancem ao mar novamente, mas falam e agem como se estivessem numa breve visita. A saudade do mar nunca passa. O mar que os chama tem de se contentar com respostas lacônicas, ainda que esperançosas.

Esta mesma atração misteriosa deve ter acometido meu trisavô que partiu do interior da Suécia e se aventurou pelo oeste afora, atravessando vales e vencendo montanhas. Qual um salmão, percorreu largos cursos de água, primeiro contra e depois a favor da correnteza, até chegar ao mar. Diz-se que a única justificativa que dava para essa aventura era poder admirá-lo com os próprios olhos, mas planos para regressar à terra de onde viera ele não os tinha. Talvez não suportasse a ideia de passar o resto dos dias carpindo lavouras numa aldeia montanhosa no interior da Suécia. Sem dúvida era uma pessoa determinada, um sonhador, de pernas fortes e musculosas, pois foi dar na costa da Noruega, onde constituiu família e juntou-se à tripulação de um navio cargueiro. O barco naufragou em algum lugar do Pacífico, e todos a bordo morreram. É como se o homem tivesse vindo do fundo do mar e para lá precisasse retornar, como se sempre soubesse que ali estaria em casa. Pelo menos é assim que eu gosto de pensar nele.

Foi o mar quem deu azo à poesia de Arthur Rimbaud. Foi o mar a chave para ampliar a linguagem que abriu a ele e a sua poesia as portas da modernidade, com «Le bateau ivre» («O barco ébrio», 1871). O sujeito do poema, isto é, o próprio navio, é um antigo cargueiro que aspira a viver a liberdade do mar e deixa-se levar sem controle por um grande rio, até desaguar na costa e singrar pelas ondas. A embarcação é engolida por uma tempestade e naufraga para comungar com o oceano: «E depois, eu sem fim banhei-me no Poema/ Desse mar a ferver de astros e lactescente,/ Sorvendo o verde-azul onde boia, suprema,/ Lívida aparição de um cadáver silente».[1]

Da poltrona do avião tento reconstituir de memória fragmentos de «O barco ébrio». As ondas precipitam-se sobre os rochedos como um rebanho em disparada. E no

---

[1] Quando estudante, participei de um seminário sobre a poesia de Rimbaud conduzido pelo poeta Kjell Heggelund. Citei «Le bateau ivre» tendo em mente o original e uma série de traduções, embora não tenha sido fiel a nenhuma delas. O poema foi traduzido para o norueguês por Rolf Stenersen, Kristen Gundelach, Jan Erik Vold (bokmål) e Haakon Dahlen (nynorsk). Essas traduções, junto com várias outras, como por exemplo de Samuel Beckett, estão na coletânea *Å dikte for en annen. Moment til en poetikk for lesning av gjendiktninger. Berman, Meschonnic, Rimbaud*, de Cathrine Strøm (tese em literatura comparada, Universidade de Bergen, primavera de 2005).

1bis Tradução em português retirada de *Musa de quatro idiomas*. Trad. de Alexandre Herculano de Carvalho (a partir do francês). Lisboa: Ática, 1947.

fundo do mar a baleia Leviatã decompõe-se emaranhada em sargaços que agarrados ao navio parecem tentáculos. Além do abismo negro do torvelinho, o navio ouve o assobio do acasalamento do cachalote, avista destroços de naufrágios pululando de vermes e serpentes medonhas, peixes dourados que cantam, luas crescentes eletrizantes, cavalos-marinhos negros — prodígios que o ser humano nem sequer *imagina* que um dia existirão...

O barco é golpeado por visões e experimenta a força aterrorizante e libertadora do mar, o arrasto e o borrifo constantes das vagas, até enfastiar-se lânguido e dormente. Então passa a recordar, nostálgico, a terra, e os rios, e lagos plácidos e de águas turvas onde navegou na infância.

Rimbaud nunca tinha visto o mar quando escreveu o poema, aos dezesseis anos.

2

Hugo vive em Engeløya, ilha do Anjo, no distrito de Steigen. Para chegar lá desde Bodø é preciso pegar o barco expresso rumo ao norte, passando por aldeias que parecem cracas incrustadas nos rochedos à beira-mar. Depois de menos de duas horas de viagem o barco aporta em Bogøy, um povoado do outro lado da ponte que o liga a Engeløya. Hugo está no cais e me dá as boas novas: talvez tenhamos isca à disposição. Um touro escocês das Terras Altas foi abatido três dias antes. Os despojos do animal estão no meio da mata para serem recolhidos. Mas isto terá que ficar para o dia seguinte, pois começa a chover enquanto cruzamos a ponte rumo a Engeløya e paramos defronte ao enorme sobrado onde vive Hugo, com direito a torreão no telhado, galeria de arte no porão e vista indevassável a oeste, na direção do Vestfjorden.

Quem chega à residência de Hugo imediatamente tem a impressão de adentrar um covil de piratas. Bugigangas que parecem o butim de saques à costa ficam espalhadas pela garagem, enquanto outros objetos são expostos como troféus pelo corredor que conduz ao porão. Muito disso ele encontrou no mar, incluindo a proa de um antigo barco e algumas âncoras, antigas e enormes. Uma hélice pertencente a uma traineira inglesa que naufragou ao largo da ilha de Skrova está exposta no quintal. Pendurada na casa de madeira contígua está uma placa em russo que Hugo fisgou no mar. De início achou que pertencia a uma embarcação russa, mas não passa de um pôster eleitoral da comarca de Arcangel. Ao lado do prédio principal, Hugo construiu outros dois, mais um estábulo para dois pôneis de Shetland, Luna e Veslegloppa. Diversas embarcações ficam estacionadas dentro ou ao redor da edificação. O *plattgatter*, um tipo de barco de mogno que dava a impressão de implorar pela riviera mediterrânea, já foi vendido.

Hugo jamais experimentou um daqueles empanados de peixe congelados que se compram nos supermercados, e tampouco quer descobrir que gosto têm. Depois de saborearmos a sopa de urtigas e levísticos recém-colhidos, lentilhas e salsicha caseira de alce, descemos para a galeria. As pinturas a óleo de Hugo são na sua maior parte abstratas, mas os noruegueses do norte tendem a achar que são paisagens concretas do mar e da orla, isto é, temas muito próximos do meio onde vivem. É muito fácil entender o porquê, pois todos os quadros exibem a luz característica do mar ao norte do Círculo Polar, sobretudo no inverno. O estilo de Hugo é facilmente perceptível pelos tons azuis árticos, típicos dos dias frios e menos escuros do inverno, que afinal nem é tão escuro assim. Todo o espectro da luz está lá, ainda que em tons pastel ou mais contidos. As cores do céu ganham um brilho profundo e encapsulado, e o clarão da aurora boreal pode explodir a qualquer instante, num improviso psicodélico. Algumas das obras da sua fase atual são de Batterie Dietl, na costa aberta de Engeløya, onde, durante a guerra, os alemães construíram a maior e mais dispendiosa fortaleza setentrional da Europa. Dez mil soldados alemães e prisioneiros russos habitaram o lugar. Os nazistas puseram de pé uma das maiores cidades do norte da Noruega, com direito a sala de cinema, hospital, casernas, refeitórios e até mesmo bordéis com prostitutas especialmente importadas da Alemanha e da Polônia. Por todo o distrito foram instaladas antenas de radares, estações meteorológicas e centrais de comando com a tecnologia mais moderna de então. As baterias de canhões cobriam todo o Vestfjorden e tinham um alcance de várias milhas. Os bunkers descem vários andares sob o solo e estão lá até hoje. Embora centenas de prisioneiros russos tenham morrido durante os trabalhos forçados, Hugo enxerga ali solidão e paz. Nas suas marinhas, as baterias transparecem como formas cubistas.

Há alguns anos Hugo exibiu um gato de verdade, embalsamado. O animal escondeu-se para morrer atrás da parede de um antigo celeiro em ruínas. Depois que se soube que a obra seria exposta na Bienal de Florença, o jornal *Nordland* perguntou em manchete: «Um gato morto é arte?».

Hugo cresceu em ambos os lados do Vestfjorden, sempre esteve com os olhos ou os pés no mar. Somente numa ocasião viveu longe dele durante um período mais prolongado, quando foi estudar em Münster, admitido na renomada escola de belas-artes daquela cidade alemã como o calouro mais novo de todos os tempos. Pelas ruas ainda encontrou muitos inválidos da guerra, nos bancos das igrejas, a quem faltava um braço, sentados em cadeiras de rodas ou desfigurados. Ele estudou com jovens radicais alemães que não temiam protestar contra a Guerra do Vietnã, porém consideravam a Segunda Guerra Mundial um tabu. Gostava de tomar o trem para Hamburgo, ao norte, pois durante o trajeto sentia a mudança na textura do ar, que se tornava mais cru, dada a proximidade da orla.

De volta à Noruega, trouxe as provas que atestavam seu domínio sobre as técnicas clássicas da pintura, do desenho e da escultura. Trouxe também outro tipo de bagagem: o fato de ter flertado com o movimento estudantil alemão radical da década de 1970 ainda é perceptível nele de uma maneira vaga. Hugo nunca foi exatamente um radical. Nem isso tem a ver com seu estilo, apesar dos óculos redondos, do bigode farto e dos cabelos longos e escuros. Tem mais a ver com uma atitude pouco convencional em relação a como fazer as coisas e viver a vida. Além disso, herdou um vício: assiste à série policial alemã *Derrick* todas as tardes às 17h — e ai de quem o perturbar nessa hora.

Depois que me mostrou seus novos trabalhos, subimos para a sala de estar no andar superior. De lá podemos apreciar o interior da exuberante Engeløya. É uma noite de verão amena. Ao sul, o orvalho já se depositou sobre a grama e a terra, negra como betume, e uma cortina de silêncio cai sobre o chão dormente. O mínimo sussurro se ouve ao longe. À nossa volta há uma floresta de decíduas: vidoeiros, salgueiros, choupos e sorveiras. Saio pela porta da sacada que remete à proa de um navio e percebo que entre as árvores é tudo menos quietude. A mata inteira sabe a pólen e transpira clorofila. Ouço o trinado de maçaricos, narcejas e galinholas. Uma verdadeira sinfonia de aves está em execução, o ouvido precisa de um tempo para diferenciar cada um dos músicos. A perdiz gorgoleja, o tordo pipila, o cuco faz o que diz o seu nome. Tentilhões, pardais e chapins chilreiam. Os maçaricos costumam emitir um assobio solitário e melancólico, mas podem de repente mudar de ritmo e soar como uma metralhadora, ainda que dano algum inflijam. Outro pássaro emite um ruído seco, como o de uma moeda quicando numa superfície de madeira.

Um mocho-dos-banhados passa voando em baixa altitude, suas asas compridas tremulam de um feitio único.

O fiorde está calmo e coberto de branco. A neve ainda não derreteu nos picos negros, tão altos que, ao longo dos anos, três caças chocaram-se contra eles. Dois Starfighter, no início da década de 1970, e um Tornado alemão, que em 1999 se espatifou na praia de Bøsanda depois que os dois pilotos ejetaram-se. Ambos foram resgatados por pequenos barcos que pescavam palocos no estreito de Skagstadsund, entre as ilhas de Engeløya e Lundøya.

As aves dizem muito da diferença entre Engeløya e Skrova, do lado oposto do Vestfjorden. Engeløya é uma sociedade agrícola. Skrova é uma aldeia de pescadores, o que implica que todo o resto, inclusive a mentalidade das pessoas, é diferente. Até a vida das aves é outra. O trinado dos pássaros dos bosques de Engeløya é de uma beleza encantadora. Em Skrova são apenas aves marinhas, e o grasnado que produzem nem sequer pode ser chamado de canto. Mas algumas dessas aves podem mergulhar até duzentos metros de profundidade, praticamente voando dentro de água, ziguezagueando à caça de cardumes de peixes.

Em Skrova, que será a base da nossa pesca ao tubarão, Hugo e sua esposa Mette estão reformando uma antiga fábrica de beneficiamento de peixes que batizaram de Aasjordbruket, ou «Estação Aasjord».

De volta à sala de estar Hugo conta uma história peculiar, porém nada atípica, em se tratando de quem é.

Como a história veio ao caso não sei, mas Hugo tem o dom de associar uma coisa a outra inteiramente distinta. Ele diz que certa vez adotou um cordeiro recém-nascido que estava com os dias contados, pois o fazendeiro teimou que havia algo errado com o animal. Hugo teve dó do cordeiro e o trouxe para casa. O animal instalou-se na cozinha, e o casal fez planos de abatê-lo no outono. Semanas depois, quando encontrou o fazendeiro no supermercado, Hugo mencionou de passagem que era uma pena deixar o cordeiro sozinho em casa. O fazendeiro então lhe veio com um outro cordeiro.

Por meses a fio eles os alimentaram e os bichos cresceram sadios — e incontroláveis. Depois de certo tempo, não era mais seguro deixá-los a sós na presença de crianças ou cães, então Hugo os colocou num barco e os largou numa ilhota, onde poderiam viver e pastar à vontade.

Crescidos e fortes, os carneiros adultos esqueceram qualquer vestígio de gratidão e bons modos. Quando Hugo aproximava-se da ilhota, ameaçavam-no e chegavam a nadar na sua direção, a lã ficava ensopada, e Hugo precisava salvá-los para que não se afogassem. Num belo dia de verão, quando desembarcava sem pressentir perigo, um deles arremeteu contra Hugo assim que ele pôs os pés na terra. Para concluir a história, ele puxa o suéter e me mostra uma cicatriz comprida e funda acima do ombro.

Não demorou para serem finalmente abatidos. A simpatia da família por eles já não existia. O pelego de ambos serve de forro para um banco na cabana menor.

Foi numa noite como esta, dois anos antes, que Hugo pela primeira vez mencionou o tubarão-da-groenlândia. O pai de Hugo participava da caça à baleia desde os oito anos de idade, e assistia ao animal surgir das profundezas e abocanhar enormes bocados de gordura enquanto a tripulação descarnava as baleias que jaziam rente ao barco. Certa vez um dos homens arpoou um tubarão insolente e o ergueu pela base da cauda com o auxílio de uma grua. Embora moribundo, pendendo de cabeça para baixo com um arpão de baleia atravessado no corpo, ainda teve tempo de engolir um naco de carne de baleia fresca esquecido pelo convés.

Demorou uma eternidade para o animal morrer. O tubarão ficou ali por horas, de olho nas pessoas zanzando pelo convés, uma cena que até os pescadores mais escolados acharam grotesca. O pai de Hugo fazia questão de lhe contar esta história que ocorreu quando navegavam pelo Vestfjorden no pesqueiro *Hurtig*, num dia quente de verão. Um dos pescadores quis refrescar-se e deu um mergulho no mar, mas voltou afogueado ao barco quando um tubarão-da-groenlândia de repente surgiu na superfície, a poucos metros de distância, para depois o episódio virar motivo de chacota da tripulação.

Tais relatos alimentaram a fantasia de Hugo e durante quarenta anos ficaram fermentando na sua mente. Quando mencionava o *håkjerring*,[1] seus olhos adquiriam um brilho especial e o timbre de sua voz era outro. As narrativas que embalavam sua infância não o deixavam em paz. Hugo já conhecia a maioria dos peixes e animais que habitam o oceano, mas jamais vira um tubarão-da-groenlândia.

Eu tampouco. Hugo não precisou de muito esforço para me convencer, eu mordi a isca, vamos dizer, por instinto. Também cresci à beira-mar e sou acostumado a pescar desde garoto. Sentir o tremor de uma mordiscada no anzol me dava a sensação de que qualquer coisa estava prestes a emergir das profundezas. Lá embaixo existe um mundo de seres incontáveis dos quais eu nada sabia. Era nas ilustrações dos livros que travava contato com as espécies marinhas conhecidas, e foi o bastante: a vida no mar me parecia mais rica e instigante que a vida na terra. Criaturas estranhas nadavam de um lado para outro, bem debaixo dos nossos narizes, e não podíamos

---

1 Em norueguês, o animal tem um nome curioso: «håkjerring». «Hå» [pronuncia-se «rô» com r aspirado] é uma variante arcaica de «hai», «tubarão»; «kjerring» [«tcherring»] pode significar termos respeitosos para o sexo feminino, como «comadre», «esposa» ou «senhora», ou mais vulgares e depreciativos, como «decrépita», «vaca», «coroa», «bruxa» e, a depender do contexto ou local, até mesmo «puta». (N.T.)

vê-las, nem saber como viviam de verdade, apenas supor o que deveriam estar aprontando lá no fundo.

Desde então, o oceano exerce seu fascínio sobre mim. Muito do que achamos misterioso ou excitante quando criança perde sua aura já na adolescência. Mas o mar, para mim, só cresceu e tornou-se mais profundo e mais fantástico. Talvez isso tenha a ver com um atavismo, um traço familiar que veio a se manifestar depois de várias gerações, uma característica herdada do meu trisavô que findou seus dias no fundo do mar.

Os planos de Hugo me atraíam por outro motivo, que não me era tão nítido então, e talvez nem pareça tão nítido agora, exceto na periferia do meu campo de visão, como quando o facho de luz de um farol ilumina a escuridão durante um abrir e fechar de olhos.

Na verdade, eu tinha coisas muito mais importantes a fazer quando respondi sem hesitar: «Claro, vamos para o alto-mar pescar um tubarão-da-groenlândia».

3

Mapeamos o globo inteiro e não mais preenchemos os espaços em branco com monstros estranhos e animais fantásticos, fruto da nossa imaginação. Mas talvez devêssemos, pois a vida no planeta está longe de ser desvendada. Pouco menos de dois milhões de espécies animais foram descritas pela ciência até agora, mas os biólogos sustentam que ao todo há cerca de dez milhões de organismos multicelulares habitando este mundo.[1] Há muito por ser descoberto no oceano, de onde não param de surgir formas de vida das quais jamais desconfiávamos até há pouco. Mesmo de criaturas maiores que vivem próximo à zona costeira costumamos saber muito pouco. Há tantos tubarões no mar quantas pessoas

---

[1] O biólogo E. O. Wilson iniciou em 2003 uma enciclopédia on-line sobre a vida na Terra (www.eol.org), com a profunda esperança de que todas as espécies estivessem descritas nos próximos 25 anos, mas o próprio Wilson teve que admitir que nem ele nem nenhum outro cientista tem como precisar de quantas espécies estamos falando. A ciência de hoje conhece 1,9 milhão de espécies, na terra e no mar, e a maioria delas consiste em insetos tropicais.

na terra.[2] E quem afinal, além de Hugo, se dá conta de que nas valas profundas do Vestfjorden nadam tubarões-da-groenlândia, predadores que podem chegar a oito metros de comprimento e pesar mil e duzentos quilos?

O tubarão-da-groenlândia é uma criatura pré-histórica que habita desde os fiordes noruegueses até o Polo Norte. Tubarões abissais são bem menores que os de águas mais rasas, o tubarão-da-groenlândia sendo a grande exceção. Ele pode ser ainda maior que um tubarão-branco, o maior tubarão carnívoro do mundo (o tubarão-baleia e o tubarão-frade são maiores, mas se alimentam de plâncton). Biólogos marinhos descobriram recentemente que o tubarão-da-groenlândia talvez possa viver mais de quinhentos anos, o que o torna de longe o mais longevo vertebrado do planeta. Em teoria, o bicho que queremos capturar pode ter nascido na época das grandes navegações.

Só mais uma coisa: na Noruega as pessoas acreditam que o *håkjerring* é aparentado do tubarão-sardo ou barrilote [*håbrannen*, em norueguês]. Trata-se de duas

---

[2] Grande parte das informações sobre a biologia e a vida social dos tubarões foi obtida em Juliet Eilperin: *Demon Fish: Travels Through the Hidden World of Sharks*. Pantheon Books, 2011, e Leonard Compagno, Mare Dando, Sarah Fowler: *Sharks of the World*. Princeton Field Guides, Princeton University Press, 2005.

espécies distintas. O barrilote tem uma carne saborosa, digna de frequentar os menus dos melhores restaurantes, caso não fosse uma espécie protegida. O tubarão-da-groenlândia, feroz e enorme, não está ameaçado de extinção, mas — e por isso mesmo — pouca gente cobiça sua carne.

Tomamos nossa decisão naquela noite, dois anos atrás. Custe o que custar, vamos pescar um monstro voraz com um histórico de centenas de milênios de evolução, de sangue potencialmente venenoso, parasitas habitando seu olhos e dentes que se assemelham aos de uma motosserra, exceto por serem maiores e em maior quantidade.

O céu das noites de verão assume matizes distintos de laranja, e sob ele ficamos sentados nos inteirando das últimas do tubarão-da-groenlândia, pois nós dois fizemos descobertas importantes desde que nos encontramos pela última vez. A maioria das fontes escritas que consultamos atesta que o animal é preguiçoso e pachorrento. Os tubarões mais rápidos podem atingir uma velocidade de até setenta quilômetros por hora. Hugo não crê que o tubarão-da-groenlândia seja tão mais lento.

— Como explicar então que já encontraram restos de ursos-polares e dos peixes mais rápidos do oceano, inclusive halibutes e grandes salmões, no estômago de tubarões-da-groenlândia? *Como eles podem ser preguiçosos?* — pergunta Hugo.

— Reza a lenda que a presa fica hipnotizada pelos olhos do tubarão, que brilham num tom verde no breu lá do fundo. Quase todos têm um parasita que ataca suas córneas e os deixa total ou parcialmente cegos. Alguns já foram fotografados com vermes do tamanho de um dedo pendendo das órbitas. Talvez o parasita dê o brilho verde aos olhos, mas não há pesquisas conclusivas a respeito — digo eu, satisfeito por contar a Hugo algo sobre o mar que ele ainda não soubesse.

Minha alegria dura pouco. Hugo não se impressiona.

— Como então eles conseguem capturar renas lá no Alasca? E como conseguem comer aves marinhas? Hipnotizando-as também?

Hugo emenda uma breve dissertação sobre o aparelho sensorial do tubarão-da-groenlândia. Como muitos outros da espécie, ele pode detectar mudanças no campo magnético da ordem de um bilionésimo de volt, com a ajuda das chamadas ampolas de Lorenzini, câmeras cheias de uma substância gelatinosa localizadas no focinho do tubarão. Para ele, ser cego ou parcialmente cego não é grande desvantagem como se poderia pensar a princípio, pois no fundo do oceano a escuridão é total. O tubarão-da-groenlândia percebe as mudanças mais sutis na corrente eletromagnética causadas pela presa, e dessa forma pode aproximar-se furtivamente da foca que dorme deitada no fundo do mar e abocanhá-la.

Olho para ele, tentando disfarçar que acabo de escutar uma novidade.

— Não sabia que as focas deitam-se e dormem no fundo do mar? — ele pergunta, um tanto afetado, e continua:

— Talvez usando essa capacidade o tubarão capture animais muito mais rápidos, ou perceba peixes feridos, enfraquecidos ou enterrados na areia. Talvez ele costume se mover silencioso e lento, perfeitamente camuflado, até surpreender a presa e *nhac*...!

Percebo que ele está chegando aonde quer agora.

— Mas estou absolutamente certo de que ele pode acelerar de repente. É a única explicação lógica — arremata ele, triunfante.

Ainda não chegamos a discutir certos detalhes: o que fazer caso realmente icemos um tubarão-da-groenlândia à superfície? Talvez possamos atar uma corda à base da cauda e arrastá-lo de costas para que ele desmaie, sugiro eu. Ao contrário dos demais peixes, tubarões precisam nadar continuamente para obter oxigênio. O mesmo vale para a cavalinha.

Hugo abana a cabeça, certo de que assim corremos o risco de permitir que o tubarão afunde. Melhor talvez tentar tangê-lo em direção à terra, como faziam os esquimós. O ponto fraco desse plano é ter que persuadir o tubarão a nadar na direção que desejamos. Os inuítes mantêm o tubarão confinado entre dois caiaques, mas nós só teremos um bote. Além do quê, tradicionalmente os inuítes acreditam que o tubarão-da-groenlândia é um dos animais que vêm em auxílio dos xamãs.

— Quem sabe possamos arrastá-lo até um rochedo se nos colocarmos entre ele o tubarão?

Hugo simplesmente ignora a sugestão, por estúpida demais.

— E se o trouxermos para uma praia? Se tivermos tempo para amarrar a corda ao redor de uma árvore, podemos puxá-lo na direção oposta, direto para a areia — eu sugiro.

— Melhor, mas andei pensando e já sei o que devemos fazer. Quando ele emergir, enfiamos nele outro gancho e o prendemos numa boia com uma corda curta. E aí podemos fazer o que quisermos com ele.

Caso logremos trazê-lo para uma das docas ou praias de Skrova, pela cauda ou pela cabeça, Hugo está de olho no fígado do tubarão. Dele poderá extrair um barril de óleo para fazer a tinta com que vai pintar a Aasjorbruket. Hugo fica especulando sobre como empregar o tubarão em vários projetos artísticos que tem em mente.

Depois de algumas horas nessa prosa não temos mais o que assuntar. Não é época do sol da meia-noite, mas mesmo assim o céu está claro. Eu me sento na varanda para admirar a natureza. É uma noite amena, a brisa quase não sopra. Da praia vem uma leve maresia recendendo a sal e azedume de sargaços. Todo o equipamento está pronto, à nossa espera em Skrova, na Aasjorbruket. Temos uma corrente e mais de quatrocentos metros de corda de náilon da melhor qualidade. Temos anzóis de vinte centímetros de comprimento para tubarão, feitos de aço inoxidável, e lastros de pedra para manter a linha sob a água. Temos duas boias grandes para absorver o tranco, se necessário, quando o bicho morder e se debater até a exaustão, enquanto estaremos a uma distância segura a bordo do nosso pequeno bote inflável de borracha.

A única coisa que não temos é a isca. Embora tenha uma visão ruim, o tubarão-da-groenlândia possui um faro excepcional. Precisamos de um cadáver para espetar nos enormes anzóis prateados. E cabe a mim recolher os despojos do touro das Terras Altas que jaz em algum lugar na mata. Hugo não tem estômago para tanto. Uma malsucedida operação lhe deixou muito propenso a sentir náuseas e fisicamente impossibilitado de vomitar.

Eu, felizmente, não tenho problemas com isso.

4

A vida não pode existir sem a morte, e a reciclagem é o que mantém o planeta vivo. É o meu consolo filosófico enquanto vagueio sozinho pela mata no início da tarde a procurar pelos restos apodrecidos de um touro. O gado das Terras Altas escocesas é uma raça primitiva e obstinada, que resiste bem ao relento durante todo o inverno e lembra um boi-almiscarado com sua franja comprida encobrindo a testa. São animais gregários e obedecem a uma hierarquia rígida. Não é aconselhável aproximar-se deles quando dão cria pois seus instintos selvagens estão muito bem preservados. Não raro, assustam e perseguem quem se aventura a apanhar bagas nos campos escoceses. Com seus chifres longos e pontiagudos e sua enorme força, esses animais podem causar um dano bem maior que um carneiro malcriado.

O fazendeiro criou os animais durante uns poucos anos. Da primeira vez que foi abater uma rês, valeu-se de uma pistola utilizada em abatedouros que normalmente liquida uma rês comum instantaneamente. O touro escocês, por sua vez, tem um osso de sete centímetros de espessura na testa, e o projétil apenas o atordoou. Assim que o fazendeiro seccionou a aorta, o animal pôs-se de pé e desatou a correr em pânico pelo lugar, espirrando uma cascata de sangue no homem e em seus filhos, que por pouco não conseguiram escapar ilesos.

O touro que vai virar isca de tubarão teve que ser alvejado com vários disparos de um rifle .308, suficiente para matar um alce a cem metros de distância. O animal tombou após o terceiro tiro.

Mas onde estará a carcaça?

Sigo as instruções e chego a um terreno. De acordo com o que me disseram, os restos do touro estarão entre as árvores do outro lado. É um dia de verão como poucos, raríssimo de ver tão ao norte da Europa. Os passarinhos gorjeiam como se tivessem tomado champanhe no café da manhã, as abelhas zumbem preguiçosas entre as flores, vejo trevos vermelhos, margaridas, gerânios e uma miríade de florzinhas amarelas rechonchudas, cornichões, que em norueguês têm tantos nomes: sapato-de-gato, sandália-do-diabo, dente-de-velha, flor-de-maria e sandália-da-virgem-maria. Essas flores têm um odor característico, e o senso comum atribuiu-lhes os apelidos mais profanos: cheira-a-merda, cocô-do-cão e talvez o nome mais repulsivo que uma flor jamais teve: mato-de-limpar-a-bunda.

Seria, em todo caso, um dia perfeito para um piquenique em Engeløya, que é em si uma espécie de Noruega em miniatura. Pelo interior há fiordes e, na costa, um arquipélago de rochedos e praias de areia branca. O cinturão de terra mais próximo à orla consiste de lavouras frondosas, em seguida vem uma faixa de floresta onde habitam alces e outros animais selvagens. Por fim, há os vales e montanhas, sendo Trohornet a mais alta (649 metros). Há de tudo nesta ilha, que pode ser percorrida inteira de bicicleta em poucas horas. Não faltam mesmo razões para que essas paragens venham atraindo seres humanos pelos últimos seis mil anos.

Não muito distante de onde procuro a carcaça, em Sandvågan, há um *horg*, isto é, um antigo altar sacrificial. Comecei a me interessar por essa pedra côncava por intermédio de Hugo, que a retratou num quadro. Povl Simonsen, da Universidade de Tromsø, é um dos poucos acadêmicos que escreveram sobre ela, no livro *Fortidsminner nord for Polarsirkelen* [Memórias do passado ao norte do Círculo Polar] (1970). Nele, afirma que existem apenas duas pedras sacrificiais do gênero no norte da Noruega, uma em Sørøya, em Vest-Finnmark, e a outra em Engeløya. Simonsen estima a construção do altar entre 1000 a.C. e 1000 d.C.

É de pasmar tamanha imprecisão. Simonsen diz que a pedra pode ser do final da Idade do Bronze ou do final da Idade do Ferro. E, no texto relativamente recente afixado ao lado dela, assinado pelo Patrimônio Histórico Nacional, é ainda pior. Lá está que a pedra data de um intervalo compreendido entre 1500 a.C. e 1000 d.C. Em outras palavras, a pedra pode ter 3.500

anos de idade, ou talvez apenas mil anos. Não se tem ideia de quem a utilizava nem quando e como. Mal comparando, é como se um jornal noticiasse um novo recorde dos cem metros rasos afirmando que a marca foi estabelecida em menos de uma hora, por um homem ou uma mulher que tem entre um e cem anos.

Devido às ranhuras e ao abaulamento, é possível que a pedra fosse usada para sacrifícios rituais. A concavidade serviria para colher sangue ou gordura humanos ou animais. O altar é voltado para oeste, sugerindo que pode ter algo a ver com a adoração ao Sol. Talvez sacrificassem virgens ou apenas animais, ou quem sabe apenas fizessem oferenda de leite, manteiga ou grãos. Talvez celebrassem o sacrifício uma vez ao ano. Era uma ocasião para reunir as pessoas. Todos participavam, certamente havia música, dança, comida, substâncias estupefacientes e certa sede de sangue envolvida, eu quero crer. As pessoas se encontravam para relembrar ou reviver a violência que as compeliu a viver em comunidade.[1]

---

1   Ou haveria algo por trás deste ritual? Talvez o mais importante não fosse matar, mas comer aquilo que se matava. Nesse caso, os sacrifícios podem ser como uma celebração da coletividade. O ritual recriava a ordem e a hierarquia universais, fortalecia e ratificava o espírito comunal. As pessoas dividiam o alimento não apenas entre si, mas, por intermédio dos sacrifícios, também com os deuses. Os deuses acima, os seres humanos no meio, os animais na base. Ainda assim, descobertas recentes de potes com ossos serrilhados sugerem que a cul-

Fico especulando sobre animais e oferendas quando uma brisa leve sopra na minha direção. O cheiro me diz que estou na pista certa. O fedor me dá náuseas, meus olhos marejam e me fazem tropeçar num grande tronco e aterrissar no meio do estrume de vacas. Depois da rodada de vinho tinto com Hugo na noite anterior, não estou preparado para isto. A meio caminho já posso ouvir o zumbido das moscas. Hugo me deu o que eu pensava ser uma máscara antigases, mas é apenas uma máscara contra pó que de nada adianta contra o odor fétido; cadáveres humanos têm esse mesmo cheiro. Na nossa porção do mundo, a maioria das pessoas já não recorda mais o cheiro que tem a morte, um odor que se espalha quase instantaneamente depois que o corpo morre, mas somente depois de três dias, depois que as bactérias estomacais começam a devorar seu hospedeiro, fica realmente pútrido. No processo, produzem-se gases residuais e fluidos altamente tóxicos. Nossos sentidos servem para nos manter afastados de tais venenos, não para nos levar até eles — como fazem meus sentidos neste instante.

Um renomado biólogo evolucionista certa vez discorreu sobre como nós, humanos, independentemente de status social ou cultural, não passamos de um canal de dez

---

tura existente em Engeløya pode ter praticado o canibalismo, o que deixa as coisas bem mais complexas.

metros de comprimento por onde passa a comida. Tudo o mais que a evolução nos proveu na forma de cérebro, glândulas, órgãos, músculos, esqueleto e assim por diante são «acessórios» construídos ao redor desse canal.

É pouco interessante reduzir o ser humano a uma função tão básica, mas o fato é que a forma de vida mais difundida pelo planeta, com exceção dos micro-organismos, não passa de um canal envolto em músculo. Poucos seres colonizaram a Terra de forma mais eficaz do que os vermes, e em nenhum outro lugar há mais deles do que no fundo do oceano. O corpo de uma baleia morta abriga milhões desses seres.

Dezenas de milhares de baleias morrem a cada ano e não são sepultadas em cemitérios recônditos ao som de cantos sacros e melodias de instrumentos marinhos. Algumas vêm dar à praia, mas a maioria afunda no abismo. O cheiro atrai necrófagos de todas as distâncias. Ocorre uma explosão de vida quando se estabelecem colônias de diferentes tipos de saprófagos, que podem se manter ativas durante décadas, até o esqueleto da baleia ser inteiramente exposto. Mas mesmo ele também é alimento. Um determinado tipo de planária parecido com uma pequena palmeira vermelha devora os ossos, e nem mesmo eles são o último item do cardápio, pois depois disso ainda vêm as bactérias que transformam os sulfitos tóxicos em sulfatos nutritivos. Esse processo em si fornece alimento para quatrocentas espécies diferentes, inclusive para moluscos bivalves. E, quando tudo for consumido, essas espécies seguem adiante, sobrevivendo latentes à espera do próximo banquete. Sobre isso sabemos bastante, pois cientistas devolveram ao fundo do oceano cadáveres de baleias encalhadas nas praias para estudar detalhadamente o que acontece a eles.[2]

Eu calço as luvas de borracha e começo a remexer vísceras e ossos e a recolhê-los em sacos plásticos enquanto as lágrimas rolam, as moscas zunem nos meus ouvidos e o sol raia como se fosse um dia esplendoroso.

Sigo adiante convencido de que Hugo seria a pessoa ideal para estar aqui. O fato de não conseguir vomitar o qualifica perfeitamente para o *métier*.

---

[2] As informações foram obtidas na série de TV da BBC *Blue Planet*, DVD nº 2 «The Deep», em que a equipe de TV acompanha um estudo científico sobre a decomposição de uma carcaça de baleia.

5

Duas horas depois estamos no porto, em Bogøy, prontos para atravessar o Vestfjorden com o RIB (Rigid Inflatable Boat, bote rígido inflável) de Hugo, fabricado pela canadense Bombard. Jogamos os sacos de plástico e os demais equipamentos a bordo, enchemos o bote com a bomba automática e aceleramos para Flaggsund a 37 nós de velocidade, auxiliados por um recém-adquirido motor Suzuki de 115 cavalos. O RIB é diferente de todos os outros barcos que Hugo já teve. É feito de borracha e pode atingir 43 nós, ou oitenta quilômetros por hora. Como quase não tem quilhas e é cheio de ar, mal chega a tocar a superfície. Em vez disso, dá a sensação de flutuar sobre o mar. Eu sei por que Hugo ama seu RIB: ele caminha sobre as águas.

A história da família de Hugo pode ser contada pelas embarcações que possuíram. Ao longo de gerações os Aasjord vêm lidando com diversos tipos de caça e pesca, inclusive à baleia. O bisavô de Hugo, Norman Johan Aasjord, originalmente corista de igreja, carpinteiro e professor, foi um pioneiro no desenvolvimento dessa atividade. Começou do nada, e depois de um tempo comprando e vendendo peixes no condado de Finnmark, assumiu um comércio falido em Helnessund, em Steigen. No alto da montanha adjacente, construiu um açude cujas águas congelavam no inverno, de modo que durante o verão inteiro podia abastecer a peixaria com gelo, transportado do alto por uma calha de madeira, e exportar peixe fresco para a Europa.

Hugo cresceu em Helnessund, onde passava o ano inteiro zanzando pela peixaria da família. No inverno, as crianças brincavam no galpão de secagem de peixes. Muitos adultos ouviram o chamado do mar ainda aos oito anos de idade; com Hugo foi aos onze para doze. Ele e os amigos passavam noites inteiras a bordo de barquinhos, para pescar ou arpoar peixes-lobo com um *pik*, uma espécie de arpão com lastro que pode ser arremessado do convés. Dada a refração da luz na superfície da água, a verdadeira arte é calcular a posição correta do peixe. Talvez seja até mais fácil visualizá-lo do alto, mas são necessários treino e perícia para lançar o arpão no tempo correto. Os peixes-lobo grandes e azulados são tão destemidos que retornam ao lugar onde estavam quando se erra o alvo, enquanto os menores, marrons, percebem que é melhor dar o fora dali. Certa vez, Hugo, seu irmão e seu pai saíram para pescar e capturaram um peixe-lobo enorme, que escapou debatendo-se ferozmente na superfície. Em vão os três debruçaram-se na amurada para tentar encontrá-lo no fundo de areia, mas tudo que ouviram foi o peixe ainda se debatendo debaixo do convés do barquinho de madeira.

Hagbart, filho de Norman e tio-avô de Hugo (que não deve ser confundido com o Hagbart pai de Hugo, nem com seu próprio neto de quatro anos, Hagbart), foi um lendário inovador no distrito. Empregou novos métodos de pesca e armazenamento, e passou a comercializar pescados aos quais ninguém dava o menor valor até então.

A carreira de baleeiro do tio-avô Hagbart começou por acaso. Ele estava pescando halibutes na costa oeste do Canadá e do Alasca, quando um colega norte-americano, fabricante de arpões, o apresentou à caça à baleia. Quando regressou a Bodø, após alguns anos, Hagbart fabricou seu próprio arpão e pediu emprestado um antigo canhão usado para alvejar tubarões-frade, comedores de plâncton que são os maiores peixes marinhos depois dos tubarões-baleia, passam o tempo inteiro rebolando com as bocarras escancaradas e parecem tomados de algum tipo de frenesi. O tubarão-frade era cobiçado pelo seu fígado rico em óleo.

Pode ser perigoso aproximar-se demais de um tubarão-frade. Caso perceba a sombra do barco contra a luz, o peixe pode querer defender-se abanando a cauda. Se atingir o barco, pode lançá-lo pelos ares ou mesmo parti-lo ao meio. A caça ao tubarão-frade é um trabalho de precisão. Muitos preferem usar arpões manuais e arremessá-los quando a cauda está mais próxima do barco, fazendo o tubarão disparar na direção oposta assim que for alvejado.

As pessoas faziam troça quando Hagbart começou a caçar baleias, mas depois de um pouco de tentativa e erro ele chegou a capturar trinta baleias-minke por semana. Três barcos foram construídos e equipados para a empreitada, introduzindo em Steigen e no Vestfjorden a caça industrial à baleia. Com o passar do tempo, a pequena ilha de Skrova, nas Lofoten, para onde Hugo e eu estamos indo, viria a se tornar o epicentro dessa atividade. Hoje em dia, pouquíssimos locais na Noruega recebem baleias abatidas para processamento.

Certa vez, Hagbart e dois companheiros arpoaram uma enorme baleia-fin. Baleias-fin podem ser tão grandes quanto as azuis, o maior vertebrado do planeta. Além disso, seu corpo roliço, em forma de charuto, a torna mais veloz que as demais. A baleia-fin arrastou o barco de Hagbart por milhas e milhas, atravessando o Vestfjorden inteiro até chegar à beira da cordilheira das Lofoten.

O relato não é de nenhum modo exagerado. O escritor Jonas Lie estava a bordo quando uma fin arrastou o vapor do pioneiro baleeiro Svend Foyn por dezenas de milhas pelo fiorde de Varanger, em 1870. O navio foi puxado a contravento, as caldeiras a toda força para desacelerar, em vão. Foyn tentou parar içando a vela de estai, mas a ventania a fez em pedaços. As ondas lavavam a proa, a tripulação queria cortar a corda do arpão, mas o velho Foyn caminhava indeciso de um lado a outro do convés. Jonas Lie escreveu: «A situação foi ficando cada vez mais dramática, era como se houvessem arpoado o próprio Deus do Mar e não uma baleia, tal era a desabalada carreira que o animal empreendia. Quando o cabo finalmente rompeu, o alívio nos corações a bordo foi geral — talvez até mesmo no coração que batia no peito de Svend Foyn; uma tempestade anunciou-se no horizonte. Deus sabe a força de quantos cavalos-vapor possuía este animal!».[1] A experiência serviu para Foyn, o inventor do arpão-granada que sextuplicou a eficácia da caça à baleia, conceber uma trave mestra com «orelhas», abas retentoras que afundavam na água e aumentavam significativamente a capacidade de frenagem da embarcação.

A família Aasjord já possuiu peixarias, fábricas de beneficiamento, usinas de extração de óleo e empresas de exportação de peixes frescos, salgados, secos e em conserva. As embarcações sempre foram o cerne de todos esses negócios. Quando Hugo fala dos seus antepassados

---

[1] Jonas Lie: «Svend Foyn og Ishavsfarten», in *Fortællinger og Skildringer fra Norge* (1872). Samlede Værker, Bind 1, Gyldendalske Boghandel, 1902, p. 148.

e antigos conhecidos, quase sempre menciona os barcos que possuíram. Ele nunca me mostrou fotos de parentes, mas costuma exibir fotos dos seus barcos. Quantas vezes já não o ouvi mencionar nomes como *Hurtig*, *Kvitberg i*, *Kvitberg ii* e *Kvitberg iii*, *Havgull* e *Helnessund*, *i* e *ii*. Ou *Elida*, um velho *plattgatter* de pranchão plano e vela áurica que pertenceu à família até a década de 1930. Houve também uma traineira que chegou a Steigen proveniente da Islândia com uma enorme mossa na proa após uma colisão com um navio-patrulha britânico durante a «Guerra do Bacalhau», na década de 1970.

Hugo contava apenas oito anos quando o *Kvitberg ii* afundou, mas fala do barco como um ente querido. Era uma chalupa de 74 pés que foi a pique na costa de Stabben, quando seguia de Bodø para Helnessund. No convés transportava cal, cimento e fossas sépticas. Próximo a Karlsøy, afundou quase instantaneamente. O mar revolto movimentou a carga, que foi pelos ares numa explosão. Hugo lembra-se de seu tio Sigmund caminhando por Helnessund, encharcado, todo coberto de pó branco. A carga dissolveu-se no mar enquanto a chalupa adernava, impregnando todos que estavam a bordo.

O *Kvitberg ii* não foi o único barco pertencente a Aasjord & Filhos que naufragou. No Ano-Novo de 1960, o *Seto* foi a pique na costa de Møre. O *Seto* era uma traineira convertida numa das maiores embarcações norueguesas de pesca de cerco, e havia acabado de içar a bordo 320 mil litros de arenque. O barco deveria ter retornado ao porto para desembarcar a carga, mas adernou e afundou num piscar de olhos. A tripulação escapou num bote e foi rapidamente resgatada por um navio-escolta. No dia seguinte, o *Bergens Tidende* noticiou: «Uma tripulação cabisbaixa desembarcou do *Kvitberg* na noite de sábado em Ålesund depois que a traineira *Seto*, de Leines, próximo a Bodø, afundou num campo de arenque, dez quartos de milha a oeste de Runde. Não traziam consigo nenhum de seus pertences. Até mesmo as carteiras de dinheiro foram abandonadas a bordo».[2] Para o capitão Ludvig Åsen, uma corda deve ter rompido, liberando dezenas de toneladas de lastro ao sabor das ondas. Caso estivessem a caminho do porto, sem escolta, as coisas poderiam ser muito piores para os onze tripulantes.[3]

---

2   A citação foi retirada do artigo de Inge Albriktsens «Da snurperen Seto forliste — et lite hyggelig 45-års minne». *Årbok for Steigen*, 2006.

3   Mais tarde descobri outros detalhes da história deste barco para escrever uma espécie de obituário: foi construído para ser um pesqueiro pelo estaleiro Unterweser, de Wesermünde, em 1921, e batizado *Senator Stalmer* pela proprietária, a empresa Cuxhavener Hochseefischerei. Em 1945, o barco foi requisitado pela Marinha de guerra alemã de então para servir como «navio de reconhecimento», e foi a pique numa ação de sabotagem no porto de Ålborg, Dinamarca. No mesmo ano, na véspera do Natal, foi resgatado

O avô de Hugo, Svein, e seu tio-avô Hagbart adquiriram um caça-minas inglês após a Primeira Guerra Mundial. Era inteiro construído de carvalho, para que as minas não aderissem ao casco. Sempre que se refere ao *Cargo*, o nome do navio, Hugo trai uma pontada de nostalgia na voz. Ele faz parecer que a vida prescinde de uma outra dimensão quando já não existem caça-minas feitos de carvalho.

A caminho de Flaggsund passamos pelo criatório artificial de salmões, e me vem à mente o *Kvitberg I* e tudo o que Hugo me contou sobre ele. Era um navio sólido,

do mar e, em 1947, voltou a operar sob o nome *M/S Elsehoved* (Copenhague). Depois foi vendido para Govert Grindhaug, de Åkrehamn, Noruega, em 1950, onde foi rebatizado de *Seto*. Em 1952, o navio novamente afundou próximo aos rochedos de Gulleskjærene, a 44 milhas náuticas de Bodø. Em outras palavras, foi a pique na costa de Steigen. Foi então que Johan Norman Aasjord, filho de Norman Johan Aasjord (bisavô de Hugo) aproveitou a oportunidade e o adquiriu como estava, submerso. Ele mesmo o resgatou do fundo do mar. Aasjord consertou e remodelou a embarcação para fazer pesca de cerco. Quando não estava a serviço, *Seto* servia como cargueiro para o continente e voltava a Steigen com os porões abarrotados de bebida. Em 26 de fevereiro ele adernou e afundou em águas profundas na costa de Runde, em plena temporada de pesca do inverno, onde o navio ainda repousa, aparentemente, pela última vez. Fonte: <http://www.skipet.no/skip/skipsforlis/1960/view?-searchterm=norske+skipsforlis+i960>.

originalmente construído como quebra-gelo em 1912. Em 1961, depois de cumprir sua missão, foi encalhado na vazante na praia de Innersundet, em Heines, até se desmanchar e ser engolido pela areia, onde a ferrugem trataria de consumir o que sobrou.

Entretanto Hugo tinha outros planos. Em 1998, desencavou a proa e uma parte do flanco do navio. Ambos foram expostos na Associação Artística de Bodø. Bjarne Aasjord (1925-2014), último proprietário do barco, talvez não tenha compreendido de todo o que um velho navio soterrado havia quarenta anos tinha a ver com aquilo, mas pela primeira vez na vida compareceu a uma exposição de arte.

Quando a exposição saiu de cartaz, Hugo transferiu o casco para um criatório de salmão em Steigen, onde permaneceu por alguns anos, para ser novamente sepultado em um terreno de vazante da maré, sem que Hugo soubesse. Ele agora cogita desenterrá-lo e exibi-lo novamente. A essa altura o pobre casco deve estar se perguntando o que há de errado com ele, afinal.

Hugo faz os navios parecerem benevolentes, habilidosos, voluntariosos, belos — ou difíceis, turrões, até mesmo trapaceiros. Da maioria ele fala com carinho. Sim, é verdade que podem ter suas idiossincrasias e excentricidades. Mas, se lhes demonstrarmos respeito, descobriremos seus segredos e saberemos que são naus formidáveis. Quando Hugo refere-se a elas é como se quisesse ressaltar suas virtudes ante seus vícios e fraquezas, assim como quando nos referimos aos amigos que já partiram. Todos temos limitações.

Durante dez anos ele teve um Viksund no qual jamais confiou. Quando soprava mais forte e o barco começava a jogar, os fumos do tanque de diesel entupiam o filtro e faziam o motor estancar, um perigo e tanto nas águas abertas e revoltas onde ele costumava navegar, como ao sul de Engeløya, sobretudo na escuridão da noite e com duas crianças dormindo na cabina. O motor do Viksund não era confiável, e, embora Hugo nunca tenha passado maiores apertos, sempre menciona o barco com um sorriso de desdém.

Eu mesmo tenho péssimas memórias do Viksund. Certa vez a ventania foi tanta que aquela banheira velha começou a sacudir de um lado para o outro. Fiquei totalmente mareado. Hugo achou a ocasião perfeita para caçoar de mim. Enquanto eu pendia metade do corpo para fora da amurada, ele disse:

— Nunca entendi direito como as pessoas *conseguem* marear. É de propósito? Sempre tive curiosidade de saber como é essa sensação de náusea, mas nunca consegui. Quem sabe você não poderia me explicar agora?

Pelo que me lembro, tentei agarrar o cachecol que Hugo usava e enrolar em torno da hélice, mas já estava sem forças. Ele depois me confidenciou que também costumava passar muito mal até a idade de catorze anos, a tal ponto que seus pais eram obrigados a aportar em qualquer pedaço de rocha, por menor que fosse, apenas para que pudesse sentir a sola dos pés de volta à terra firme.

Pescadores costumam se referir a embarcações como entidades vivas. Quando confrontados, admitem que são matéria inerte, claro, mas lá no fundo sabem que os outros não sabem o que estão dizendo. Como estão ligados tão intimamente, as características do barco podem ser uma questão de vida ou morte quando as coisas ficam críticas. Para um pescador, conhecer a personalidade do barco, seus caprichos, fortalezas e fraquezas, é algo determinante. Juntos, ambos são capazes de vencer os mares — isto é, se a embarcação for tratada com o devido respeito. Nos dias de hoje, testemunhar alguém referindo-se a um barco com tanta paixão não é, por razões óbvias, tão corriqueiro como já foi.

O RIB voa baixo pela costa de Flaggsund e o Vestfjorden aproxima-se rapidamente. No meio do arquipélago, a calmaria é completa, as únicas marolas somos nós quem produzimos. Hugo se limita a «arar a água», como ele mesmo diz, pelo menos por enquanto. As condições quase sempre se alteram quando nos aproximamos de Engeløya, na garganta do

Vestfjorden, que nem é exatamente um fiorde, mas um trecho de mar de péssimos bofes. Alguns referem-se a ele como «Toboágua das Lofoten», uma expressão que sempre associo àquilo que poderia ser o parque aquático mais gélido do mundo. Cobriremos um trecho de dezessete milhas náuticas em linha reta. O Vestfjorden é um dos lugares que nunca deixam de ser assunto entre marinheiros e pescadores, tanto ou mais que Hustadvika, Stadthavet, Folla e Lopphavet. Seja como for, é um dos maiores cemitérios de navios da costa norte da Noruega.

Até a brisa mais amena soprando a oeste, sul ou norte pode resultar em ondas de bom tamanho. Um fenômeno chamado «storsjøtt» torna o Vestfjorden especialmente sombrio: nas noites de lua cheia ou nova, quando a diferença entre preamar e baixa-mar é maior, enormes massas de água são comprimidas contra o Tysfjorden, mais estreito e profundo. Na maré baixa, esse colossal volume de água se retrai, colidindo com as correntes trazidas pelo vento sudoeste, resultando em fortes ressacas e correntes subaquáticas imprevisíveis.

As ilhas ao longo do Vestfjorden já foram o ponto final de incontáveis navios e o recomeço da vida de tantas viúvas e órfãos. Estudando os mapas da área é possível deduzir bastante a partir dos topônimos — que por sinal mal se avistam desde a superfície: Bikkjekjæftan [Mordida de Cão], Vargbøen [Toca do Lobo], Skitenflesa [Rochedo

Imundo], Flågskallene [Caveiras de Gelo], Galgeholmen [Ilha da Forca], Brakskallene [Crânios Rachados] e assim por diante.

Antigamente, os pescadores eram obrigados a estacionar durante semanas no velho centro comercial de Grøtøy ou em vilarejos menores do Vestfjorden para seguir viagem apenas quando o tempo desse uma trégua, e daí empenhavam tudo o que tinham e mais um pouco com o comerciante Gerhard Schøning,[4] que os tinha literalmente no bolso. A bordo do vapor *Grøtø*, nos idos finais do século XIX, ele percorria a região dizendo aos seus devedores em qual partido deveriam votar. Não era de estranhar por que os conservadores do partido Høyre [Direita] tinham um desempenho acima da média entre aqueles operários, pescadores e fazendeiros com a corda no pescoço.

Os comerciantes dividiam o mar entre si e impediam qualquer um, além dos «seus» próprios pescadores, de navegar no seu quintal, recorrendo à força se preciso. Caso a pesca fosse especialmente proveitosa, faziam um conluio e exigiam comprar dois peixes pelo preço

---

4   Não deve ser confundido com seu antepassado Gerhard Schøning (1722-1780), de Lofoten, reitor da Escola da Arquidiciose de Trondheim, professor da Academia de Sorø e Diretor do Arquivo Nacional em Copenhague. Este Gerhard Schøning é tido por alguns como o primeiro historiador norueguês, dada sua obra acadêmica.

de um, reduzindo a paga dos trabalhadores à metade. Uma relação feudal se estabelecia ali, os pescadores não passavam de inquilinos sob o jugo dos senhores daquelas águas.[5]

---

[5] Os sobrenomes revelam a origem dos habitantes das aldeias de pescadores. Muitos vinham do sul da Noruega, mas naquele tempo era muito comum noruegueses de ascendência dinamarquesa, alemã ou escocesa: Walnum, Dybfest, Zahl, Rasch, Dreyer, Blix, Lorentz, Falch, Bordevick, Dass, Kiil e outros. Eles mesmos se consideravam membros da elite europeia e faziam viagens luxuosas ao continente, onde compravam desde garrafas de Bordeaux a candelabros, pianos de cauda, tapetes e tecidos finos. A ascendência lhes conferia certos privilégios, e eles determinavam onde as pessoas comuns poderiam pescar, o tamanho da dívida que poderiam contrair e até mesmo as jovens que deveriam ir para a cama com seus amos. Uma minoria deles consistia de patriarcas conscienciosos que protegiam seus servos em épocas de crise. O pastor Petter Dass não era um destes.

6

Pouco depois de meia hora de percurso temos a vista completa do Vestfjorden. Finalmente é o oceano, imenso e selvagem, habitado por uma miríade de seres que ninguém é capaz de contar. Por ali navegam os homens. Por ali diverte-se o Leviatã.

A superfície da água, prateada como metal, lisa como um espelho, está exatamente como Hugo previu. É um dos dias mais calmos do ano no Vestfjorden. A vista alcança todas as montanhas da cordilheira das Lofoten em detalhes: Lødingen ao nordeste, depois Digermulen, Storemolla, Lillemolla e finalmente Skrova, que inclui Svolvær e a entrada de Kabelvåg. Mais adiante, a oeste, estão Vågakallen, Henningsvær e Stamsund, e mais além, na direção de Lofotodden, enuviados por uma sonolenta bruma: Nusfjord, Reine e Å. No extremo de tudo está o Moskstraumen.

Podemos apontar o curso direto para o norte, na direção de Skrova. Nada de ziguezaguear para evitar o choque frontal com as ondas e escapar de impactos que fazem o esqueleto chacoalhar dos pés à cabeça. Desta vez não. Já podemos divisar detalhes bem nítidos da muralha das Lofoten do outro lado, que parece aumentar de tamanho sob o ar quente e límpido. Uma boa parcela daquelas montanhas negras e escarpadas existe desde a aurora dos tempos.

A vista da famosa cordilheira das Lofoten já tirou o fôlego de muita gente. Quando o escritor Christian Krohg chegou ao Vestfjorden, num dia de inverno de 1895, escreveu: «Sim, é impossível negar — qual imponente mirada: a mais pura das puras, a mais fria das frias, a mais formosa das formosas, o maior prodígio que se pode imaginar, o altar do inatingível deus da solitude e castidade. Como é difícil dar a medida desta sensação! Expressar a magnitude e a altivez da natureza, sua indiferente, impiedosa e inexorável serenidade».[1]

Medir a dimensão de Svolvær, «capital» das Lofoten, não fazia sentido para Krohg. Para ele a cidade não cabia na paisagem, mas se projetava além dela. Sua cor amarronzada era por demais berrante, carecia de matizes e harmonia, não assentava na luz e na natureza ao seu redor.

Se tivesse visto o que existe nas profundezas, talvez Krohg tivesse sido o surrealista pioneiro. Na terra se vive horizontalmente. Quase tudo transcorre sobre ela, ou

---

[1] Christian Krohg: «Reiseerindringer og folkelivsbilder», in *Kampen for tilværelsen*. Gyldendal, 1952, p. 306.

no máximo na copa da mais alta árvore. Os pássaros, pois bem, podem voar mais alto, mas eles mesmos passam a maior parte do tempo no chão. O mar, por sua vez, é vertical, uma massa de água interconectada com uma profundidade média de cerca de 3.700 metros. E há vida desde a superfície até o fundo. A imensa maioria do espaço vital da Terra está, a bem dizer, no oceano.[2] Todas as demais regiões do planeta, inclusive a floresta tropical, perdem sua majestade se comparadas a ele.

Se relacionarmos tudo o que sabemos sobre a superfície e as profundezas do mar, chegaremos à conclusão lógica de que tudo que existe sobre a terra — todas as montanhas, pastos, colinas, florestas, desertos e até as cidades e tudo o mais que o homem criou —, tudo isso caberá com boa margem dentro do mar. A média de altitude na Terra é de apenas 840 metros. Se metêssemos o Himalaia inteiro no fundo do mar, ele levantaria uma enorme cortina de água e desapareceria em poucos instantes sem deixar traços. Há tanta água no mar que, se toda ela se elevasse, os continentes inteiros ficariam cobertos por uma camada quilométrica de água salgada, e ficariam visíveis apenas os picos das montanhas mais altas.

---

2   Claire Nouvian: *The Deep*. The University of Chicago Press, 2007, p. 18. Um fantástico livro *coffee table* ilustrado com centenas de fotografias de espécies das fossas abissais.

Brilha o sol no alto e lá vamos nós singrando a superfície plana de um mar cintilante. Nas Lofoten existe até um nome para um fenômeno tão raro: *transtilla*.[3] Não sabemos nada do que se passa sob a fina membrana abaixo de nós. Quer dizer, no meio da floresta de algas ali embaixo vivem merluzas, bacalhaus, palocos e várias outras espécies, especialmente alevinos. Descendo ainda mais, a cerca de duzentos metros de profundidade, quase toda a luz é absorvida pela água, não importa quão clara e limpa ela seja. Um distante clarão acinzentado, como o de um aparelho de TV antigo que não sintonizasse os canais, é todo o brilho que se vê. Aos quinhentos metros de profundidade, a escuridão é total. Não pode haver fotossíntese, é o fim da linha para todas as plantas. O tubarão-da-groenlândia habita essas dimensões.

O que ocorre nas fossas abissais sempre foi um mistério para nós, humanos. Nossa parca compreensão tem menos de cento e cinquenta anos, mas fizemos progressos importantes neste ínterim e adquirimos novos conhecimentos que puseram de lado concepções mais arcaicas. Em 1841, o naturalista britânico Edward Forbes concluiu, após uma expedição ao Egeu, que não havia vida nas escuras profundezas submarinas — isso depois

---

3   *Tran*, em norueguês, é óleo de fígado de bacalhau, e *still* é «calmo», «pacífico». (N.T.)

que John Ross, numa expedição ao Polo Norte, em 1818, mergulhou uma sonda a quase dois mil metros e comprovou a existência de uma vida rica e variada.

Numa pequena ilha na costa sudoeste da Noruega, castigada pelas intempéries, dois homens provaram que Forbes não tinha ideia do que dizia. Michael Sars e seu filho Georg Ossian Sars, dois dos mais proeminentes acadêmicos que a Noruega jamais produziu, foram pioneiros em afirmar, com base científica, que as profundezas oceânicas não são um deserto ermo e sem vida. O feito torna-se ainda mais relevante considerando a origem de ambos. Michael Sars vinha de uma família modesta da cidade de Bergen. Viver e seguir carreira longe daquilo que mais amava, o mar, estava fora de cogitação.[4] Ele fixou-se em Oslo, formou-se teólogo e apaixonou-se por Maren Welhaven, irmã de um colega, o famoso escritor Johann Sebastian Welhaven. Em 1831, foi nomeado pastor na ilha de Kinn, no extremo da costa nordeste, no fiorde de Førde. Sars dedicava seu tempo livre a pesquisar a vida marinha. Já em 1835, fez descobertas extraordinárias com seu *Beskrivelser og iagttagelser over nogle mærkelige eller nye i havet ved*

---

4   Ainda aos vinte e quatro anos, Michael Sars mandou imprimir um tratado científico às próprias expensas: *Bidrag til Soedyrenes Naturhistorie*. Bergen, 1829.

den bergenske kyst levende dyr [Descrições e observações de alguns animais estranhos e novos habitando a costa marítima de Bergen]. O Parlamento norueguês reconheceu em Sars um talento raro e lhe outorgou um estipêndio, que lhe permitiu viajar pela Europa e travar contato com os naturalistas mais notáveis de Paris, Bonn, Frankfurt, Leipzig, Dresden, Praga e Copenhague. No início da década de 1850, ele investigou as profundezas do Mediterrâneo com auxílio de um barco a remo e uma escavadeira. Sars descobriu vida oitocentos metros abaixo do nível do mar e mais adiante não chegou.

Um dos muitos que se deixaram fascinar pelas descobertas de Sars foi Peter Christen Asbjørnsen, mais tarde célebre por compilar histórias e contos de fadas populares noruegueses. Enquanto percorria as montanhas e vales isolados à procura de relatos, Asbjørnsen devia estar com a cabeça em outro lugar, ao menos durante parte do tempo. Ele queria ser oceanógrafo, e sua grande inspiração era Michael Sars. Em 1853, Asbjørnsen publicou um tratado intitulado *Bidrag til Christianiafjordens litoral fauna* [Contribuições à fauna litoral do fiorde de Cristiânia],[5] mas o que realmente intrigava Asbjørnsen era a vida nas profundezas marinhas.

---

5   Antigo nome da capital, Oslo. (N.T.)

No mesmo ano que seu tratado foi publicado, tendo embolsado um estipêndio estatal para investigar os fiordes, Asbjørnsen viajou para a costa oeste da Noruega. Inicialmente, fez uma visita a Michael Sars, então pastor em Manger, na ilha de Radøy. Asbjørnsen tinha articulado a instituição de uma cátedra magna, fundada especialmente para Michael Sars. Depois de convencer o pastor a concorrer ao cargo, seguiu adiante com suas próprias pesquisas marinhas. Os resultados chamaram a atenção dos zoólogos. Asbjørnsen conseguiu capturar uma estrela-do-mar de onze braços a quatrocentos metros de profundidade no fiorde de Hardanger utilizando uma armadilha construída por ele próprio. O animal, vermelho-coral e «cintilante como madrepérola», era desconhecido da ciência de então, e coube a Asbjørnsen a honra de batizá-lo. Ele o chamou de *Brisinga endecacnemos*, inspirado no Brisingamenet, o magnífico broche que, segundo a mitologia norrena, pertencia à deusa da beleza, Frøya, e o esquivo Lóki tratou de esconder no fundo do mar.

Asbjørnsen acreditava que sua joia marinha era de uma espécie distinta, mas desistiu da ideia ante o ceticismo de Michael Sars. Mais tarde comprovou-se certa a hipótese de Asbjørnsen, que já perdera o crédito pela descoberta.[6]

---

6   Truls Gjefsen: *Peter Christen Asbjørnsen — Digter og folkesæl*. Andresen & Butenschøn, 2001, p. 236-242.

Apesar do diligente trabalho, Asbjørnsen não recebeu a maior parte do estipêndio estatal e das posições a que aspirava. Sua carreira como biólogo estacou e chegou ao fim, forçando-o a fazer novos planos. As florestas também exerciam uma estranha atração sobre ele. Em 1856, empreendeu uma viagem de estudos à academia de Tharandt, na Alemanha, na qual graduou-se com nota máxima em todas as disciplinas, e retornou à Noruega para se destacar na proteção e administração de florestas e pântanos.[7]

Às vezes as pessoas recebem o reconhecimento que merecem. O grande biólogo alemão Ernst Haeckel escreveu assim sobre Michael Sars: «Para todos aqueles que tiveram a sorte de conhecê-lo pessoalmente, o frescor de seu espírito, o amor à verdade na sua mente, a clareza no seu entendimento e a versatilidade do seu saber serão inesquecíveis».[8] O primeiro navio oceanográfico norueguês, já aposentado, foi batizado em homenagem a Michael Sars. O navio de pesquisas atualmente em uso, embarcado com o estado da arte tecnológico, e extremamente silencioso para que os motores não afetem

---

7   *Norsk biografisk leksikon*: <https://nbl.snl.no/Peter_Christen_Asbjørnsen.>
8   Citado em *Norsk biografisk leksikon*: <https://nbl.snl.no/Michael_Sars.>

os instrumentos acústicos, recebeu o nome de Georg Ossian, filho de Sars.

Ele levou adiante o trabalho do pai, que com enorme tenacidade e sólido conteúdo abriu o caminho para a pesquisa marinha na Noruega. Em 1864, Georg Ossian Sars tornou-se o primeiro norueguês a receber um salário do Estado pela função de «oceanógrafo». No mesmo ano, viajou às Lofoten, mais precisamente à ilha de Skrova, onde fixou base e colheu grande quantidade de amostras das profundezas do Vestfjorden.

Ao publicar os resultados, em 1868, G. O. Sars atraiu a atenção do meio científico mundial,[9] sobretudo por aquilo que se passou a conhecer como lírio-do-mar-de-lofoten (*Rhizocrinus lofotensis*), espécie descrita por ele como «fóssil vivo» numa época em que os cientistas esquadrinhavam os quatro cantos da Terra à procura de tais criaturas para consubstanciar a teoria da evolução e precisar a idade do planeta e de toda vida que o habita.

Levou muito tempo, contudo, para as descobertas sobre a vida marinha em grandes profundidades serem aceitas amplamente. Quando da extensão do cabo telegráfico ao longo do fundo do Atlântico, em 1860, um

---

9   Quatro anos mais tarde, G. O. Sars publicou várias das descobertas suas e de seu pai no livro *On Some Remarkable Forms of Animal Life, from the Great Deeps Off the Norwegian Coast. Partlyfrom the Posthumous Manuscripts of the late Professor Dr. Michael Sars*. Brøgger & Christie, 1872.

engenheiro que participou da obra afirmou que tanto as estrelas-do-mar como as globigerinas (um tipo de plâncton encontrado em grande quantidade no fundo do mar) grudavam nos tubos a uma profundidade onde nada poderia viver, segundo a ciência da época. A maioria dos estudiosos reagiu com ceticismo diante da descoberta. Alguns diziam que os animais deviam ter aderido ao cabo quando estava sendo içado à superfície, ainda que muitas daquelas criaturas pertencessem obviamente às fossas abissais, mas a roda do conhecimento havia sido posta em marcha e não haveria mais como detê-la.

Tanto as estrelas-do-mar de Asbjørnsen quando os lírios-do-mar de Sars ganharam relevância quando o zoólogo escocês Charles Wyville Thomson foi à Academia de Ciências de Londres em busca de recursos para a expedição do *Lightning*, em 1868. O objetivo era pesquisar as águas abissais da costa escocesa. A expedição confirmou e ampliou as descobertas dos noruegueses. Formas de vida altamente intrigantes foram descobertas em até 1.200 metros de profundidade.

C. W. Thomson participou como autodidata quando os britânicos lançaram a primeira grande expedição marítima moderna. Com uma tripulação de 270 homens (incluindo oficiais e cientistas) o HMS *Challenger* navegou pelos sete mares durante quatro anos consecutivos, recolhendo amostras de águas profundas, mapeando correntes e medindo temperaturas diuturnamente. As amostras eram recolhidas empregando-se o mesmo método desenvolvido por Michael Sars.

Os resultados do *Challenger* serviram de fundamento para a oceanografia moderna. Ninguém mais poderia alegar que o fundo do mar era uma zona sem vida, agora que até os cientistas mais reconhecidos (e ingleses) afirmavam o contrário. Exatamente o que havia lá embaixo era objeto de discussão acalorada, também na imprensa e por meio de artigos populares. Na edição de *Skildringer af Naturvidenskaberne for alle*[10] [Representações da ciência natural para todos], de 1882, são traduzidos artigos de proeminentes cientistas europeus. O fundo do mar é objeto de especial curiosidade. O especialista marinho Philip Herbert Carpenter, ele mesmo um dos que viajaram com na expedição do *Challenger*, começa seu artigo «O assoalho marinho» desta forma: «Para a maioria de nós a profundeza do mar é nada mais que uma zona desconhecida, pois sua localização nos torna impossível empreender uma investigação direta e pessoal dos seus prodígios». Talentoso, Carpenter era também um homem atormentado. A insônia crônica o levou à loucura e ele deu cabo de si com clorofórmio, em 1891. Mesmo assim, suplantou seus predecessores ao compreender

---

10   Jonas Collin (org.): *Skildringer af Naturvidenskaberne for alle*. Forlagsbureauet i København, 1882.

com maior precisão a magnitude da paisagem submarina: «Nossas pesquisas nos ensinaram que de diversas maneiras o fundo do mar, com sua infinitude, é semelhante à superfície da Terra, e tal como esta possui suas montanhas, vales e planícies onduladas. Seus componentes variam imensamente em diferentes locais; ela tem seus desertos e suas regiões férteis, suas florestas e penhascos, e, a exemplo da superfície terrestre, é habitada por vários animais e plantas nas suas respectivas regiões e climas».[11]

Quase cem anos depois que Carpenter escreveu essas linhas, a percepção comum era que a biodiversidade no fundo do mar era pouca, consistindo em sua maioria de pepinos-do-mar, nematoides e outros animais inferiores. Até hoje, são poucos os veículos adaptados para descer a grandes profundidades. A cada nova expedição descobrem-se não apenas novas criaturas, mas novas formas de vida. O mesmo ocorre a cada vez que os pesquisadores lançam-se ao fundo e apenas arranham o solo marinho até então inexplorado, e a maior parte das espécies que trazem à tona jamais foi descrita antes.

As profundezas que até há pouco acreditávamos mortas pululam de vida. A escuridão é total, mas a maioria

---

[11] Ibid. «Havets Bund». P. H. Carpenter, p. 1111.

das espécies produz a própria luz, em todas as cores e variantes possíveis, para atrair ou ludibriar as demais. O fundo do mar cintila e reluz. Uma vez que mais espécies vivem no escuro abissal do que sobre a superfície, esta forma de comunicação, isto é, a troca de sinais luminosos, é a linguagem mais difundida no planeta. Em muitas regiões, a milhares de metros sob a superfície, habitam os seres mais extravagantes, que emitem um brilho intenso e pulsante. Muitos peixes, a exemplo do peixe-diabo negro, têm uma espécie de apêndice em forma de arco que se projeta do alto da cabeça — ou da mandíbula inferior —, em cuja extremidade, que pende bem diante dos seus olhos, brilha uma esfera de luz. Esse peixe vagueia calmamente pelo fundo do mar, com uma bocarra aberta de onde brotam dentes longos e afiados. Pelo corpo possui centenas de antenas compridas, e com a ajuda delas detecta o menor sinal de movimento na água. Caso a presa se aproxime o suficiente, ele a engolirá viva. Muitas das espécies são transparentes como vidro. Apenas seus órgãos digestivos as denunciam quando acendem. Caso pressintam perigo, são capazes de bombear uma grande quantidade de água para dentro do corpo, a fim de ficarem ainda mais transparentes. Algumas dessas formas de vida são arredondadas e desprovidas de cabeça; outras se assemelham a cordas ou fitas de plasma pulsante, bailando graciosamente numa coreografia aparentemente coordenada. Um tipo de colônia de águas-vivas, *Praya dubia*, pode chegar a quarenta metros de comprimento e ter até trezentos estômagos. Uma espécie de cefalópode tem grandes órgãos bioluminescentes em cada um dos seus oito braços, e, quando caça, todas as luzes piscam ao mesmo tempo, dando à presa a impressão de estar diante de uma enorme árvore de Natal.[12] Se atacada, a água-viva *Atolla wyvillei* pisca freneticamente milhares de luzinhas azuis como se fosse uma ambulância. O show luminoso pode ofuscar ou confundir o agressor, ou mesmo atrair predadores ainda maiores, que dão cabo dos espectadores mesmerizados com o espetáculo e salvam a água-viva do perigo.

A maior parte das espécies bioluminescentes das profundezas marinhas produz uma luz azul, cor que percorre distâncias maiores embaixo da água. Pelo mesmo motivo a água do mar é azul. A luz azul é a única que a maioria das espécies abissais consegue enxergar. Algumas, como o peixe-dragão de dentes pequenos (*Pachystomias microdori*), desenvolveram também luzes vermelhas. Com a ajuda delas, ele consegue se acercar de presas sem ser percebido. Um outro tipo de peixe-dragão

---

[12] Wendy Williams: *Kraken. The curious, exciting, and slightly disturbing science of squid*. Abrams, 2010, p. 83. O excelente livro de Williams sobre os cefalópodes é a minha principal fonte de dados sobre esta espécie.

é chamado *Malacosteus niger*, mas bem poderia ser apelidado de «boca de estilingue», pois consegue alargar a mandíbula como se fosse de elástico e engolir a presa mais rápido do que o olho humano consegue perceber.

Muitas espécies recorrem à luz para se encontrarem e copularem. Não é uma atividade segura, pois, ao mesmo tempo que enviam seus sinais amorosos, chamam a atenção de predadores, alguns dos quais aprenderam a imitá-los, atraindo essas espécies para perto de si.

No oceano, os inimigos podem vir de todas as direções, a qualquer momento, por isso tantos animais que vivem a centenas de metros da superfície usam a camuflagem luminosa para se confundirem com a água, quer sejam vistos de cima, de lado ou de baixo. Por mais astuto que seja, esse mecanismo de defesa pode também denunciá-los. Algumas espécies possuem olhos capazes de identificar as luzes artificiais, produzidas por bactérias, de tal forma que a silhueta da presa lhes deixa de ser invisível.

Um pepino-do-mar que vive a quinhentos metros de profundidade arranca a própria pele se atacado. Ela é pegajosa como uma fita dupla-face e adere ao predador, que se vê ocupado enquanto o pepino-do-mar, bem... salva a própria pele. Outras espécies valem-se de veneno ou espinhos e esporões. Ninguém jamais afirmou que a vida nas profundezas é simples ou entediante.

Porém, caso pudéssemos nadar na escuridão gélida lá embaixo, seria como flutuar pelo espaço sideral, cercado de estrelas brilhantes, formas de vida que jamais poderiam existir na superfície terrestre. Peixes coloridos que usam braços para se locomover no fundo. Caranguejos-iéti vestindo casacos de pele brancos. Uma espécie de xarroco (*Caulophryne polynema*) carrega na cabeça uma vara de pescar com uma sedutora luz na ponta, que agita para um lado e para o outro, como se fosse a haste de um metrônomo. Nenhum outro peixe brilha tanto quanto o iluminado diabo-marinho (*Linophryne arborifera*), equipado com uma antena no alto da cabeça e uma espécie de barbela, tão grande quanto o próprio corpo, pendendo sob o queixo — e aqui estamos falando da fêmea, pois o macho não passa de um parasita que cedo na vida prende-se à barriga da fêmea e lá permanece para sempre, nutrindo-se do sangue da hospedeira e, de quando em quando, doando-lhe esperma em retribuição.

A lula-gigante (*Architeuthis*) desliza horizontalmente pela água em grande velocidade, talvez poucos metros acima do assoalho marinho, com os tentáculos reunidos atrás do corpo, assumindo um formato pontiagudo e hidrodinâmico, com órbitas do diâmetro de uma bacia e olhos que jamais piscam. Seu sistema de propulsão e camuflagem faria inveja à Marinha dos Estados Unidos.

Mais seres humanos estiveram no espaço do que nas grandes profundezas abissais. Sabemos mais sobre a superfície da Lua e até sobre os mares secos de Marte. Lá embaixo a vida é como aquele sonho do qual levamos muito tempo para despertar.

Pela massa de água chove, ou melhor dizendo neva, sem interrupção, material orgânico, e um número incontável dos mais variados seres encontra serventia para tudo aquilo que cai ao redor de si.[13] Nos últimos anos, muitas espécies abissais foram descobertas apenas por amostras aleatórias, indicando que esse ecossistema pode abrigar milhões de outras. A maior parte da vida marinha sabidamente habita as camadas de água superiores, mas o maior número de espécies está nas profundezas. Quase toda vida lá embaixo possui caraterísticas desconcertantes, como se pertencesse a outro planeta ou houvesse sido criada num passado remoto, regido por outras regras e concebido pela mais extravagante das fantasias.

---

13   Ver Tony Koslow: *The Silent Deep*. University of Chicago Press, 2007.

7

No meio do caminho pelo Vestjorden, peço a Hugo que pare o barco para me despir da minha roupa térmica. Sentir calor em mar aberto nunca havia sido problema para mim nestas lonjuras. A muralha das Lofoten aproximou-se de nós, mas a umidade a deixa um pouco borrada, como se a cordilheira estivesse a ponto de derreter.

Assim que Hugo volta a pôr o barco em marcha, avisto um volume de água erguendo-se da superfície, muitos quilômetros adiante, ligeiramente a estibordo. Giro o corpo e o aponto para Hugo, que assente com a cabeça e acelera a toda velocidade. Chegamos rapidamente para abordar o que parece ser uma ilhota plana, reluzindo ao sol. Mas estamos em mar aberto, não há ilhas por aqui, e ela está se movendo. Já tínhamos avistado várias toninhas, mas isto é obviamente outra coisa. Hugo levanta a voz.

— Em todo caso *não é* uma minke. Talvez um grupo de baleias-piloto?

Estamos a centenas de metros de distância e Hugo percebe que tampouco pode ser. O que está diante de nós não tem uma nadadeira dorsal, como as piloto. Além disso não é um grupo, mas um único e enorme animal.

Por um segundo imagino que possa ser um submarino. O corpo de Hugo está teso, a boca aberta, enquanto ele vasculha a enciclopédia de baleias que guarda no cérebro. Quando já estamos a dezenas de metros de distância ele diz alto e bom som:

— É um *cachalote*!

Diante dos nossos olhos está a maior de todas as baleias dentadas. À medida que chegamos mais perto, o cachalote começa a se contorcer. A trinta metros, sopra o ar uma última vez e mergulha a cabeça, deixando a traseira e a nadadeira caudal em posição perpendicular em relação à superfície, até sumir engolfado pelo oceano. Lá se foi ele, como se um titereiro invisível puxasse um fio e o tirasse de cena.

Hugo desliga o motor. Já são quase cinquenta anos de mar, tanto tempo passado no Vestfjorden que ele já pode ser considerado parte da fauna local. Nesse ínterim, já viu de tudo. Bandos de baleias-piloto são quase rotina, para não mencionar minkes, golfinhos e toninhas. Mas nunca antes havia esbarrado em um cachalote.

Agora é só esperar. Pois, embora o cachalote possa prender o fôlego por até noventa minutos, mais tempo que qualquer outra criatura pulmonada, em algum momento precisará voltar à superfície.

O cachalote (*Physeter macrocephalus*) não é apenas o maior carnívoro do mundo, é também o maior carnívoro que jamais existiu na Terra. Esqueça o *Tyrannosaurus rex*, o megalodon ou os cronossauros — o cachalote é mais pesado e mais comprido. Poucas coisas vivas ou que já viveram, incluindo as outras grandes baleias, comparam-se a ele.

O espécime que vimos era um macho de cerca de vinte metros e mais de cinquenta toneladas. Fêmeas e machos são distintos. As fêmeas pesam apenas um terço dos machos, são animais gregários, que cuidam das crias, inclusive de filhotes alheios cujas mães tenham mergulhado para caçar. Jovens machos nadam em bandos. Quando se aproximam dos trinta anos, sua puberdade chega ao fim, e o cachalote macho se enfastia da companhia de seus pares e torna-se um caçador solitário a vagar pelos mares afora pelo resto da vida. A baleia que encontramos pode ter vindo parar ali desde o oceano Antártico. Caso encontre um bando de fêmeas, pode talvez acasalar-se com algumas delas, mas logo seguirá seu rumo. Eles podem ser agressivos, inclusive quando encontram outros machos. Talvez alguma frustração sexual os leve a um enfrentamento, mesmo não estando no cio. Hugo diz que um cachalote sexualmente excitado torna-se tão insano quanto um elefante em *musth*, o frenesi causado pelo estro das fêmeas.

O cachalote que mergulhou talvez tenha ido à caça de lulas comuns, ou talvez lulas-gigantes, que podem pesar até quinhentos quilos. Em plena descida ele pode abocanhá-la e esmagá-la contra o fundo do mar. Caso não encontre nada no mergulho, tem a chance de topar com a lula a caminho da superfície. Chegando ao fundo, inverte o corpanzil e passa a nadar de barriga para cima, procurando alguma silhueta na parca contraluz de fundo. O cachalote usa o sonar que tem na cabeça para localizar cardumes de peixes ou lulas. Quando descobre algo interessante, acelera e engole a presa com a bocarra grande o bastante para acomodar, de través, o barco em que estamos Hugo e eu.

Já foram encontradas carcaças de cachalotes com a pele marcada por profundas marcas de sucção, algumas de até vinte centímetros de diâmetro. Nenhum ser humano jamais assistiu a um embate entre uma lula-gigante e um cachalote, mas se essa possibilidade existisse os ingressos se esgotariam num instante. A lula-gigante, considerada um animal imaginário durante muito tempo, não possui apenas oito tentáculos de até oito metros cada um; possui também um bico ameaçador, forte o bastante para partir qualquer coisa que consiga abarcar. Os braços desse colossal acidente da natureza «são semelhantes às melenas duma fúria», no dizer de Júlio Verne. Deixar de cruzar com seu olhar é impossível, pois a lula-gigante possui enormes órbitas arredondadas e carece de pálpebras, de maneira que nunca pisca.

Na frente da cabeça o cachalote possui o maior órgão sonoro do reino animal. Sozinho, pode pesar dez toneladas. Os cliques que emite atingem 230 decibéis, um ruído que corresponde ao disparo de um fuzil a dez centímetros do ouvido. Os machos falam num tom mais grave, enquanto as fêmeas conversam mais rápido, tecendo uma espécie de código Morse.

Detendo o título de campeão dos pesos-pesados da evolução, o cachalote deveria nadar com um cinturão de ouro em volta da barriga. Mas nem mesmo ele deixa de ter rivais à altura, uma vez que dá à luz poucos filhotes, menos que qualquer outro cetáceo, e leva anos para educar, alimentar e proteger suas crias, que podem ficar à mercê de grupos de orcas ou baleias-piloto. Nesses casos, os cachalotes adotam a chamada formação *marguerite*, na qual os animais maiores formam círculos ao redor dos mais jovens, tentando evitar que as mais ágeis e flexíveis orcas isolem os filhotes do restante do grupo, trucidando-os. As mães circulam para ambos os lados e investem contra os agressores, usando a cauda ou os dentes.[1]

Os cachalotes mergulham a quase três mil metros, um recorde entre todos os mamíferos.[2] Em profundidades assim, seus pulmões são comprimidos a ponto de quase desaparecer. Para compensar a enorme pressão

---

[1] Jonathan Gordon: *Sperm Whales*. World Life Library, 1998.
[2] Philip Hoare: *The Whale*. HarperCollins, 2010, p. 67.

a que são submetidos, a cabeça desses animais é dotada de uma câmara enorme, cheia de espermacete, um óleo que resfria e assume uma densidade quase rígida à medida que submerge. Da mesma forma, a substância adquire um estado semilíquido ao aproximar-se da superfície, permitindo à baleia flutuar. Antes de ser substituído por substâncias sintéticas, há menos de cem anos, o espermacete era o mais precioso e cobiçado de todos os óleos: puro, transparente e aromático. Um cachalote adulto pode armazenar até mil litros de espermacete na cabeça. Essa substância rosa-claro, cerosa e semelhante ao esperma resultava nas melhores velas, sabões e cosméticos, e também era utilizada para lubrificar os mais finos instrumentos de precisão de antanho.

Muitas outras partes do animal tinham também grande valor econômico. Um único exemplar rendia dezenas de toneladas de gordura e carne, e os enormes dentes eram tão cobiçados quanto o marfim. Diz-se que os baleeiros do passado até costuravam capas de chuva com seu pênis avantajado, mas o cachalote não é bem-dotado apenas nesse aspecto: possui também o maior cérebro que já se viu sobre a Terra, seis vezes mais pesado que o nosso; o pênis, por sua vez, é centenas de vezes mais pesado que o humano.

Além disso, o animal excreta o âmbar-gris no seu trato digestivo. A substância é o que a baleia tem de mais precioso. É utilizada no fabrico de perfumes e, na crença de muita gente, possui propriedades miraculosas. Nos velhos tempos, quando era encontrada flutuando na superfície do mar ou encalhada em terra, acreditava-se que havia sido excretada por serpentes marinhas. Hugo já encontrou âmbar-gris, ou «âmbar de baleia», como se dizia, encalhado na baixa-mar. Ele o descreve como um caroço cinza ceroso com um cheiro adocicado e único.

O cachalote foi perseguido e caçado a ponto de estar próximo da extinção. Na costa de Andenes, um importante polo baleeiro norueguês, a caça sistemática foi empreendida até a década de 1970. Antes de os baleeiros terem acesso às granadas, valiam-se de gigantescos arpões com barbelas, que atravessavam a pele da baleia e lá se fixavam. Mesmo assim muitos animais escapavam e, caso nenhum órgão vital fosse afetado, passavam anos nadando com um arpão preso ao corpo.

À nossa volta está tudo calmo, exceto pelo ruído branco e melodioso da água lambendo o barco. Exceto onde nos alcança, o mar apenas reflete os raios do sol incidindo sobre a água e em bancos de areia.[3] O mar é um mosaico infinito de uma luz tão intensa que parece autoiluminado.

---

3   Essa contribuição a uma reelaboração do perfil da maravilha é uma passagem de poesia do livro de Torgeir Schjerven *Harrys lille tåre*, Gyldendal, 2015.

A oeste, o horizonte dobra-se num arco convexo, lembrando uma tigela emborcada. Conseguimos divisar a curvatura da Terra. Nenhum sinal ainda do cachalote, e, fosse este um dia qualquer, a chance de revê-lo seria ínfima. Mas este não é um dia qualquer, pois o mar está tão calmo e o ar tão límpido que provavelmente poderemos avistar aquele colosso a quilômetros de distância.

Hugo menciona um evento ocorrido na virada do século passado, quando um cachalote atacou uma família num pequeno barco a caminho da igreja, de Lottavika para Leines. A embarcação se desfez inteira. A única sobrevivente foi uma garota de dezesseis anos de idade, o restante da família se afogou. Seguramente as bolsas de ar no vestido da garota a mantiveram flutuando.

O grosso da história é verdadeiro, mas historiadores locais acreditam que o cachalote estava perseguindo um cardume de arenque e colidiu acidentalmente com o barco.

Não se tratou, entretanto, de um acidente quando o baleeiro *Essex*, de Nantucket, foi atacado por um cachalote ao sul do Pacífico, em 1820. Os baleeiros a bordo da embarcação, de vinte e sete metros de comprimento, afirmaram que o cachalote tinha vinte e seis metros. Jamais haviam visto um animal tão imenso. Por um bom tempo, ele nadou tranquilamente ao largo do *Essex*, como se o vigiasse de perto. De repente, veio em disparada contra o barco e o atingiu com enorme violência, abrindo um grande rombo no casco. A tripulação foi arremessada pelos ares. Em seguida, o animal desferiu um ataque semelhante na lateral oposta, e continuou até despedaçar o que sobrou da embarcação. O baleeiro de 238 toneladas foi a pique. O marinheiro Owen Chase e a maior parte da tripulação sobreviveram. Chase relatou com detalhes o ocorrido no livro *Narrative of the Most Extraordinary and Distressing Shipwreck of the Whale-Ship Essex* [Relato do assaz extraordinário e agoniante naufrágio do baleeiro *Essex*] (1821).

Esse não é o único incidente documentado de confrontos entre cachalotes e grandes navios. A história do *Essex* é certamente a mais famosa, pois inspirou Herman Melville a escrever o livro sobre o cachalote branco Moby Dick. A obra é recheada de capítulos descritivos sobre a caça à baleia e a anatomia e o comportamento do animal («A cabeça do cachalote», «Medição do esqueleto da baleia», «A grandeza da baleia diminuiu?»). Segundo o narrador Ismael, para o capitão Ahab a baleia branca encarna a manifestação de todas as forças do mal que afligem certas personalidades «profundas»:

> Aquela perversidade intangível que ali esteve desde o princípio; a cujo domínio mesmo os cristãos modernos atribuem a metade dos mundos; que os antigos Ofitas do Oriente reverenciavam com suas

imagens demoníacas; — Ahab não desesperava e as adorava como eles; mas, transferindo em delírio tais ideias ao abominado cachalote branco, lançava-se, mesmo mutilado, contra ele. Tudo o que mais enlouquece e atormenta; tudo o que mais alvoroça a quietude das coisas; toda a verdade com certa malícia; tudo o que destrói o vigor e endurece o cérebro; tudo o que há de sutilmente demoníaco na vida e no pensamento; em suma, toda a maldade, para Ahab, se tornava visível, personificada e passível de ser enfrentada em Moby Dick.[4]

O capitão estava demenciando e sua loucura era de uma variante contagiosa. A baleia tornava-se em certa medida a inimiga de toda a tripulação. De uma maneira que Ismael não percebe — pois aqui é o autor Melville quem fala diretamente a nós —, Moby Dick era a «compreensão inconsciente», o «grande e furtivo demônio da vida marinha»:

> O mineiro subterrâneo que trabalha em todos nós, como pode alguém dizer para onde seu cabo

---

[4] Herman Melville: *Moby-Dick*. Aschehoug, 2009, p. 223. Nesta nova tradução que citei, o capitão é chamado Akab. Para mim, o nome Ahab está tão incorporado à obra que tomei a liberdade de usá-lo mesmo assim.

[4bis] Tradução em português retirada de *Moby Dick*. Trad. de Irene Hirsch e Alexandre Barbosa de Souza. São Paulo: Cosac Naify, 2008. (N.T.)

conduz apenas pelo ruído abagado, nunca estático, de sua picareta? Quem não sente o arrastar irresistível do braço?[5]

Todos os homens da tripulação se deixam guiar por Ahab, pois percebem dentro de si o mesmo e hereditário instinto assassino, uma força destrutiva contra o mundo e tudo o que os rodeia. E essa é uma pulsão autodestrutiva. Moby Dick é o mamífero ameaçado de extinção, abatido aos milhares na época de Melville, e é também as forças mais obscuras da natureza humana. Como é também o desejo de vingança, ou a busca monomaníaca da verdade ou do domínio da natureza «inocente». É Ahab quem caça a baleia, não o contrário. Por fim, ele é sugado pelas profundezas com a corda do próprio arpão enrolada ao pescoço, e dessa maneira une-se para sempre à Grande Baleia Branca.

Mais de duzentos milhões de baleias de diferentes espécies foram abatidas ao longo de cerca de duzentos anos, até a década de 1970. Mas foram nas décadas mais recentes que as populações de milhares de cetáceos

---

5   Ibid., p. 226.

5bis   Tradução em português retirada de *Moby Dick*. Trad. de Irene Hirsch e Alexandre Barbosa de Souza. São Paulo: Cosac Naify, 2008. (N.T.)

diminuíram a uns poucos e assustados indivíduos.[6] Por mais de cinquenta anos, empresas norueguesas baseadas nas cidades de Larvik, Tønsberg e Sandefjord empreenderam a caça às baleias em escala industrial no oceano Antártico e nas costas australiana, africana, brasileira e japonesa. Estaleiros noruegueses construíram enormes

[6] A história completa da caça industrial à baleia, incluindo o papel desempenhado pela ciência, está contada com detalhes no livro de D. Graham Burnetts *The Sounding of the Whale. Science and Cetaceans in the Twentieth Century* (The University of Chicago Press, 2012). A frota russa sozinha capturou 25 mil baleias-jubarte durante duas temporadas, em 1959 e 1960. Mesmo antes de a caça ser mecanizada, a população de baleias foi tão visada que esteve a ponto de desaparecer para sempre. Na ilha de Svalbard, baleeiros holandeses, britânicos, alemães e dinamarqueses abateram dezenas de milhares de baleias-francas-da-groenlândia (*Balaena mysticetus*) ainda no começo do século XVII, até restarem apenas poucos indivíduos por volta do ano 1670. A caça é descrita minuciosamente por Frederick Martens, um cirurgião de Hamburgo que esteve a bordo de um baleeiro em 1671, e escreveu um livro sobre o assunto (conhecido graças a uma tradução anônima para o inglês, de 1694, sob o título *A Voyage into Spitsbergen and Greenland*). Essa espécie de baleia pode chegar a 75 toneladas e pertence à família das baleias-corretas (assim chamadas porque era "correto" caçá-las). Para impressionar as fêmeas da espécie, o macho entoa canções polifônicas e jamais repete o repertório duas vezes seguidas.

Ao longo de cerca de sessenta anos, até 1967, é possível que até 450 mil baleias-azuis tenham sido abatidas apenas no oceano Antártico. Os russos não comunicavam todas as capturas, então não é possível saber ao certo. A caça à baleia está na origem de várias fortunas norueguesas.

navios-fábrica, e altos-fornos extremamente eficientes, chamados «tryworks», foram transportados às ilhas antárticas de Geórgia do Sul e Decepção. Em 1920, nessa pequena ilha apenas, havia trinta e seis dessas miniusinas, cada uma com capacidade para produzir dez mil litros de óleo. Antes de a baleia-azul estar ameaçada de extinção, os baleeiros abatiam milhares delas a cada temporada de caça, além de uma grande quantidade de outras espécies. Fetos vivos eram arrancados do útero de baleias grávidas e incinerados. Os dias não eram calculados em horas, mas em quantidade de baleias e barris de óleo produzidos. A fumaça e o vapor dos fornos enormes e crepitantes encobriam as estações como um tapete espesso. Uma baleia-azul pode ter mais de oito mil litros de sangue circulando no corpo, e os homens encarregados de retalhá-las trabalhavam incessantemente em meio a gordura, sangue e carne durante os quatro meses da temporada de abate.

O fedor de morte e putrefação era indescritível. Por vezes, nem navios nem pessoal de terra conseguiam dar vazão à produção, e os cadáveres de baleias ficavam encalhados na costa, fermentando de gases sulfurosos e explodindo pelos ares como zepelins. Se fossem perfurados ou apenas explodissem espontaneamente, a podridão fazia as pessoas em volta desmaiarem. Todo o local transformava-se num cemitério gigante, e milhares de carcaças, esqueletos e ossos de baleia eram largados para apodrecer ao léu. Algumas pessoas afirmavam que jamais conseguiam se livrar do cheiro nauseabundo, que permanecia entranhado nas narinas por décadas.[7]

Todas as baleias podem se comunicar umas com as outras por longas distâncias, mas o incremento do tráfego marítimo vem dificultando cada vez mais essa possibilidade. Esse é um dos menores problemas se comparado ao que a «baleia mais solitária do mundo» precisa enfrentar. Baleias-fin normalmente «conversam» numa frequência de vinte hertz e são capazes de ouvir apenas sons próximos disso. Oceanógrafos incrédulos descobriram uma fin com com uma deficiência muito específica: ela canta numa frequência de cinquenta e dois hertz, significando que nenhuma outra consegue ouvi-la e que está condenada a ser uma pária, sem nenhuma interação social com os seus. Talvez as demais baleias-fin achem que ela é estúpida, pertença a outra espécie ou seja apenas excêntrica. A «baleia mais solitária do mundo» vive em torno do próprio umbigo. Nem mesmo as rotas migratórias das fins em volta do globo ela consegue acompanhar.[8]

---

[7] Em 1920, o médico dinamarquês Aage Krarup Nielsen embarcou num baleeiro desde a Noruega rumo à baía de Decepção. A viagem foi documentada no livro *En Hvalfangerfærd* (Gyldendal, 1921).

[8] *New Scientist.* 10 dez. 2004. Disponível em: <http://www.newscientist.com/article/dn6764.>

Quando criança, Hugo passava muitos dias a bordo do *Kvitberg II*, um barco equipado para todos os tipos de pesca, e também foi ao mar durante a temporada de caça às baleias. Certa vez, ainda no cais, Hugo viu um coração de baleia ainda pulsando. Ele recorda-se de jatos de sangue espirrando sobre o convés, mas recentemente passou a duvidar dessas memórias, pois as baleias teriam que ser esquartejadas em bocados de trinta quilos quando o *Kvitberg II* retornava da caça no mar de Barents. Quem sabe fosse uma baleia abatida no próprio Vestfjorden? Não importa. Os vasos sanguíneos eram grossos como cabos e bem visíveis no órgão cortado ao meio. No cais em Helnessund as equipes estavam de prontidão. Puxavam os nacos de carne com ganchos cor de prata e os arrastavam pela doca até o armazém de refrigeração.

Que fim terá levado o nosso cachalote? À nossa volta o mar fervilha de arenques. A superfície está tão límpida que enxergamos cardumes se aproximando a longas distâncias. Se tivéssemos uma rede de arrasto, que obviamente requereria um barco bem maior, levaríamos a bordo conosco toneladas de peixe. As aves marinhas pairam sobre eles, fartando-se com tudo que podem: petréis-do-ártico (que pertencem à família das cagarras), cormorões, êideres e gaivotas comuns. Até um trinta-réis-do-ártico, a ave que percorre o mais longo percurso migratório entre todos os seres vivos, paira sobre nós a baixa altitude. Todo ano ele migra do Polo Sul ao Polo Norte e faz o caminho oposto.

O sussurro brando das marolas, o calor seco do sol, o ar tão límpido — tudo é paz. É um dia daqueles que ficam na memória para sempre, exceto por um único detalhes que arruína o clima tão idílico, justamente o tal do touro das Terras Altas. O mau cheiro vence três camadas de plástico, reclamando o Vestfjorden inteiro para si. Algumas aves farejam o ar pútrido ao se aproximarem do barco, outras fazem manobras estranhas como se desmaiassem por um breve instante. De fato, no final do século XVIII foi proibido pescar tubarões-da-groenlândia desta maneira. Os pescadores diziam que os fumos cadavéricos afastavam outras espécies de peixe mais nobres. Passaram-se quarenta e cinco minutos. Terá o cachalote emergido tão distante que não o vimos? E mergulhado outra vez quando já estava longe demais de nós?

Hugo e eu estamos no meio de uma peleja sobre o porquê da expressão norueguesa «bêbado como um arau» quando ouvimos o estrondo de um trovão ao longe. Ficamos sentados em silêncio, apurando os ouvidos. De novo, mais um.

— Parece uma avalanche. De rochas. Acho que estão dinamitando em algum lugar da ilha — diz Hugo, virando-se na direção da baía de Kabelvåg.

Novamente o estampido surdo reverbera pela superfície, lembrando o acorde mais grave de um órgão de igreja, só que mais aguado, com um quê de chocalhar. Não é o som de uma explosão na terra. É o cachalote deixando passar o ar pelo orifício respiratório.

— Ali! — diz Hugo, apontando para o norte com uma mão e girando a chave na ignição com a outra. Um chafariz irrompe pela membrana de água ao longe, e Hugo acelera ao máximo. Minutos depois estamos bem junto ao bicho. O cachalote está em repouso total, apenas respirando. A cada vez que inspira sentimos a vibração; quando sopra, pelo orifício do lado esquerdo da cabeça, é como se um hidrante de rua estourasse, e uma coluna de água sobe ao céu. O barulho do ar preenchendo seus pulmões é como o vento invadindo a janela de um carro em alta velocidade. Entre a inspiração e a expiração, as explosões secas e surdas. É «a distante agonia do cio do Beemote», no dizer de Rimbaud.

A baleia oscila um pouco, para um lado e para o outro, e exibe sua estranha superfície cheia de nós e pelancas de gordura. A parte visível do animal tem quase o dobro do tamanho do nosso barco. Sob a água vemos a silhueta do topo da cabeça, que tem o mesmo formato da península de Kola. O cachalote tem o comprimento de um ônibus. Os olhos estão muitos submersos e não podemos vê-los. Mas não há dúvida de que eles nos veem.

Depois de ter conhecido a África, a Índia e a Indonésia, tornei-me um bocado *blasé* em relação às experiências que a natureza e o reino animal podem nos proporcionar, mas agora mal consigo me mover, o olhar transfixado, maravilhado pela imponência e pela força desta criatura, até finalmente cair em mim e conseguir sacar a câmera fotográfica.

Hugo aproxima-se até quase tocar a baleia, e eu começo a ficar ansioso. E se ela se irritar e decidir nos dar um peteleco com a cauda? Seremos arremessados pelo ar com o motor ligado, e estamos longe demais da terra firme. Hugo diz que estaremos seguros desde que nos mantenhamos próximos à metade superior do animal.

Quase todo mundo já ouviu falar de *Moby Dick*, e mais gente ainda está familiarizada com o relato do profeta Jonas no ventre da baleia. Até George Orwell escreveu sobre como seria estar nas entranhas do animal, mas figurativamente, no ensaio «Inside the Whale» [Dentro da baleia]:

> O Jonas histórico, se pode ser chamado assim, teve a sorte de escapar, mas na imaginação, em devaneios, inúmeras pessoas o invejam. A razão, claro, é óbvia. O ventre da baleia é simplesmente um útero grande o bastante para um adulto. Ali está você, num espaço escuro e confortável para acomodá-lo, protegido da realidade por uma grossa camada de gordura, podendo assumir uma atitude de completa indiferença não importa *o que* possa vir a acontecer.

> Uma tempestade que faria naufragar todas as belonaves do mundo mal lhe chegaria aos ouvidos, num remoto eco. Até os próprios movimentos da baleia lhe seriam imperceptíveis. Ela pode estar boiando entre as vagas da superfície ou em disparada rumo ao breu do mar mediano (localizado a uma milha náutica [1,8 quilômetro] de profundidade, segundo Herman Melville), mas você nem sequer notaria a diferença. Prestes a morrer, este será o seu derradeiro e insuperável patamar de irresponsabilidade.[9]

Depois de uns três minutos que pareceram quinze, o cachalote apronta-se para submergir. Arqueia a metade superior do corpo em uma série de movimentos preparatórios. Estamos a uns três ou quatro metros de distância quando ele aponta o focinho para baixo e o restante do corpo é arrastado junto, lentamente, até sua cauda em feitio de meia-lua projetar-se sobre a água diante de nós e desaparecer silenciosamente.

Então acontece uma coisa estranha. A água na frente do barco, a uns vinte metros de onde o cachalote mergulhou, começa a tremelicar em pequenas marolas e borbulhas, como se ali houvesse um campo elétrico de alta-tensão. É a baleia arremetendo em nossa direção.

---

[9] George Orwell: «Inside the Whale», in *Essays*. Penguin, 2000, p. 127. (Traduzido do inglês por Morten A. Strøksnes.) [Ed. bras.: «Dentro da baleia», in *Dentro da baleia e outros ensaios*. Org. Daniel Piza, trad. de José Antonio Arantes. São Paulo: Companhia das Letras, 2005.]

Olho para Hugo, provavelmente com meu semblante em pânico. Ele percebeu o mesmo que eu, está com a mão no acelerador e gentilmente se afasta da massa de pura força que está vindo de encontro a nós.

De repente tudo fica calmo e o mar inteiro readquire um matiz azulado, cor de cromo. O cachalote está descendo para o abismo profundo.

Quem quer capturar um tubarão-da-groenlândia? Depois do encontro com um cachalote, a sensação é de ter vindo a uma pescaria como qualquer outra.

8

A busca pelo tubarão-da-groenlândia começará neste instante, pois já chegamos ao local que planejáramos. Depois de estudar os mapas marítimos em nosso poder e triangular nossa posição em relação aos marcos terrestres (o farol de Skrova, um promontório localizado numa ilha mais distante do continente e o monte Steigberget, no extremo do glaciar Helldalsisen, do outro lado do fiorde), faço um furo nos sacos de lixo cheios de tripas, rins, fígado, cartilagens, ossos, sebo, tendões e ovos e larvas de moscas, enquanto tento a todo instante conter os engulhos. Hugo, como é sabido, não consegue vomitar, mas me dá a impressão de estar ansioso para isso. Só então despejo quatro dos cinco sacos para fora da amurada. Dentro deles há também pedras pesadas, e tudo afunda instantaneamente. No quinto saco há uns pedaços mais carnudos que iremos enfiar no anzol como isca.

A profundidade naquele local é de pelo menos trezentos metros. Descobri em livros de história local que os pescadores costumavam esperar um dia inteiro para voltar ali e tentar fazer o tubarão morder a isca. Faremos o mesmo, embora não seja necessário. Se houver um tubarão-da-groenlândia num raio de milhas, é só uma questão de tempo para sentir o aroma das guloseimas que atiramos ao fundo para atraí-los. Como outros de sua espécie, ele conta com um faro em «estéreo» e sabe localizar a fonte do odor com enorme precisão. E, apesar da ausência de ondas, as correntes submarinas ao largo de Skrova são sempre muito fortes. Justo ali a corrente espalhará o cheiro tão bem quanto o vento sobre a superfície. É a nossa teoria. Amanhã veremos no que dá.

A pesca do tubarão-da-groenlândia foi retomada durante a Primeira Guerra Mundial, quando o suprimento de comida escasseou. O fígado é rico em gorduras e tinha mil utilidades, do óleo para lamparinas ao fabrico de remédios, mas o aumento da demanda também se deu por causa da guerra. O fígado gorduroso era transformado em óleo de peixe, que servia para a produção de nitroglicerina (nitrato de glicerol). Em outras palavras, o tubarão virava bombas e granadas que choviam sobre os frontes ocidental e oriental. O avô de Hugo, Norman Johan, e os filhos Svein, Hagbart e Sverre foram pioneiros no distrito na produção de óleo de tubarão-da-groenlândia. Hugo tem esse óleo, a bem dizer, circulando no próprio sangue. Se alguém pode retomar essa tradição, cinquenta anos depois de ter sido praticamente extinta, este alguém é ele.

Rumamos para próximo do farol de Skrova, localizado num pequeno penhasco de uma ilha, quando cruzamos mais uma vez por cardumes de arenque. Eles saltam em torno do barco rebrilhando em tons de prata. Aqui o mar nunca é calmo, mas neste dia parece querer tirar um cochilo. Próximo da orla posso ouvir o chiado das ondas lavando as rochas escorregadias, sem o ruído comum da arrebentação. A maré se move preguiçosa, viscosa como uma gelatina.

Ao largo de uma ilhota que os locais chamam «Kvalhøgda» [Alto da Baleia] lançamos o espinhel ao mar a fim de fisgar algo para o jantar. Chego a sentir os peixes interrompendo a trajetória das chumbadas rumo ao fundo. Os arenques ficam mais próximo à superfície e se alimentam de zooplânctons. Embaixo deles nadam as merluzas, também à procura de zooplânctons. Embaixo dos arenques, zooplânctons e merluzas, encontram-se os peixes maiores. Um halibute mordisca uma merluza que fisgamos e lhe arranca a pele, mas infelizmente não se prende ao anzol.

Quando atravessamos o pequeno estreito entre as ilhas de Saltværøya e Skarvsundøya, a visão de Skrova se descortina para nós. Não é exatamente uma ilha apenas, mas um aglomerado de ilhas e ilhotas rochosas, que por mais de cem anos funcionou como entreposto de pesca e caça à baleia. A razão é geográfica e topográfica, pois Skrova fica em mar aberto, quase no meio dos bancos de peixe e rotas baleeiras do Vestfjorden, e conta com um porto seguro e protegido para os navios.

Hoje em dia menos de duzentas almas habitam o lugar. O processamento de peixe foi reduzido a níveis mínimos, exceto durante a alta estação na região das Lofoten, embora haja agora um matadouro de salmões por ali. E ainda quase todas as minke abatidas no Vestfjorden durante a primavera são transportadas para as modernas instalações da Ellingsen Seafood, em Skrova.

Skrova possui um porto natural, com um gargalo que desemboca numa baía larga e profunda na exata medida. No povoado de Heimskrova as casas são mais próximas umas às outras e dão uma atmosfera mais íntima e urbana que a das demais aldeias boreais, onde a paisagem é mais espaçada e entremeada pelos fiordes. Ali, tradicionalmente, as casas são remotas e cercadas por uma pequena fazenda com lavoura, celeiro, talvez até um pequeno pasto, além de uma doca para o barco. Em Skrova há poucas áreas de pasto, e o aglomerado de casas localiza-se na vila de pescadores e no arquipélago em volta.

A ilha é sempre banhada pela luz refletida no mar (de maio a setembro, quase durante todo o dia), e, quando adentramos velozmente a baía em nosso RIB, o prédio da Aasjordbruket é a primeira coisa que desponta. É um casarão fincado sobre palafitas na pequena ilha de Risholmen, cercado de mar por três flancos, e atrai naturalmente os olhares dos visitantes que chegam. Nesta época do ano, o sol brilha vinte e quatro horas sobre o prédio da oficina, dando a impressão de que tudo ali funciona movido a energia solar.

Da última vez que estive aqui, o prédio dava a impressão de estar a ponto de cair no mar. O cais e as palafitas estavam apodrecidos, décadas sem manutenção deixaram a construção se aproximar de um ponto crítico. A Aasjordbruket estava vazia desde a década de 1980, quando Mette e Hugo retomaram o comando.

Agora o lugar recende a madeira fresca e óleo de linhaça. O cais inteiro está novinho em folha. Os postes que sustentam tanto a estação quando as docas são de choupos, resistentes à água e ao sal. A estação foi recapeada e recebeu demãos de uma tinta branca que reluz a quilômetros de distância. Lá no fundo, os picos negros do Lillemolla se projetam sobre o mar. Não é de admirar que Christian Krohg hesitasse em montar seu cavalete de pintura nestas condições. Lars Hertervig, outro artista norueguês, disse a seu médico que havia perdido o senso naquelas paragens por «haver fitado por demais os arredores sob a intensa luz solar», ao mesmo tempo que «carecia de haver cores boas» para retratar a paisagem de forma apropriada.[1]

---

1 Lars Hertervig: *Lysets vanvidd*. Documentário, ITV, 2013.

No segundo andar deste prédio comercial vivem Hugo e Mette, num apartamento de dois quartos construído na década de 1970 para os operários da antiga fábrica. Exceto por algumas unidades fechadas, a maior parte do prédio consiste de vãos-livres, onde estão empilhadas toneladas de linhas de pesca, redes e tudo o mais que é preciso para equipar grandes pesqueiros e fábricas de beneficiamento de pescado e de produção de óleo. De ambos os lados dos dois volumes do prédio há vigas reforçadas projetadas no alto do sótão e portas duplas e largas, para que tudo possa ser içado diretamente dos barcos.

O teto, o cais e os muros externos estão firmes e sólidos. Em alguns anos a reforma terá sido concluída. O plano é transformar a estação numa pousada com restaurante, galeria e albergue para artistas. Hugo também gostaria de abrir uma pequena fábrica de beneficiamento de pescados, para mostrar aos hóspedes como a matéria-prima era processada nos velhos tempos. Para um empreendimento ousado e caro como este ter sucesso será necessário o apoio de várias frentes, incluindo a boa vontade dos bancos. Mette e Hugo já hipotecaram a casa em Steigen, têm anos de trabalho pela frente, e o risco do fracasso sempre está presente.

Skrova não está próximo ao mar. Skrova está *no* mar. Até mesmo a Aasjorbruket firma-se sobre palafitas e pertence tanto ao mar como à terra. Pela terra, a única via de acesso a ela é pelo cais vizinho. Durante a preamar da primavera, com áreas de baixa pressão e ventos soprando do oeste, o nível das águas sobe tanto que o prédio inteiro parece flutuar sobre elas.

> *Qual uma concha ecoando*
> *o marulho é esta casa.*
> *Incessantes, as ondas lavam esta terra, hoje como ontem.*[2]

---

[2] Do poema «Bølgje», de Halldis Moren Vesaas.

9

À noite saímos Hugo, Mette e eu para visitar Arvid Olsen, o decano dos pescadores de Skrova. Sua casa fica à beira da estrada, como todas as demais, num recanto calmo e protegido por um rochedo, atrás do qual surpreendentemente florescem árvores, arbustos e plantas ornamentais. Muitos deles vieram do sul; outros, como o plátano e o golpar (*Heracleum persicum*), chegaram pela via do comércio de armadores e negociantes de peixe noruegueses com os pomores do nordeste da Rússia. Na década de 1930, um marinheiro trouxe consigo um lírio da Austrália, que ainda povoa os jardins locais, para o espanto de quem duvidava que sobrevivesse em latitude tão extrema. O frio raramente chega a congelar o solo por muito tempo quando se está tão próximo ao mar.

Ninguém vem atender na residência dos Olsen. Decidimos abrir o portão e tentar a porta dos fundos. Ele próprio surge da sala de estar e diz que ouviu alguém bater, mas achou que fosse algum sulista — pois só quem vem do sul da Noruega costuma bater à sua porta, e, como não somos sulistas, achou que não éramos nós.

Sobre a mesa há um bolo que seu filho e a esposa trouxeram mais cedo, pois Olsen está fazendo aniversário.

Ele está se aproximando dos noventa anos, ainda que sua aparência não denuncie. Como para enfatizar seu aspecto jovial, ele abana rapidamente a mão para tentar capturar uma mosca em pleno voo.

Olsen exerceu o ofício desde a adolescência até completar sessenta e cinco anos pescando bacalhaus, cantarilhos, palocos e halibutes, com vara, linha, espinhel ou rede; mas o peixe que mais gostava de pescar era o atum. Um belo atum-rabilho rendia umas trinta coroas para cada um dos tripulantes. Em compensação, chegou a receber vinte e sete centavos de coroa por quilo do melhor bacalhau norueguês. Do atum mesmo só comiam a carne em volta da mandíbula, ele diz.

A doença o forçou a se aposentar da pesca vinte anos atrás. Precisou operar-se do coração e desenvolveu uma estranha forma de alergia à luz solar, daí as cortinas das janelas sempre abaixadas, protegidas por uma membrana que filtra a radiação ultravioleta. No verão ele mal sai de casa para não queimar a pele hipersensível.

Viemos aqui para ouvi-lo falar dos tubarões-da--groenlândia. Para Olsen, uma espécie de praga, que não hesita em comer bocados dos halibutes que pesca, ou mesmo arrancar iscas dos anzóis.

— Ele come tudo que encontra pela frente. Quem quer pegar esse tubarão tem que bombear todo o ar da carcaça depois que corta fora o fígado. Se a carcaça afundar, outros tubarões-da-groenlândia vão se refestelar com o morto. Comem até se fartar e não vão querer saber de iscas em anzóis.

Eu assinto com a cabeça ao conselho, sem mencionar que nós ficaremos satisfeitos pescando um exemplar apenas.

— Quanto de corda vocês têm?

— Quatrocentos metros.

— Corrente?

— Seis metros na base da corda.

— E o que têm de isca?

— Uma carne apodrecida de um touro escocês.

Olsen faz que sim com a cabeça.

O modo como fala me traz à memória os velhos parentes que conheci nas Vesterålen quando criança. Muitas das expressões são típicas de pescadores ao se referirem ao mar. *Høgginga*, por exemplo, diz respeito às correntes que começam a diminuir de intensidade setenta e duas horas depois da lua cheia ou nova. É quando o tempo e o vento costumam mudar. *Skytinga* é como chamam a maré que cresce depois da *småsjøtt*, ou vazante. Em ambos os casos, é bom se lançar ao mar, pois a pesca será boa.

Pelos próximos dias gostaria de aprender as expressões antigas que ouvia falar em Skrova, embora soem estranhas na minha boca. Não consigo captar todas as nuanças dialetais, então deixo a ideia de lado antes de atazanar os nervos de Hugo.

A caminho de casa Mette e Hugo me contam que as pessoas em Skrova desenvolveram costumes alimentares muito particulares para obter alguma proteína extra. Comem coxas de cormorão em conserva, por exemplo. Se as redes capturam alguma lontra-marinha, fatiam-na em filés. Não são hábitos antigos nem extintos. Foi o que Mette ouviu de um garoto na escola fundamental. Surpresa, ela quis confirmar: «Mas vocês comem lontras?». Quatro alunos assentiram, entusiasmados, e garantiram que é delicioso.

De volta ao Aasjorbruket, Hugo me mostra uma caixinha com fotografias feitas pelo tio Sigmund Aasjord, desde cedo um fotógrafo diletante, logo após a guerra. Hugo encontrou a caixa no antigo armazém pertencente à família em Helnessund. Muitas das imagens são da pesca do atum-rabilho (*Thunnus thynnus*). Durante uns poucos anos depois da guerra esse peixe chegou a povoar o Vestfjorden em quantidades astronômicas. As fotos mostram redes carregadas de atum, que pode chegar a três metros e pesar setecentos quilos. Os exemplares da foto são miúdos, mas Hugo lembra-se de Sigmund e outros garantindo que pesavam em média trezentos quilos. O valor que alcançavam nos mercados italiano e japonês, segundo disseram, era absurdamente alto se comparado ao que pagavam por outras espécies capturadas nas águas do mar do Norte. Só que eram peixes completamente estranhos aos pescadores locais. O atum morria caso não conseguisse se mover dentro da rede de arrasto, e assim dezenas ou até centenas de toneladas de peso morto afundavam antes de serem içados, resultando em prejuízos enormes.

O atum-rabilho é dos peixes mais fenomenais do oceano. Seu corpo inteiro é como um músculo sólido e potente, e a cauda lustrosa, em forma de foice, o propele a uma velocidade de cerca de sessenta quilômetros por hora. Poucas espécies, como o peixe-espada, o marlim, a orca, o golfinho e alguns tipos de tubarão são mais rápidos. A maioria dos peixes têm sangue frio, isto é, sua temperatura corporal muda de acordo com a temperatura do mar. O atum, ao contrário e à nossa semelhança, tem sangue quente e mantém a temperatura corporal constante.

O atum é capaz de nadar desde as águas tropicais para o Ártico e voltar ao lugar de onde partiu. A chance de ser capturado e morto no caminho é enorme. De helicópteros a boias de vigia equipadas com sensores são utilizados na pesca. Pesqueiros singram os mares com espinhéis de cinquenta a oitenta quilômetros de comprimento e dotados de centenas de anzóis. Tartarugas, aves marinhas, tubarões e outras espécies de peixes acabam sendo fisgados a rebote, muito mais que o próprio atum.

O fato de enormes cardumes de atum migrarem para o Vestfjorden tem uma explicação tão plausível quanto estranha. Desde tempos imemoriais, que remontam à era dos fenícios, captura-se atum no Mediterrâneo. Na Itália ele é conhecido como *tonnara*, na Espanha, como *almadraba*. O atum-rabilho se reproduz no Mediterrâneo e, ano após ano, quantidades copiosas de atum vêm sendo capturadas ao longo da História. Os peixes eram tangidos por um labirinto de redes em direção ao raso, onde eram abatidos a cacetadas. Enquanto alguns conseguiam escapar e retornavam ao Atlântico, a pesca era sustentável.

Para aumentar sua popularidade na Andaluzia, o ditador espanhol Francisco Franco construiu uma série de fábricas onde o peixe era processado, ou seja, embalado em milhões de latas. Novas tecnologias otimizaram o processo de captura, que foi estendida ao oceano Atlântico, até a Segunda Guerra Mundial interromper a sobrepesca e dar uma trégua ao atum. A guerra deixou a baía de Viscaia infestada de minas, e os pescadores franceses e espanhóis não se atreviam a navegar por ali. Com isso, os cardumes se recompuseram e seguiram em massa para o Vestfjorden.

Bastaram pouco mais de dez anos para a espécie desaparecer da costa norueguesa e ser considerada ameaçada de extinção. Nos últimos anos, o atum-rabilho voltou a ser observado no alto-mar norueguês. Os japoneses pagam centenas de milhares de dólares por um exemplar perfeito, que deve estar vivo, para que possa engordar antes do abate. A gordura da barriga do atum tem um sabor amanteigado, e nenhuma outra matéria-prima é tão cobiçada para ser servida em forma de sushi. Eu já vi onde a pesca termina: no famoso mercado de peixes em Tsukiji, Tóquio, onde os peixes jazem em uma espécie de hangar, enfileirados como corpos depois de um acidente aéreo, um tsunami ou outra catástrofe parecida.

Quem sabe um dia, depois de cinquenta anos de sumiço, os atuns retornarão ao Vestfjorden? Hugo passou a reparar melhor neles quando está no mar. Muitas outras espécies exóticas vêm dando na costa norueguesa, como o peixe-lua, o badejo europeu, a tilápia e outros turistas marinhos. Há alguns anos, um peixe-espada caiu na rede em Steigen. Pela primeira vez na história, registraram-se colônias de águas-vivas tropicais do gênero *Velella*, que flutuam ao sabor do vento com a ajuda de pequenas velas, arrojadas pelo mar nas praias das Lofoten.

A culpa é, provavelmente, do aquecimento global. Seria um equívoco pensar que a diversidade marinha aumente com isso, pois os peixes do Ártico migrarão mais para o extremo norte caso a temperatura da água ali torne-se demasiado quente.

À noite adormeço com as janelas abertas. Sopra uma brisa discreta, e o burburinho do mar contra as rochas embala o meu sono. No arquipélago das Vesterålen, as pessoas têm uma palavra específica para nomear o marulho que beija a areia e invade a janela do quarto no meio de uma noite de verão: *sjybårturn*.

10

Na manhã seguinte, levamos conosco algumas arapucas de caranguejos e um espinhel para fisgar halibutes ao sair. Faz o mesmo clima quente e tranquilo do dia anterior, e a canícula (23 de julho a 23 de agosto) acabou de começar. Sente-se no ar. Algas e sargaços despegaram-se do leito do oceano e são avistados flutuando na orla. É desta forma que o mar se renova.

Cadáveres que jazem no fundo também tendem a flutuar nesta época. O mar devolve seus mortos, como está patente no Apocalipse. Nos velhos tempos se dizia que a comida estragava mais fácil nos «dias de cão», quando as moscas eram mais numerosas e mais persistentes. A temperatura do mar atinge seu ápice durante a canícula. O florescer das algas retira alimentos e oxigênio do fundo em maior quantidade. O mar enche-se de águas-vivas, pálidas e amareladas como luas, à deriva ou nadando a esmo.

Assim que lançamos as armadilhas ficou claro que estariam cheias de caranguejos quando fôssemos despescá-las, à noite. Mas é seguro comer caranguejos? O nível de cádmio, um metal pesado, é tão alto no oceano que as autoridades sanitárias lançaram um alerta. Dois dos caranguejos que capturamos têm na casca umas manchas pretas bem feias, provavelmente sintomas de alguma doença contagiosa. Hugo diz que nos últimos dez anos diminuiu a quantidade de peixes-lobo. Primeiro achou que era devido à sobrepesca no mar, durante o inverno, mas quando conseguiu pescar algum percebeu pústulas que lembravam tumores cancerígenos. Agora o peixe-lobo ensaia um retorno, sem que se saiba exatamente o porquê.

Parece que no Vestfjorden o mar é mais limpo que em outros locais. É mais profundo, as correntes são mais fortes e uma massa de água colossal muda de lugar todos os dias. Porém há mais metais pesados neste distrito que ao sul, talvez porque o oceano seja como um grande organismo, e este trecho de mar aberto esteja diretamente conectado ao sistema de correntes globais.

Finalmente nos livraremos do remanescente do nosso lastro, cinco milhas náuticas ao sul do farol de Skrova. Hugo se mantém o mais afastado possível a bordo do nosso minúsculo bote enquanto eu abro o saco cheio de entranhas, alastrando o fedor repulsivo pelo fiorde afora. Se tivermos sorte o tubarão-da-groenlândia não saltará para dentro do bote enquanto eu enfio um osso de quadril coberto de carne podre no enorme anzol prateado. Não sei o que o pobre touro escocês esperava da vida, mas tenho quase certeza que jamais ansiou por um destino assim.

Depois de nos certificarmos que nossa posição é exatamente a mesma onde deixamos cair a isca no dia anterior, deslizo o anzol pela amurada do bote: «Náufragos abissais na tumba dos negrumes/ Onde, pasto de insetos, tombam as serpentes./ Dos curvos cipoais, com pérfidos perfumes!»,[1] no poema de Rimbaud. Deixo a corrente e a corda rolarem para o fundo, e a bobina só para quando já está quase vazia, significando que estendemos a isca a quase trezentos e cinquenta metros. Os seis metros de corrente na base são necessários pois o peixe começará a girar o corpo freneticamente assim que morder a isca. Sua pele é tão áspera que a corrente de ferro é a única coisa capaz de detê-lo. No sentido da cauda, a pele do tubarão-da-groenlândia é macia como veludo. A contrapelo, porém, pequenas barbelas, afiadas como serpentina, deixarão cortes profundos na mão de quem o acariciar. Durante o entreguerras a Noruega exportava couro de tubarão-da-groenlândia para ser usado como lixa.

Por fim Hugo ata a corda no nosso maior salva-vidas e o atira no mar, convertendo-o numa boia de pesca, do mesmo tipo que eu usava quando criança, mas para fisgar percas, trutas ou salmonetes, que no melhor dos

---

1   De «Le bateau ivre» de Rimbaud. Tradução em português retirada de *Rimbaud Livre*. Trad. de Augusto de Campos. São Paulo: Perspectiva, 2013. (N.T.).

casos pesavam meio quilo. Eram boias do tamanho de uma caixa de fósforos. Haverá quem diga que estamos fazendo exatamente a mesma coisa, mas agora somos dois adultos querendo fisgar um tubarão enorme com uma boia de mais ou menos um metro de diâmetro. E, em vez de um anzol de um centímetro, usamos na verdade um gancho que mais parece uma peça de abatedouro. É preciso. Caso o tubarão morda a isca, nem mesmo ele conseguirá arrastar o salva-vidas para baixo, pelo menos não mais que um segundo a cada repuxão.

Wanted: tubarão-da-groenlândia médio, de três a cinco metros e cerca de seiscentos quilos. Nome científico: *Somniosus microcephalus*. Focinho curto e arredondado, corpo fusiforme, nadadeiras relativamente pequenas. Vivíparo. Habita o Atlântico Norte e, ocasionalmente, o mar sob a calota polar. Prefere temperaturas em torno de zero, mas também tolera águas mais quentes. Pode mergulhar até mil e duzentos metros ou mais. Os dentes na mandíbula inferior são pequenos como um serrote, e na parte superior são igualmente afiados, porém bem mais compridos, para penetrar profundamente na carne enquanto os de baixo tratam de esmerilhar seu pedaço de comida. Além dos dentes afiadíssimos, e a exemplo de outros tubarões, possui lábios que «aderem» à presa enquanto mastiga. Cada cópula é um incidente marcado pela violência, e a primeira só ocorre quando o tubarão atinge um século de vida.

Cientistas nunca deixam de se surpreender quando examinam o conteúdo do estômago desses animais. Como pôde o explorador Fridjof Nansen ter encontrado uma foca inteira, oito bacalhaus grandes, um deles medindo 1,3 metro, uma grande cabeça de halibute e vários nacos de gordura de baleia quando abriu o estômago de um tubarão que pescou na Groenlândia? Nansen, aliás, garante que o «enorme e sinistro animal» permaneceu vivo durante vários dias depois de ser cortado e colocado sobre o gelo.[2]

O *Ommatokoita elongata*, um parasita ocular de cerca de cinco centímetros de comprimento, devora a córnea do tubarão-da-groenlândia até deixá-lo inteiramente cego. Nas suas entranhas, o tubarão também hospeda pequenos crustáceos amarelados (*Aega arctica*). Relatos de antigos pescadores dão conta de centenas desses parasitas correndo pelo navio quando o animal era içado ao convés. O tubarão-da-groenlândia não se presta como matéria-prima de explosivos ou lixa apenas. Sua carne é tóxica, recende a urina e pode atuar como um potente narcótico. No passado, os esquimós costumavam alimentar seus malamutes com a carne desse peixe

---

2 Fridtjof Nansen: *Blant sel og bjørn*. Jacob Dybwads Forlag, 1924, p. 238-239.

caso não houvesse outra ração disponível, mas os cães ficavam bêbados até cair, e passavam dias entorpecidos.

Durante a Primeira Guerra, a oferta de proteína animal no norte da Europa era restrita e ninguém estava exatamente em condições de ser seletivo. A carne do tubarão-da-groenlândia era abundante, mas as pessoas negligenciavam sua preparação e acabavam bêbadas — «tubarébrias», como ainda dizem — pelo efeito do óxido de trimetilamina, uma neurotoxina.

Os sintomas lembram bastante a embriaguez extrema por álcool etílico. «Tubarébrios» dizem coisas sem sentido, têm visões, cambaleiam e agem de um jeito bem amalucado. Quando finalmente caem no sono, não há quem os desperte. Para evitar esses efeitos colaterais, é preciso sangrar o tubarão cortando pela artéria aorta. Escorrido todo o sangue, a carne deve ser seca ou cozida em diversas águas. Na Islândia, o *hákarl*, o prato nacional, é considerado uma iguaria, mas não há islandês que não o prepare da maneira correta. Para supurar todo o veneno é preciso aferventar repetidamente, deixar secar e até mesmo enterrar a carne para que fermente.

Ninguém estranha, portanto, o fato de que os noruegueses tenham reservas em relação a esse peixe como alimento. A razão por que continuou sendo capturado, até meados da década de 1950, quando a Noruega liderava a pesca industrial da espécie, foi o seu fígado riquíssimo em óleo, mas a demanda declinou a partir do início da década de 1960 e só agora voltou a apresentar um discreto crescimento.[3]

Estamos à deriva no Vestfjorden banhado pelo sol. Ontem o mar faiscava de luz, hoje ele a reflete ainda mais tranquilo. O mar pulsa no seu ritmo mais lento, como só nos dias mais pachorrentos de verão. Além disso, a maré está no seu nível mais baixo, com a menor diferença entre os níveis da enchente e da vazante. Sol e Lua exercem uma força gravitacional sobre o oceano em direções opostas, de certo modo anulando uma à outra, como duas pessoas disputando uma queda de braço que não chega ao fim.

Nossa única tarefa é esperar e prestar alguma atenção nas boias. Talvez por estarmos à deriva no Vestfjorden — as correntes ali passam muito bem, obrigado, mesmo na ausência de ventos —, Hugo lembra-se de um causo. Ele e o irmão estavam pescando em seu veleiro *Plingen*. O barco de casco liso, não trincado, foi construído em Namdalen na década de 1950 e costumava minar água, que se acumulava no convés. Fizesse tempo ruim, era preciso esgotá-la rapidamente. Era um dia gélido nas Lofoten quando os dois irmãos resolveram navegar em

---

[3] Levy Carlson: *Håkjerringa og håkjerringfisket*. Fiskeridirektoratets skrifter, vol. IV, nº 1. John Griegs boktrykkeri, 1958.

plena ventania. O motor morreu. Outro barco próximo percebeu que estavam em apuros e os rebocou de volta a Svolvær.

Isso fez Hugo recordar-se de outra situação do mesmo tipo. Eles haviam partido com o *Helnessund* de Svolvær após recolherem um carregamento de camarão recém-pescado em Finnmark. O barco não demorou a apresentar problemas quando o mau tempo instalou-se, o sistema de refrigeração entrou em pane e a carga derretida soltou-se e começou a jogar no ritmo das ondas. O cargueiro terminou à deriva no meio do Vestfjorden. Usando infindáveis baldes de água do mar, eles finalmente conseguiram resfriar as máquinas e chegar a Skrova.

As histórias de Hugo costumam ser cheias de digressões. Se uma narrativa vai começando a perder a graça, ele de repente lhe dá uma cutucada nas costas e a mantém alerta e interessante, numa espécie de corrida de revezamento que não tem fim. A prosa acaba tomando um rumo bem diferente de quando começou, e eu fico exasperado tentando imaginar que diabos uma coisa tem a ver com a outra.

De algum modo o assunto agora o leva a pensar em Måløya, uma das pequenas ilhas mais afastadas da costa de Steigen. Lá existe uma pequena aldeia abandonada que sempre atraiu a atenção de Hugo. Junto com o irmão, ele ancorou o veleiro e foi remando no esquife de madeira na direção da praia de areia, mas calculou errado, e a pequena *reksa*, como ele se refere a essas pequenas embarcações de madeira, virou de borco. Os dois foram jogados na água congelante. Conseguiram chegar à terra, claro, mas não se demoraram muito, pois era alto inverno e fazia um frio extremo não importava se dentro ou fora de água. A caminho do veleiro, o esquife tornou a minar água, pois a pequena rachadura que havia no fundo alargou-se ao sabor das ondas. Pouco antes de afundar de vez, os dois irmãos conseguiram agarrar-se ao veleiro, não na amurada, mas bem abaixo, pendurando-se no vão por onde escorre a água acumulada no convés. Exaustos e com roupas pesadas e encharcadas, não tinham a menor chance de subir a bordo. Ficaram ali um instante como dois personagens de um desenho animado, numa situação absurda, e desataram a rir. Já estavam quase sem forças e as chances de se salvar eram poucas. Fazendo Hugo de degrau, o irmão finalmente conseguiu escalar até o convés.

Caso Hugo o tivesse deixado cair, nenhum dos dois estaria vivo para contar uma história cuja moral, de acordo com Hugo, é que o Vestfjorden afinal não é um lugar tão frio para alguém que queira banhar-se nele por mais de meia hora em pleno mês de março.

— Passamos o resto do dia ao relento, sem trocar as roupas. Quer dizer, nas orelhas e na nuca fez um bocadinho de frio, sim.

Às vezes eu fico me perguntando quanto de mamífero marinho existe no DNA do meu amigo.

11

O que estará se passando ali, no fundo do mar, mais de trezentos metros abaixo de nós? A besta terá sido atraída pela nossa isca malcheirosa, o sebo putrefato do seu banquete alastrando-se pelo mar como fogo na floresta? O que faremos se o trouxermos à superfície? Só de pensar sinto um calafrio percorrendo a espinha.

Um camarada que trabalhou numa traineira me contou certa vez o que costumavam fazer quando as redes arrastavam para o convés um tubarão-da-groenlândia. Eles amarravam uma corda na base da cauda, erguiam-no pela grua e o balançavam junto ao barco para ganhar tempo. Em seguida cortavam a cauda, jogando-o ao mar e fazendo subir uma imensa cortina de água. A amputação era feita num único e certeiro golpe, pois o tubarão-da-groenlândia, como todos os de sua espécie, não tem ossos, apenas cartilagem. O animal mergulhava ainda vivo e ativo, mas logo descobria que algo muito grave havia lhe acontecido. Nós, humanos, não teríamos melhor destino se alguém nos amputasse os membros e nos atirasse em mar aberto. Sem a barbatana caudal, o tubarão-da-groenlândia não tem a menor chance. Não consegue se mover nem manter a hidrodinâmica. Em pouco tempo ele afunda na água fria e escura onde, provavelmente, será devorado ainda vivo por outros da sua espécie.

Algo semelhante fizeram com o tubarão-frade, diz Hugo. É comum virá-lo de dorso para baixo e dar-lhe um talho na barriga para arrancar o fígado. O animal é então solto e segue nadando, pelo menos por um tempo.

Nem sempre cortam a cauda de um tubarão-da--groenlândia. Meu camarada da traineira contou que às vezes também pintavam o nome do barco no flanco do bicho, uma espécie de lembrancinha para a tripulação da próxima traineira que o capturasse, que então faria a mesma coisa, no flanco oposto. Seria mais fácil trocar cartões-postais, mas marinheiros têm um senso de humor muito peculiar.

— Espere aí! A boia se moveu? — pergunta Hugo.

Parece que está subindo e descendo, como uma pequena boia de pesca, só que numa escala gigantesca. A algumas centenas de metros de onde estamos, no meio de um cardume de cavalinhas, algo estranho está definitivamente acontecendo. Hugo liga o motor e em cerca de um minuto estamos bem no local.

Hugo começa a puxar. Quer dizer, ele se esforça para recolher a corda, e não há dúvidas de que está empacada. Depois de um momento, quem assume o controle sou eu. O ritmo é ainda mais lento. Você já tentou puxar do fundo do mar um tubarão-da-groenlândia de uns seis ou sete metros de comprimento, seiscentos quilos, preso a uma corda de trezentos e cinquenta metros atada a uma corrente de ferro de seis metros? A corda faz calos nas mãos, cada milímetro é um esforço hercúleo que parece não ter fim. Que pouco melhora quando nos damos conta de que águas-vivas se prenderam à corda e não estamos calçando luvas.

Os braços já não têm forças e faltam pouco mais de cinquenta metros quando de súbito a corda fica leve como uma pluma. Quem quer que já tenha pescado na vida conhece esta sensação de desalento profundo. Num átimo de segundo toda a nossa expectativa vai literalmente por água abaixo. Concentração, ansiedade, tudo desmorona. Embora minhas mãos ardam como brasa, a ausência de peso dói ainda mais. A sensação de puxar para a superfície o nada é ainda mais extenuante. Não demora muito e a corrente e o anzol estão junto ao barco, balançando vazios no ar diante de nós. Quando o lançamos na água, o osso do quadril estava recheado de uma carne avermelhada. Agora, foi completamente roído, e dezenas de pequenos parasitas cor de laranja estão agarrados a ele. Para nós parecem pulgas ou insetos, mas devem ser os crustáceos que vivem nas entranhas do tubarão-da-groenlândia.

Podemos ver nitidamente o serrilhado das mordidas. A extremidade do anzol preso por um furo do tendão está muito rente ao osso. Achei que o tubarão estraçalharia tudo o que mordesse e seria fisgado, mas não. Por isso não ficou preso mais tempo. Por isso se desvencilhou. Por isso estamos aqui sentados, sem dizer palavra.

Depois que o primeiro impacto da decepção se vai, deixamos de pensar que fizemos algo de errado e passamos a considerar o episódio um sinal de que estamos no rumo certo.

Nem todo mundo fisga seu tubarão-da-groenlândia na primeira tentativa. É só substituir a isca por outra e lançá-la ao mar.

Lá no fundo, bem debaixo dos nossos pés, nosso monstro nada enquanto espera ser novamente alimentado. A alguns metros de distância, na direção da terra, está fundeado um veleiro apinhado de adolescentes que aproveitam o clima extraordinário. As garotas mergulham de cabeça no mar, que permanece friíssimo, mas jamais chegará a ser mais quente do que isso. Se soubessem o que as espreita nas profundezas enquanto chapinham na água, rapidamente voltariam a bordo. Uma delas veste um biquíni laranja. Por alguma razão acredita-se que as cores amarelo e laranja favorecem o ataque de tubarões. Mergulhadores australianos jamais usam equipamentos dessas cores.

Nada de novas mordiscadas hoje. Nem um dia depois. No terceiro dia, deixamos a isca pernoitar no local. Na manhã seguinte, não está mais no anzol. Tampouco o anzol, que se foi. Ambas as boias provavelmente estão perdidas em alto-mar, arrastadas por forças invisíveis: ou as correntes marinhas, na superfície, ou uma fera gigantesca, no fundo. Ir atrás delas não faz sentido. Ainda que tivéssemos todo o tempo do mundo e um suprimento infinito de combustível, a chance de encontrá-las seria próxima de zero.

Três dias depois estamos novamente cruzando o Vestfjorden. Demos as boias e a corrente por perdidas, junto com a corda que tanto nos custou. Mas no meio do fiorde, com visibilidade prejudicada e na maré alta, quase passamos por cimas delas. A corda e a corrente estão lá. Somente o anzol e o mosquetão, um elo de ferro em formato de U que prende o anzol à corrente, se perderam. É inacreditável. Um mosquetão firmemente parafusado com um alicate não poderia se soltar assim, e até se romper, mesmo submerso em água, levaria uma eternidade. Das duas, uma, estamos convencidos. Mas a verdade é que fomos iludidos por nosso amadorismo quando abandonamos a linha ali à própria sorte durante uma noite inteira. Os pescadores locais confirmam. A força das correntes é tamanha que arrasta qualquer coisa, é só uma questão de tempo.

Nosso barco desenha um V sobre o Vestfjorden. No mar aberto surge um breve arco-íris à guisa de um portal. É tentador mudar o curso na sua direção, apenas para passar sob ele. Mas não estamos à caça de arco-íris.

A linha do horizonte, onde o céu encontra o mar, fica cada vez menos distinta e vai criando ilusões de ótica. Algumas ilhotas onde mal a vista alcança parecem bem mais próximas, flutuando sobre o mar ofuscante. A oeste, o sol queima as bordas de nuvens brancas como magnésio. Choveu, e podemos divisar as silhuetas das aldeias lá longe. O sol não está visível para nós, mas seus raios se projetam sobre as construções como se enormes holofotes iluminassem a superfície. Aqui onde estamos o mundo parece mais nítido e cheio de reflexos, numa paleta de cores que varia do cinza-ostra ao verde-ardósia.

12

Aproximamo-nos da ilha de Engeløya escoltados por gigantescos cardumes de cavalinha, seguramente alimentando-se de zooplâncton. Hugo não dá a mínima e limita-se a resmungar quando eu lhe sugiro que pesquemos algumas para pôr na grelha. Como muitos nortistas, ele sente verdadeira repulsa por esse peixe, não por algum tipo de superstição ou algo do gênero, mas simplesmente porque não suporta o sabor da cavalinha. Já tentou prepará-la de várias formas, mas nada adiantou. Não importa a receita, nunca conseguiu eliminar da cavalinha o gosto de cavalinha. Obtenho permissão para pescar algumas e grelhá-las mais tarde, desde que ele não esteja por perto.

O asco que os noruegueses do norte sentem pela cavalinha tem um longo histórico. As pessoas acreditavam que esse peixe, cuja espinha lembra o esqueleto humano, comia os afogados. Num tempo ainda mais remoto dizia-se até que devoravam gente viva. O bispo da diocese de Bergen, Erik Pontoppidan, considerava a cavalinha uma espécie de piranha nórdica. «Como o tubarão», escreveu o clérigo nos idos de 1700, a cavalinha «sente uma atração por comer carne humana, preferindo aquele que nada despido, e esta pessoa será rapidamente devorada se cair num cardume de cavalinhas». Para substanciar seu relato, Pontoppidan narra o «deplorável incidente» de um marinheiro, provavelmente banhado em suor depois de intenso esforço físico, que quis banhar-se no porto de Laurkulen (hoje Larkollen, perto de Moss). Subitamente o animado marujo sumiu, como se houvesse sido arrastado para o fundo. Depois de uns poucos minutos seu corpo surgiu boiando na superfície, com seus membros «sanguinolentos e mordidos, infestados de cavalinhas que se recusavam a largá-los». Se seus companheiros não tivessem ido em seu socorro, o marinheiro «sem sombra de dúvida» teria morrido «em grande sofrimento», garante Pontoppidan.[1]

No meio do arquipélago fazemos uma parada entre as ilhas de Lauvøya e Angerøya. Ali pescamos um pequeno bacalhau e esperamos uma águia, que reina pousada no alto da montanha, vir apanhá-lo com suas garras. Conseguimos vê-la, mas a águia não se abate sobre a nossa isca como fez tantas vezes antes. Uma gaivota sobrevoa nossas cabeças. Dá a impressão de ser menor que o bacalhau, mas o engole inteiro numa só bicada. Depois não consegue mais alçar voo. Às vezes até as gaivotas têm o olho maior que a barriga.

---

[1] Erik Pontoppidan: *Norges naturhistorie*. København, 1753 (Fac-símile, København, 1977). Vol. ii, p. 219.

13

Na viagem seguinte que faço ao norte da Noruega, os pássaros vêm no caminho oposto. É começo de outubro e a terra parece coberta por um véu de silêncio. As árvores, os arbustos e as plantas recolhem-se às suas raízes para hibernar antes que venha o gelo. Os campos assumem matizes sombrios e pesados, os lagos já se tingem de branco e os vales enchem-se de neve. No mar, a história é outra. A vida fervilha quando a água esfria ainda mais e é açoitada pela tempestade. Os caranguejos ficam mais alertas, as solhas adquirem um tom bronzeado, a carne dos palocos fica mais firme, os mexilhões ganham em sabor. É inverno, tempo de pescar no norte da Noruega.

Novamente atravessamos o Vestfjorden na direção de Steigen para Skrova. Desta vez o mar está negro como nanquim e com uma certa inquietude. A luz ficou mais suave, o manto de nuvens desce quase ao nível da água. Hugo ziguezagueia para aproveitar as ondas laterais ou a estibordo e surfar o quanto possível. Mesmo fazendo o *unnafuringen*, o nome que os pescadores dão às manobras para evitar o choque de proa com as ondas, o trajeto não é confortável.

Quando nos aproximamos de Skrova, o Vestfjorden nos dá uma pequena mostra do seu poderio. O mar está frio e remexido, a chuva açoita a espuma branca das ondas que arrebentam na costa em pequenos estalidos. O mar e o céu não mais cochilam nem são entidades distintas, como quando estivemos aqui da última vez. Hoje, ambos são uma só coisa que não tem começo nem fim. A muralha das Lofoten não se revela a menos que estejamos a poucas milhas de distância. Hugo desvia o barco pelo intrincado labirinto de rochedos e ilhotas para aportar em Skrova.

A tempestade continua pelos próximos dias e somos impedidos de zarpar. Em vez disso, ajudo Hugo com tarefas que estavam atrasadas, como sói acontecer para alguém que precisa fazer manutenção numa propriedade de milhares de metros quadrados. Começo empilhando varas que serviam para secar peixes na colina atrás da fábrica, enquanto ele faz reparos de carpintaria na Rødhuset, a Casa Vermelha. Atrás da Aasjordbruket, na direção dos montes íngremes, há duas antigas casinhas: uma vermelha e outra branca (Kvithuset). Hugo e Mette têm planos de se mudar para a Rødhuset quando concluírem a reforma. Afinal de contas, passar os invernos numa residência adaptada num galpão industrial não parece nada convidativo. Hugo está terminando de fazer o isolamento térmico na Casa Vermelha, um trabalho e tanto. Também está reformando as paredes, o teto e o piso. No quintal está construindo um puxadinho onde será o banheiro.

A Kvithuset já está pronta, um autêntico sobrado de pescador construído no começo do século XIX, e consideravelmente mais velho que a própria estação. Hugo o recuperou dos escombros há muito tempo. Recapeou o madeirame, trocou janelas, fez o isolamento térmico, revestiu o telhado de betume, construiu escadas e um alpendre, e instalou uma lareira à moda antiga. Das janelas do térreo e do andar superior se tem uma vista livre da baía. Os vidros que utilizou são daqueles grossos e antiquados, que conferem à vida lá fora um aspecto borrado e distorcido, ligeiramente onírico. Quando arrancou o velho painel no andar superior, Hugo descobriu que estava inteiro forrado com jornais de 1887, os quais recobriu com uma camada de adesivo para preservá-los no estado em que se encontravam.

Em vez de lhe contar o quão impressionado estou, finjo ser uma espécie de inspetor enquanto ele me brinda com uma visita guiada pela Casa Branca. Caminho com as mãos atrás das costas, perguntando por que ele fez isto ou aquilo quando poderia ter sido melhor, talvez mais inteligente, ou mesmo mais garantido, tê-lo feito de outra maneira. Leva alguns minutos para Hugo perceber que estou caçoando dele e me expulsar dali para empilhar varas de bacalhau.

Como não tenho tantos afazeres, acho melhor pegar leve e não concluir minha missão inteira de uma vez. Vou à oficina pouco tempo depois e, antes de me dar conta, já estou num aposento onde jamais entrara antes. Numa estante encontro uma pilha de jornais velhos e amarelados. Pego um exemplar, me apoio no peitoril de uma janela e me ponho a ler o *Nordlands Framtid* de 8 de setembro de 1963. Na manchete da primeira página espremida com tantas notícias está lá: «Navios da Marinha norueguesa bombardearam a localidade de Å, nas Lofoten, com obuses». Uma manchete assim naturalmente atiça a curiosidade das pessoas, então continuo a ler:

> Um equívoco durante exercícios de tiro executados por embarcações da Marinha norueguesa na costa das Lofoten, no domingo, resultou numa salva de obuses disparados sobre a aldeia de Å, na ilha de Moskenesøy. Por milagre, ninguém morreu ou foi gravemente ferido. Um disparo atingiu em cheio uma cabana no meio da aldeia, e estilhaços do projétil ficaram incrustados na parede de madeira a cinco metros de onde a família estava reunida para o jantar. Cerca de quinze outros obuses passaram em voo rasante sobre os habitantes da pequena aldeia de pescadores, e os residentes correram para procurar abrigo nas valas ao longo da estrada durante todo o incidente. Quatro obuses atingiram o local, enquanto outros oito caíram entre o ancoradouro dos barcos e o mar. No exato instante em que a cabana explodiu pelos ares, três garotas de dez anos de idade passavam pela rua principal, a apenas quinze metros dali. Elas foram feridas sem gravidade pelos estilhaços, que se espalharam num raio de cinquenta metros.

Lamparinas e estantes de livros caíram das paredes, e uma mesa de refeições tombou no meio da sala de estar. A menos de trinta metros do local da explosão, cinco táxis transportando vinte pessoas haviam acabado de estacionar para que os passageiros, turistas em visita à região, apreciassem a paisagem, mas ninguém ficou ferido.

O xerife foi notificado imediatamente, e o telégrafo na rádio de Sørvågen fez um contato direto com o destróier *Bergen*, que suspendeu imediatamente o bombardeio antes que alguma baixa ocorresse.

Eis aqui a Marinha da Noruega para quem não a conhecia. Eles tinham à disposição quilômetros e quilômetros de terras desertas, mas conseguiram acertar obuses no meio de uma aldeia de pescadores, no lugar mais ermo das Lofoten. Deve ter sido um acidente, mas se tivessem tentado acertar um alvo de propósito com tamanha precisão jamais teriam conseguido.

O *Nordlandsposten* de 21 de janeiro de 1964 também traz notícias dramáticas. Numa longa carta intitulada «Assassinato a vassouradas», o leitor Halvdan Orø pede justiça para um homem que usou uma vassoura para tirar a vida de uma lontra. «Uma vassoura de qualidade tão inferior, que se parte ao meio no meio do abate, não é um instrumento adequado, e é preciso questionarmos se a morte desta lontra não pode ser caracterizada como crueldade para com os animais.»

Com a ajuda dessas distrações o tempo passa inesperadamente mais rápido, e a minha faina de empilhar as varas demora mais do que eu previra. Embora goste de ler, não descuido dos meus músculos e mantenho meu físico em dia, mas é Hugo quem me diz como devo fazer o que ele manda. Hugo coça a cabeça mas não chega a conclusão alguma e me deixa largar o trabalho mais cedo, para não irritá-lo ou atrasá-lo ainda mais. Fico agradecido, de verdade, e a folga muito me convém, pois trouxe comigo para Skrova uma série de livros antigos especialmente interessantes para quem se gosta do oceano. A obra principal desta vez é o riquíssimo *Historia de Gentibus Septentrionalibus*, escrito em 1555 por Olaus Magnus.

14

O mar fica mais irritadiço a cada dia. O vento sopra mais potente. O barômetro despenca. Lá fora, no Vestfjorden, o vendaval levanta a crista das ondas e transforma a água em gotas microscópicas que viajam pelo ar. De longe tem-se a impressão de que o oceano está fumegando.

Nuvens negras vagam pelo céu e de quando em vez abrem-se numa clareira, deixando passar raios de luz que ressaltam os detalhes da topografia da ilha, que então se agiganta. Ora a Aasjordbruket tinge-se dum branco brilhante, ora fica num tom gris como se fora o esqueleto de uma baleia encalhada.

E então chega a chuva. Uma chuva torrencial, monótona e inclemente, que parece não ter fim.

Rajadas incessantes sopram do oeste. Não há mar, cabo, estreito, ilha ou costa que não seja dominado por determinados ventos. No Vestfjorden, a exemplo da maioria das áreas costeiras do norte da península escandinava, é o vento oeste. Nos mapas antigos, o vento era personificado por uma face, talvez uma tradição da Antiguidade, uma vez que os gregos tinham deuses próprios para representar características humanas ou fenômenos naturais, e o deus do vento Éolo era filho do deus do mar, Possêidon.[1] As bochechas infladas eram seu traço mais peculiar, e ele soprava o vento oeste a plenos pulmões. A explicação científica é a seguinte: massas de alta pressão sobre os Açores e de baixa pressão sobre a Islândia fazem circular com extrema velocidade o ar no Atlântico Norte.

No passado, quando todas as embarcações estavam à mercê dos ventos, estes adquiriam certas características, até mesmo alguma personalidade. Alguns eram traiçoeiros e ardilosos, mas felizmente havia quem os governasse. O francês Pierre Martin de La Martinière cruzou o Círculo Polar Ártico no comando de um grande veleiro em meados do século XVII. A súbita calmaria deixou a embarcação à deriva ao sul das Lofoten, mas ao norte do Círculo Polar — na costa onde hoje se localiza a cidade de Bodø. O capitão recorreu aos xamãs

---

[1] Não sem razão há certa controvérsia em torno do nome do deus grego do vento, Éolo ou Aíolos (Αίολος). Ele aparece em três genealogias diferentes. Numa versão, é filho de Possêidon. Na *Odisseia* (livro 10), é dito «guardador dos ventos» e filho de Hippotes. Éolo presenteia Ulisses com um saco cheio de ventos para voltar para casa levado por um vento oeste estável e contínuo. Mas os homens da tripulação de Ulisses acham que o saco esconde tesouros mundanos e o abrem, deixando escapar um furacão que os sopra de volta para a ilha Eólia, onde Éolo recusa-se a ajudá-los novamente.

locais, «filhos do príncipe Vento», que se prontificaram a conjurar o seu nobre pai — desde que mediante compensação pecuniária. Um dos feiticeiros foi a bordo do veleiro e instruiu a tripulação a atar um trapo de lã três vezes no mastro principal do navio. Quando precisassem de vento, era só desatar um dos nós. La Martinière estava muito reticente, mas assim que desfez o primeiro nó uma brisa sudoeste enfunou as velas e conduziu o navio adiante em segurança.[2]

Hoje em dia os meteorologistas valem-se principalmente de ventos que sopram em oito direções: norte, noroeste, nordeste, sul, sudoeste, sudeste, oeste e leste. No passado, classificava-se o vento segundo dezesseis diferentes direções, grosseiramente falando. Arthur Brox, da ilha de Senja, compilou trinta termos locais para diversos tipos de ventos.[3]

---

2   *A Voyage to the North, containing an Account of the Sea Coasts and Mines of Norway, the Danish, Swedish, and Muscovite Laplands, Borandia, Siberia, Samojedia, Zembla and Iceland; with some very curious Remarks on the Norwegians, Laplanders, Russians, Poles, Circassians, Cossacks and other Nations.* Excertos de *Journal of a Gentleman employed by the North-Sea Company at Copenhagen*; e de *Memoir of a French Gentleman, who, after serving many years in the Armies of Russia, was at last banished into Siberia.* (Editado pela primeira vez *circa* 1677.) In *John Harris Collection of Voyages and Travel.* Volume II. Navigantium atque Itinerantium Bibliotheca (London), 1744.

3   A informação é de Arne Lie Christensen: *Det norske landskapet.* Pax, 2002, p. 75.

Alguns dos termos incluíam informações sobre a interação entre ar e terra. Caso soprasse forte do sul, por exemplo, era útil saber como o vento sul atingiria determinada região. Seria ele um *landsønning* — isto é, um vento sul que vem da terra, que em latitudes tão altas significa dizer que sopra do sudeste? Ou seria um *utsønning*, variante mais perigosa para os marinheiros, já que ocorre no mar?

No Vestfjorden, as piores rajadas vêm do sudoeste.

Enquanto chove a cântaros e as rajadas não dão trégua lá fora, faço pequenas viagens de reconhecimento pela Aasjorbruket. Em larga medida as instalações não têm isolamento térmico e padecem com o vendaval e o frio. Além disso, tem-se a sensação de que o lugar permanece imbuído de tudo e de todos que por lá passaram. A fábrica foi fechada no princípio da década de 1970, logo seria preciso um olfato apuradíssimo para ainda perceber o cheiro dos milhares de peixes que foram processados ali. Ao mesmo tempo, muita coisa ainda está lá, como se a construção tivesse uma memória e fosse capaz de emanar certa aura do seu passado, imperceptivelmente, inconscientemente, como aquelas manifestações que só nos ocorrem em sonhos.

Talvez tenha a ver com tantos objetos largados à volta. Quase tudo que era usado na fábrica permanece abandonado no local, exceto algumas coisas miúdas que foram recolhidas, ou uma ou outra peça que tenha sido subtraída nos anos seguintes. O resto está no mesmo lugar em que esteve desde a década de 1980. Toneladas de redes e cordas navais estão emaranhadas pelos cantos. Alguidares de madeira ainda estão cheios de sal até a borda, cobertos por uma camada vitrificada, que facilmente se quebra ao toque. A família de Hugo tem à disposição um estoque de sal que vai durar gerações a fio.

Em vários dos quartinhos há macacões e coletes pendurados nos cabides, como se os operários do próximo turno estivessem a ponto de entrar pela porta. Mas são roupas que pertencem a barcos há muito condenados pelo tempo, ou a uma gente que esteve por aqui ainda jovem, mas hoje envelheceu ou está morta. Outros objetos pessoais, de cozinha e papelório de comércio de peixes estão espalhados por onde teria sido a sala de convivência. Pelas paredes do escritório há até relatórios de entrega de mercadorias atestando o volume de peixe em estoque durante os primeiros três meses de 1961 (112.727 quilos), quanto disto processado, vendido, entregue e assim por diante. O formulário tem uma coluna separada indicando «Mercadorias enviadas para Bergen».

Aparentemente, tomava-se nota de todo e qualquer tipo de produto: peixe cru, salgado ou seco (de diversas qualidades), fígado (in natura, conservado em álcool ou cozido no vapor), óleo centrifugado, prensado a quente, râncido, prensado a frio e por fim: «Outros tipos de óleo». E prossegue: ovas (cruas, levemente salgadas, salgadas), *guano* (peixe ralado), cabeças de peixe, e no rodapé: *graks*, isto é, o refugo que se acumulava no fundo após o processamento.

O edifício inteiro está impregnado pelo que ali se fez no passar dos anos, pelos seus moradores e operários, desde que o primeiro prego foi batido nas tábuas até o último inquilino sair e fechar as portas. A oficina exala memórias. Imagino cá comigo relógios invisíveis pendurados pelas paredes: cada um mostra uma hora, nenhum deles está certo.

Na década de 1980, o prédio foi comprado por um casal de finlandeses, que também deixou seus rastros. Ela se chamava Pirrka e ele se chamava Pekka. Ela é uma renomada psicóloga na Finlândia, ele é um cineasta que na década de 1970 fez registros etnográficos em locais remotos do globo; muitos dos filmes adquiriram uma aura cult na Finlândia de hoje. Dois indivíduos extremamente educados, de fala mansa, estudada e discreta, ao menos nas ocasiões em que nos encontramos. Conversavam como se estivessem numa sauna, ainda que o clima fosse congelante, como de fato é em Skrova. Ele adorava flores, que são muitas no surpreendentemente ameno e fértil vale de Hattvika, no coração da ilha. Quem caminha por ali não espera deparar com nada além de pedra e rocha, talvez um barranco ou uma ravina, mas de repente se vê no meio de um prado verdejante.

No local onde Pirrka e Pekka viveram ainda restam pilhas e pilhas dos jornais *Hufvudstadsbladet* e *Ilta-Sanomat*. Ornando a parede há uma foto do arquipélago fino-sueco (em finlandês: «saaristomaailma») feita por satélite. São milhares de pequenas ilhas e pedregulhos que compõem um cinturão largo e quase contínuo ligando a Finlândia e a Suécia, e se abrem num vão de poucas milhas por onde trafegam os navios na rota do golfo de Bótnia.

Sabe Deus como Pirrka e Pekka foram parar em Skorva, mas apaixonaram-se pelo lugar e compraram todo o complexo da Aasjorbruket quando, por acaso, em viagem ao extremo norte, descobriram que estava à venda. Não se tratava de dois jovens aventureiros. Vinham em férias por algumas semanas, todo verão, ocupavam um canto do prédio principal, como nobres que houvessem sido despojados dos títulos e da fortuna e construíssem uma barricada para si dentro dum palácio em ruínas. Eles adoravam o lugar, sem dúvida, mas ao mesmo tempo eram alheios e pareciam inadequados àquele ambiente. Algum familiar ou alguém do seu círculo íntimo era dado a fazer mergulhos submarinos (o bote de borracha que usavam ainda está largado em algum lugar lá fora), e talvez tenham persuadido o casal a comprar uma fábrica de pescado enorme numa ilha remota nas Lofoten. A cada verão, uma multidão de finlandeses costumava abandonar a costa verde do país e vir para Skrova mergulhar com pés de pato, trajes isolantes e arpões, que aliás continuam pendurados em ganchos no antigo aposento dos ex-proprietários. Pekka e Pirrka não mergulhavam e definitivamente se encheram dessa rotina.

Por fim devolveram a Aasjorbruket aos Aasjord. Faz quinze anos que se foram de Skrova. Hugo refere-se a ambos como se fossem dar as caras a qualquer momento, mas isso jamais voltará a acontecer.

A Aasjorbruket consiste em dois grandes sobrados. O principal, mais à frente, tem dois andares que ao todo perfazem pelo menos mil metros quadrados de construção. Atrás dele, há outro edifício igualmente grande, também de dois andares, e, ao lado deste, um galpão utilizado na limpeza dos peixes. Nos prédios principais onde se recebia o pescado havia a usina de óleo, a área de salga, o depósito de equipamentos de pesca e o galpão de secagem.

As três edificações estão interconectadas, mais ou menos como a Santíssima Trindade: integram um grande todo e, ainda assim, são três unidades autônomas. No interior, mal se percebe quando se passa de uma a outra. Depois de tantas visitas, deveria conhecer o lugar como a palma da minha mão, mas não é o que ocorre. Cada vez que me aventuro pelo prédio principal acabo descobrindo um aposento, um sótão, às vezes um corredor inteiro, no qual nunca havia batido os olhos antes. É como se a estação fosse insondável e sempre tivesse algo novo a me oferecer. Aliás, o mesmo se dá com a ilha. A cada vez que saio para caminhar por Skrova vou dar em algum local desconhecido, em alguma praia de areia ou num velho bunker alemão no alto de algum rochedo.

Numa dessas tardes de tempo ruim para navegar em mar aberto, Hugo e eu fomos parar no sótão, abarrotado do chão ao teto com velhos equipamentos de pesca. Alguém que se animasse com a ideia poderia abrir uma fábrica de processamento de pescado e extração de óleo de peixe com equipamentos de um século atrás. Há grandes caldeiras, prensas, separadores, pás, tubos, pedras de mó, foles, balanças de eixo e gruas com polias, roldanas e engrenagens, enormes alguidares e dornas de madeira, motores elétricos, redes de vários metros de comprimento, picaretas, peneiras e toda sorte de ferramentas de madeira e metal. Numa sala há dezenas de tonéis de óleo de fígado de bacalhau feitos de carvalho. Em alguns está gravado «Óleo medicinal»; em outros, «Óleo rançoso». Tonéis menores talvez armazenassem conhaque, pois o contrabando de álcool era comum em toda a costa. O pesqueiro *Seto*, que fazia fretes pelo continente fora da temporada de arenque, era useiro e vezeiro dos agentes da alfândega norueguesa.

O complexo inteiro está forrado de uma tecnologia ultrapassada, mas nem por isso menos sofisticada. Muito do maquinário foi desenvolvido no local a partir da experiência centenária de mecânicos, carpinteiros, serralheiros, cordoeiros, tanoeiros e uma série de outros artífices engenhosos, que utilizavam as ferramentas e matérias-primas que tinham à disposição para contornar qualquer tipo de problema. O emprego de vários daqueles equipamentos está além do que alcança a minha pobre imaginação. Aponto na direção do que parece ser um pequeno cabide com uma cobertura de ferro. Aparentemente algo deveria entrar de um lado e sair de outro. Só posso concluir que era parte de outro instrumento.

— Isso aí é um coçador de paloco — diz Hugo, com toda a naturalidade do mundo, e segue em frente.

— Mas é óbvio. Não é um coçador de escamudo, mas de paloco! Está escuro aqui e não identifiquei direito — me apresso em dizer.

Hugo olha para mim e cai na risada.

— Para tirar as escamas. Do paloco. Um coçador de paloco.

Hugo apanha cada esquisitice que encontramos e começa a brincar com o objeto, jogando-o de uma mão para a outra, dando volteios em torno dele enquanto discorre sobre sua forma e explica minuciosamente para que servia. Na tentativa de desvendar os segredos da coisa, gesticula quando algo devia ser inserido ou retirado dali, ou torcido, em tal direção ou no sentido contrário, como uma peça era encaixada à outra e assim por diante, arrematando com uma teoria qualquer que o deixa suficientemente satisfeito e, a mim, inteiramente convencido.

Nos fundos do sótão eu percebo, para minha grata satisfação, que ele finalmente estanca diante de algo. É uma espécie de alavanca em ferro fundido, com duas rodas e várias protuberâncias feitas do mesmo metal. A geringonça inteira tem meio metro de comprimento, mal chega à altura dos nossos joelhos.

— Me dê uma semana e eu vou descobrir para que serve — propõe ele.

— Você tem vinte e quatro horas — eu respondo.

Hugo às vezes adquire o ar professoral e disperso de um cientista recluso, e certamente poderia inventar equipamentos tão engenhosos quanto exóticos a partir da sucata que há no sótão. Ferramentas de serventia ainda desconhecida. Motores movidos por enguias elétricas e lubrificados com óleo de tubarão-da-groenlândia, por exemplo.

Mas primeiro será preciso capturarmos o tal tubarão.

15

À noite, ocasionalmente assistimos a um pouco de TV, sempre os canais de animais, que pelo visto exibem sem parar documentários sobre baleias e tubarões, com trilha sonora dramática e muito do conteúdo apresentado como perigoso, bestial, monstruoso — especialmente em se tratando dos tubarões. Os animais são estigmatizados por uma abordagem que continua sendo medieval: seres providos ou desprovidos de moral e mentalidade mais ou menos como a humana. Em geral as baleias são gentis, quase burguesas, com seus núcleos familiares, seu canto, suas brincadeiras e a prioridade que dão à educação das crias, em meio a refeições vegetarianas e viagens de férias pelo sete mares.

Aqui e ali surgem clipes que rompem com esse padrão. Num programa, uma mergulhadora de apneia quer trocar intimidades com uma baleia-piloto. A baleia a agarra pelos pés e a arrasta a uns dez metros de profundidade, o que é bastante para um ser humano. Depois a deixa subir à superfície e capturar um pouco de ar. Em seguida, a agarra novamente até quase afogá-la. A baleia não a morde, apenas prende seu pé com força e cautela, como se brincasse com a vida da mergulhadora. Depois de uma série de idas e vindas, os movimentos da mergulhadora começam a ficar mais lentos. Ela está perto de perder a consciência. A baleia parece sentir até que ponto a mulher pode aguentar, e quando sua parceira já parece semimorta ela a empurra para a superfície. A mergulhadora é salva pela mesma baleia que quase a matou. O mesmo indivíduo tem um lado bom e outro mau.

Não há moral nessa história, exceto uma: as baleias são seres inteligentes incapazes de sentir, automaticamente, bondade ou empatia em relação a um ser humano. Elas fazem o que lhes convém. Como todas as criaturas sencientes, podem ser psicóticas ou exibir algum tipo de conduta desviante.

Depois de cinco dias, acordo com uma sensação de que algo não está direito. Fico deitado um instante tentando descobrir o quê, e consigo. A chuva não está mais castigando as paredes. O vento está calmo. Hugo está lá em cima e já inflou e equipou nosso bote.

— Que tal darmos um pouco de ração ao nosso tubarão? — pergunto.

— Primeiro precisamos arrumar um pouco de ração — responde ele.

Na falta de um touro escocês, desta vez vamos enfiar no anzol gordura de baleia, disponível na Ellingsen Seafood, na calçada defronte. Atravessamos os poucos mais de cem metros da rua Skrovkeila e pegamos a caixa com gordura de baleia e mais um saco de lixo com cinco salmões. Tudo grátis. Na caixa há uns vinte e cinco quilos de gordura, retirados da barriga de uma minke. Foi congelada fresca e retirada do freezer há uns dois dias, mas ainda tem veios de gelo. O cheiro é agradável. A gordura lembra um pedaço de toucinho superdimensionado, limpo e apetitoso. Os japoneses consideram a gordura de baleia uma iguaria e a degustam crua. Comparada ao cadáver do touro, é a isca dos sonhos. Eu não precisaria estar morrendo de fome para devorá-la bem frita e crocante. A pele é branca como giz. O bocado inteiro tem a forma de um acordeão, embora cada dobra do fole seja retangular. A superfície é tão lisa, elástica e forte que daria orgulho ao cientistas da Nasa, se eles a tivessem fabricado.

A gordura irá direto para o anzol. Para atrair o bicho usaremos os salmões, que não estão bonitos o suficiente para o mercado europeu, ou talvez tenham contraído uma das muitas doenças que infestam as fazendas de salmões, mas o tubarão-da-groenlândia não haverá de torcer o focinho por causa desse detalhe.

O bote faz seu caminho pela baía contornando o farol de Skrova, onde deixamos cair o saco com os salmões. O Vestfjorden está *opplætt*, como dizem os pescadores referindo-se à calmaria que lentamente se instala depois da borrasca. Embora o vento quase não sopre, leva tempo para o mar sossegar depois de uma tempestade. Além do quê, pelo que sabemos, ela ainda pode estar à plena força castigando o oceano.

Apenas por diversão, também lançamos a isca, com a corda de trezentos e cinquenta metros, a corrente de seis e um anzol no qual espetamos um belo bocado de gordura de baleia. Sabemos que a chance hoje não é lá tão grande, pois não houve tempo de o cheiro se espalhar. Mas tentar não custa, e precisamos de um pretexto para vir ao Vestfjorden de quando em vez.

Chove, mas a precipitação tem um efeito relaxante para o mar e para os olhos. O mar se acalma, e cada gota de chuva fica visível na superfície da água lustrosa e macia. Correr os olhos sobre o mar em tais condições é um bálsamo para a alma.

Passamos rapidamente por Svolvær, onde compramos jornais e um vinho tinto em caixa, e lanchamos um sanduíche num café. Depois voltamos pelo mesmo caminho de onde viemos, e estacionamos ao lado do farol de Skrova. Parou de chover, mas a superfície do mar ainda continua plana como a de um lago. Como esperávamos, nada aconteceu com as boias. Lemos os jornais, jogamos um pouco de conversa fora e nos aproximamos um pouco mais da costa, contornando a ilhota de Flæsa, para talvez apanhar um halibute ou um paloco no anzol. No caminho testemunhamos um fenômeno intrigante.

No meio do mar tranquilo, uns duzentos metros além da ilhota mais afastada, quer dizer, Flæsa, uma onda gigante começa a se formar. Rapidamente cresce vários metros em altura e vem na nossa direção. Calmamente recuamos para longe. Se estivéssemos com trajes térmicos e pranchas, poderíamos tê-la surfado. O.K., talvez nós não, mas alguém que dominasse essa arte. A mesma coisa ocorre novamente. Uma onda gigante surge do nada em pleno mar calmo. Olho para Hugo. Embora tenhamos nos demorado dias inteiros nessas águas, jamais havíamos presenciado coisa parecida.

— Deve ser um banco de areia que pressiona a água com grande força para cima quando a corrente certa calha de passar por aqui — explica ele.

Não fisgamos nada exceto uns palocos miúdos que devolvemos ao mar, e então voltamos à nossa posição original esperançosos de ver algum movimento nas boias. O sol avança no horizonte. A chuva parece ter polido a superfície da água, que adquiriu um brilho luzidio e inteiriço.

Hugo me vem com uma nova teoria, que elaborou estudando a anatomia do animal, sobre como o tubarão-da-groenlândia consegue capturar peixes e outras criaturas bem mais velozes.

— A agilidade está mais na cabeça ou na mandíbula e nem tanto no corpo. Ele desliza calmamente pela água, dando a impressão de ser inofensivo. Quando algo se aproxima, projeta a mandíbula para fora.

A mandíbula desse tubarão não é fixa à cabeça, como a nossa. Parece mais uma gaveta ou o ferrolho de uma culatra, diz Hugo.

Num dos canais de TV ele viu um mergulhador perder parte da boca e da bochecha. Enquanto um colega filmava, o mergulhador aproximava-se de um tubarãozinho aparentemente inofensivo, lentamente, face a face. Assim que tentou beijá-lo na boca — zás! —, o tubarão atacou. Tão rápido que o olho humano nem conseguia acompanhar o movimento.

— É a *mesmíssima* mandíbula do tubarão-da-groenlândia — continua Hugo.

Pode muito bem ser, mas não explica tudo. Por que um salmão, por exemplo, deixaria um tubarão chegar tão perto? Como pode o tubarão-da-groenlândia morder palocos, peixes-lobo e hadoques, bem mais rápidos que ele?

— O tubarão-da-groenlândia tem o formato de um charuto, uma cauda tão poderosa quanto a do tubarão-branco. Pode abanar a cauda para penetrar carcaças de baleia, por exemplo. Ele tem a força e tudo mais que é preciso para ser rápido — conclui Hugo.

As horas passam e não temos nada do que nos queixar. Eu mesmo não queria estar fazendo outra coisa.

A paisagem não se descortina à minha frente como se eu estivesse de passagem e tivesse que registrá-la na mente. Ela é todo o meu entorno. Aqui, na altura do farol de Skrova em pleno mar aberto, é possível sentir a verdadeira dimensão do tempo presente, bem distante do fluxo contínuo de informações a que normalmente estamos submetidos.

Inclino-me sobre a borda do bote e ergo a vista. Já nos afastamos centenas de metros das boias, mas ainda estão bem visíveis, pois o mar está cochilando depois da borrasca. Uma ou outra marola é todo o movimento que faz.

Os dias começam a encurtar, a escuridão invernal chegará em poucas semanas. Algumas estrelas ensaiam um brilho discreto a norte e a leste, movendo-se lentamente acima da imensidão do oceano. O contorno de algumas constelações já se faz visível, mas é o forte luzeiro da Estrela Polar quem rouba a cena. A princípio Hugo e eu pensamos tratar-se de um avião, um balão meteorológico ou qualquer outro objeto voador não identificado. Poder-se-ia dizer até uma daquelas exageradas representações da Estrela de Belém que encontramos na literatura religiosa, indicando o caminho de um porto seguro para os dois reis magos dentro do bote.

Para ter uma noção mais abrangente, saco meu aparelho celular. Baixei nele um aplicativo que usa a câmera e o GPS embutido para identificar centenas de estrelas sobre nós, ou no lado oposto da Terra, para quem realmente se interessar pelo assunto.

Todas as civilizações, até mesmo as pré-históricas, projetaram imagens no céu estrelado e a elas deram nomes de deuses ou seres de sua própria mitologia. Os nomes que usamos em sua maioria provêm dos gregos, que elaboravam intrincadas narrativas para as constelações que «descobriam» — pois aglomerados estrelares são obviamente contrafações da fantasia humana. Órion, por exemplo, não é o gigante que persegue as sete virgens nas Plêiades pela abóbada celeste. Tampouco era essa a crença dos gregos. Para eles, o céu era uma tela onde projetavam suas próprias narrativas.

Era uma atividade pré-científica, pois a ciência trata de compreender padrões ou rupturas a eles. Para os navegantes, é crucial a habilidade de ler o mar, o clima e o céu, e recordar e correlacionar as complexas ligações que surgem daí. Somente depois da observação sistemática, conduzida ao longo de um período de tempo, é possível dominar essa técnica. O advento dos almanaques tornou-se uma arma secreta nas mãos dos pescadores, pois as correntes marítimas, e com elas a vida no oceano, são influenciadas em alto grau pelas fases lunares. Quando a Lua e o mar crescem, aumenta o volume de água e de correntes pelos fiordes, e o padrão migratório dos peixes é afetado. Algumas pessoas sabiam que era preciso estar num determinado local exatamente sob a Lua cheia para conseguir pescar arenque. Se chegassem com poucas horas de atraso, o arenque já não estaria mais ali, onde não voltaria a estar até o próximo plenilúnio.

Antes de existirem GPS, sonar, ecolocalização, telefonia celular e previsões meteorológicas confiáveis, pescadores e marinheiros — pelo menos nas localidades onde viviam, é bom frisar — tinham um prestígio comparável ao dos cientistas de então, pelo conhecimento que acumulavam.

Infelizmente, o vocabulário tão rico de outrora para descrever as nuanças da natureza foi reduzido drasticamente nas últimas eras. Junto com as palavras desapareceu também o conhecimento das mais complexas relações ecológicas. Sabemos menos do relevo e da paisagem, fazemos menos associações a eles, que se tornam menos importantes para nós. E com isso fica mais fácil destruir a natureza, na frenética e míope busca que empreendemos pela recompensa no menor dos prazos.

Em pouco tempo teremos que recolher o anzol e voltar para Skrova. Não dizemos nada. Desfrutamos o silêncio. Os pensamentos içaram âncora e vagueiam com a corrente. As estrelas lá no alto, o mar aos nossos pés. Elas ondulando, ele reluzindo.

Vista do espaço, a Corrente do Golfo parece a Via Láctea; vista da Terra, a Via Láctea lembra a Corrente do Golfo. Ambas têm rodamoinhos em espiral movendo-se dentro de si. Nas séries de ficção científica, as espaçonaves não parecem aviões, mas navios, em constante confronto com nebulosas, tempestades de íons e chuvas de meteoros, assim como as embarcações marítimas enfrentam maremotos, furacões e icebergs. Sentado na ponte de comando, o capitão sobreolha o convés com o semblante preocupado. Será que desta vez conseguirão? Se a nave for gravemente avariada, a tripulação precisará ejetar os botes salva-vidas ou as cápsulas de resgate. Até mesmo os monstros alienígenas assemelham-se às criaturas que só encontramos no mar.

Hoje os cientistas se ocupam de planejar novas sondas espaciais. O problema das antigas é a energia que se esgota. As novas terão mastros grandes e largas velas solares, lembrando os velhos briques e caravelas, agora singrando pelo éter.

Trago no bolso uma pedra achatada e fico em pé para atirá-la na água. Em norueguês, se diz «pedra solha», plana como o peixe de mesmo nome. Em criança brincávamos de competir, ganhava quem a fizesse quicar mais vezes na superfície. Se a pedra for leve ou chata demais, subirá muito e mergulhará de uma só vez. Se for muito pesada ou redonda, não ricocheteará como deveria. A técnica de arremesso também tem sua importância. Eu arremesso e conto cinco toques. Horrível.

A coisa funciona melhor em lagos de água parada, onde é possível fazê-la ricochetear mais de vinte vezes.

Os anéis desenhados na superfície, círculo por círculo, são absorvidos pelo olho, que também está banhado por uma membrana finíssima de água salgada. Nossos olhos são instrumentos óticos avançados, mas a «tecnologia» que contêm foi desenvolvida ao longo de milênios, por espécies que os utilizam para ver debaixo de água. Só conseguimos enxergar uma seção limitada no espectro das ondas luminosas. Várias das ondas luminosas — raios X, gama e ultravioleta, por exemplo — nos escapam aos olhos. Se os enxergássemos, o mundo nos pareceria muito diferente. Recorremos à vista que temos e dela fazemos bom proveito, mas a olho nu mal podemos perceber o plâncton marinho, mesmo diante do nosso nariz. Podemos, sim, ver estrelas a milhares de anos-luz de distância, algumas das quais já podem até ter sido extintas num passado remoto. Muitas pessoas possuem íris multicoloridas, que de perto lembram uma nebulosa, uma galáxia ou um turbilhão de água observado a partir do espaço — em escala miniaturizada, é claro. Ao mesmo tempo, as íris humanas têm uma profundidade infinita e nos dão a impressão de que podemos ampliá-las e magnificá-las, de novo e de novo, a exemplo de como fizemos com o mais avançado telescópio para revelar os confins do espaço sideral.

Os gregos acreditavam que a Terra era envolta por uma corrente chamada Ωκεανός, ou Okeanos, a fonte de toda a massa de água doce que existe. O deus Oceano, representado com cabeça de touro e cauda de peixe, regia o movimento dos corpos celestes, subindo e descendo do horizonte, o que, na Grécia da Antiguidade, implicava também dizer que emergiam e mergulhavam no mar. Após a batalha dos titãs, os perdedores foram atirados ao Okeanos, onde permaneceram vagando por toda a eternidade.

Na mitologia grega primitiva, Oceano era um deus celeste. Séculos mais tarde, quando descobriram novas partes do mundo aventurando-se pelo Atlântico, Índico e mar do Norte, Oceano assumiu a persona de um deus marinho. Ele encarnava os mares do mundo e era caracterizado com chifres feitos de patas de caranguejo. Costumava ser representado com um remo ou uma rede de pesca, na companhia de uma grande serpente.

«Água e meditação estão unidas para todo o sempre», escreveu Herman Melville. O fluxo das marolas acariciando a fibra de vidro e a borracha do bote nos põe num estado alterado de consciência que é quase um transe.

De onde terá vindo toda essa água? Muito dela deriva de cometas que colidiram com nosso planeta nos seus primórdios. Ela vinha em forma de gelo, proveniente das entranhas mais frias e distantes do sistema solar, antes de o próprio Sol e demais planetas terem se constituído.

«Bolas de neve suja» feitas de pedra, pó e gelo ainda viajam pelo espaço sideral. Restos da matéria constituinte do nosso sistema solar na fase mais remota, quando muito dele vagava a esmo, colidindo, fragmentando-se, derretendo e evaporando, num *ragnarok* nuclear contínuo que durou bilhões de anos, até essa fúria subatômica ceder um pouco e o sistema solar se estabilizar minimamente e acomodar os planetas grandes e pequenos nas suas respectivas órbitas.

Há mais de quatro bilhões de anos, antes da formação dos oceanos, enquanto o magma fluido inundava a superfície, o nosso planeta era bombardeado por objetos siderais. Uma dessas colisões foi tão forte que grandes porções da Terra se desprenderam e passaram a orbitá-la. Esses pedaços acabaram se aglomerando num só corpo, que hoje se chama Lua.

Há apenas algumas centenas de milhões de anos, a Terra girava consideravelmente mais rápido em torno do próprio eixo, e a Lua estava muito mais próxima de nós. O dia durava vinte e uma horas, e o ano tinha quatrocentos e dezessete dias. Na mesma época — quinhentos milhões de anos antes de Cristo —, o oxigênio começou a se adensar na atmosfera.

Desde então, em grande medida nos comportamos como primatas recém-descidos das árvores. Alguns de nós adquimos centenas de metros de corda, além de uma corrente e de um gancho à guisa de anzol, no qual enfiamos um belo naco de gordura de baleia e atiramos ao mar para fisgar um tubarão para o qual não teremos muito proveito prático. Ao mesmo tempo, somos capazes de, como espécie, lançar uma sonda pelo espaço sideral.

Depois de dez anos de jornada, a sonda Rosetta afastou-se quinhentos mil quilômetros da Terra e encontrou-se com o cometa 67P, que tem o formato de um pato de borracha e viaja pelo espaço numa velocidade de dezenas de quilômetros por hora. A Rosetta lançou o pequeno módulo Philae, que se atracou ao cometa com o propósito de nos enviar análises da água existente ali. Vários dos cientistas mais proeminentes do mundo especulam quanto do volume de água terrestre provém do espaço. Reza uma teoria que, tão logo se formou, nosso planeta perdeu toda a sua atmosfera. Os gases entre nós e o espaço desapareceram. Mas cometas carregados de água e de outras partículas bombardearam a Terra e formaram uma nova atmosfera.[1]

---

1   Nem toda a água da Terra vem do espaço. Sabemos disso porque a química da água de meteoros difere um pouco do restante da água do planeta. O hidrogênio é de um isótopo mais pesado. Apenas metade da nossa água pode ter sido trazida aqui por cometas e outros objetos que se chocaram com a Terra. O restante é provável que esteja aqui desde o primeiro

A sonda Philae aterrissou num ângulo que não permitiu recarregar suas baterias solares, e transmitiu aos cientistas apenas suas leituras iniciais até perder a força e hibernar. Muitos meses depois, em junho de 2015, novamente despertou e tornou a enviar os relatórios para o centro de controle.

Hugo está absorto escutando rádio, aparentando também desfrutar da ocasião e não se preocupar em recolher as tralhas e voltar para Skrova. Eu aceno com a mão e ele tira os fones do ouvido. Pergunto se ele sabe por que existe água no universo. Ele sorri, abana a cabeça e volta a pôr os fones. Deve achar que eu estou de brincadeira.

Na verdade, não é uma pergunta tão difícil de responder concretamente. Só existe água no universo porque o hidrogênio liga-se ao oxigênio. Ao redor do núcleo de cada átomo de oxigênio giram seis elétrons de carga negativa. Mas o núcleo quer porque quer ganhar mais dois elétrons, e existe um parceiro perfeito para isso: o átomo de hidrogênio. Eles se juntam numa ligação covalente e criam uma molécula chamada H_2O, isto é, uma molécula de água.

momento, na matéria que se tornaria o globo terrestre. Em outras palavras, grandes porções de água na Terra têm mais de 4,5 bilhões de anos de idade.

O hidrogênio mantém as moléculas de água unidas num arranjo licencioso em que cada uma pode se unir a outras, o tempo inteiro, numa espécie de dança em que os parceiros se alternam bilhões de vezes a cada segundo.

As moléculas se ligam numa velocidade estonteante, em combinações cada vez mais variadas, como letras que se alternam para formar palavras, que se transformam em frases, que talvez se transformem em livros. Avançando nesta metáfora, podemos dizer que o mar armazena todos os livros jamais escritos, em todos os idiomas, conhecidos e desconhecidos. Nos oceanos também nadam outros idiomas e alfabetos, como o RNA e o DNA, moléculas em que os genes se conectam e desconectam como ondas que arrebentam nas estruturas helicoidais, determinando se o resultado será uma flor, um peixe, uma estrela-do-mar, um vagalume ou um ser humano.

Uma brisa suave sopra dessa rica biblioteca marinha. As nuvens filtram a luz sobre as nossas cabeças e os raios de sol que penetram a água resultam estranhos como verbos conjugados no subjuntivo.

Há uma quantidade infinita de água no espaço, mas no nosso sistema solar ela se encontra — na forma líquida — provavelmente apenas num único planeta.[2] A Terra

---

2   Robert Kunzig: *Mapping the Deep*. Capítulo 1, «Space and the Ocean». Sort of Books, 2000.

está numa distância ótima do Sol. Se nos afastássemos um pouco mais, toda a nossa água seria transformada em gelo ou vapor, igual à água de cometas cujas caudas lembram as de espermatozoides em disparada.

Embora não pareça óbvio, a Terra é grande o bastante para segurar a atmosfera junto a ela. Além disso, não estamos próximos a nenhum corpo celeste gigante que, a cada maré-cheia, com sua gravidade provocasse ondas de centenas de metros de altura que inundassem todo o globo, como no filme *Interestelar*. Em Netuno, as condições também são extremas. Ventos de 2.100 quilômetros por hora castigam incessantemente a superfície glacial do planeta. A distância da Terra ao Sol é tal que a maior parte do nosso planeta é molhada. Sem essas particularidades, não estaríamos aqui. A vida como a conhecemos simplesmente não existiria.

Do bote assistimos às estrelas pontilhando o horizonte azul-escuro, além das montanhas a oeste. As galáxias e os planetas deslizam sem atrito pelo espaço, para além do além, numa explosão que nunca teve fim. Sua velocidade nunca diminui. Não, eles até aceleram, sem que os astrofísicos saibam bem por quê. A razão está no que chamam «energia escura», uma expressão que designa algo que não conhecem a fundo, significando que em algum lugar, a milhões de anos-luz de distância, uma cortina cósmica está sendo descerrada. Qualquer coisa além desse ponto é engolida pela escuridão e submerge num mar de estrelas que permanecerá para sempre desconhecido de todos nós por aqui.

Começa a ficar tarde. A Lua agora é bem visível mas não conseguiríamos mais avistar as boias se já não soubéssemos onde estão. Eu ainda mal consigo divisá-las ao longe. Estão lá, flutuando no mesmo local, enquanto nos afastamos a vários nós de velocidade. Hugo parece bem concentrado no programa da rádio, ou talvez esteja apenas imerso em pensamentos. Não vou interrompê-lo para dizer que é hora de voltar.

Até o luar leva mais de um segundo para chegar à Terra. A luz do sol demora oito minutos. Os astrônomos são arqueólogos ou geólogos a procurar por fósseis de luz. Nada acontece em tempo real; tudo o que vemos é passado. Estamos sempre ligeiramente aquém do tempo. Mesmo na nossa intimidade, até mesmo no que concebemos no interior da nossa mente, estamos milionésimos de segundo atrasados.

Somente a nossa Via Láctea, uma galáxia entre bilhões, tem cem mil *anos-luz* de diâmetro. A galáxia mais afastada já descoberta pelo telescópio Hubble é uma mancha vermelha com o prosaico nome de UDFj-39546284. Seu brilho chegou à Terra depois de viajar vários bilhões de anos-luz. Toda essa galáxia pode estar morta e congelada há bilhões de anos.

Nossa compreensão não é capaz de dar conta do tempo e do espaço em tamanha escala. Somos acostumados a viver na Terra a partir das nossas inter-relações com árvores, veículos, mobiliário, montanhas, animais, barcos, presas, predadores, e outros seres humanos, objetos que podemos ver ou conhecer, tenham eles uma superfície lisa, áspera, macia ou rígida. O mar, que se nos apresenta quase como infinito, não é sequer uma gota no universo.

Quando refletimos sobre as estrelas nessas ocasiões, uma determinada pergunta nunca deixa de nos ocorrer: existe vida em algum lugar lá fora?

Uma vez que existem muitos bilhões de planetas e o universo tende ao infinito, não deveria ser essa uma probabilidade consideravelmente alta? Mesmo que descartássemos 99,99% por cento dos planetas por não apresentarem as condições necessárias para abrigar uma vida inteligente, ainda restariam centenas de bilhões deles.[3] Os cientistas parecem unânimes numa

---

3   Estima-se que existam aproximadamente 500 bilhões de galáxias no universo, cada uma abrigando bilhões ou trilhões de estrelas. Em 2013, astrônomos da Universidade de Auckland, usando uma nova tecnologia, ajustaram o número de estrelas «parecidas com as da Via Láctea». A estimativa anterior era de 17 bilhões. A nova é mais de cinco vezes maior: 100 bilhões.

afirmação: a existência de vida, inclusive extraplanetária, é muito provavelmente condicionada à existência de água. É uma imposição química. Assumindo-se que os tijolos de construção da vida são os mesmos em todo o universo, a água, juntamente com o carbono, é o grande potencializador para que ela possa surgir, onde quer que seja. Nem toda água contém, necessariamente, vida, mas onde não há a primeira não há a segunda. Por isso os astrofísicos não procuram inicialmente por vida quando investigam Marte ou outros planetas. Eles primeiro tentam descobrir água, mas em geral o que encontram é apenas gelo e vapor, às vezes em quantidades formidáveis. Duas equipes da Nasa descobriram um reservatório de vapor ao redor de um quasar a doze bilhões de anos-luz de distância. A quantidade de água ali foi estimada em 140 *bilhões* de vezes o volume de toda a água existente na Terra.

Pesquisadores do Centro de Exoplanetas e Mundos Habitáveis da Universidade da Pensilvânia, nos Estados Unidos, passaram os últimos anos investigando indícios de vida avançada em cerca de cem mil galáxias. Procurando identificar quantidades inesperadas de raios infravermelhos de frequências medianas, apostando na hipótese de que civilizações mais avançadas devem consumir energia que dissipe calor, não conseguiram detectar nada de extraordinário. Os mares onde lançaram sua isca são por demais escuros e profundos.

No verão de 2015, a Nasa divulgou a descoberta de um longínquo exoplaneta, muito além do nosso sistema solar, com uma peculiaridade: era o corpo celeste mais parecido com a Terra jamais descoberto.[4] Poderia ser habitável, mas orbita um sol que irradia mais energia que o nosso. Talvez seja apenas uma rocha gigantesca e deserta com um resquício de atmosfera, assim como um dia será a Terra. Temos hoje a sorte de ter oxigênio e uma reserva fabulosa de água líquida, mas também terras agricultáveis que por si podem alimentar bilhões de pessoas e animais.

A cena do bar no filme *Guerra nas Estrelas* em que personagens exóticos de diferentes galáxias encontram-se para celebrar — ou brigar — é bem divertida. Porém, ainda que existam tantos bilhões de galáxias, talvez o ser humano seja a única criatura em todo o universo a ter frequentado uma mesa de bar.

Permeando todos os picos submersos em grandes profundidades marinhas há fissuras hidrotermais por onde escapam gases com enorme temperatura e pressão. Em

---

4   A Nasa e as equipes de cientistas que colaboraram nesse projeto analisaram dados do telescópio espacial Kepler durante quatro anos em busca de um planeta orbitando um sol a uma distância que o tornaria habitável. O planeta que mais parece com a Terra até agora está na constelação de Lira, a 1.400 anos-luz do nosso sistema solar, e recebeu o nome de Kepler 452b.

1977, os cientistas descobriram que essas «chaminés vulcânicas» estão fervilhando também de vida. Em volta do fluido sulfuroso e extremamente quente (em torno de quatrocentos graus Celsius), em condições onde ninguém jamais imaginava que a vida poderia existir, há espécies adaptadas a uma água que atinge temperaturas de oitenta graus.

Nas grandes profundezas a luz não penetra, e com isso não existem plantas. Ali a energia provém de outras reações químicas diferentes da fotossíntese. Substâncias tóxicas são metabolizadas por bactérias e se convertem em alimento para outras espécies. Quimiossíntese. Certos cientistas desconfiam que a vida na Terra surgiu ao redor e por causa de tais chaminés submersas, enquanto outros acreditam que teria surgido nas profundezas estelares.

Hugo retira os fones, olha ao redor e nos resgata do transe. Trouxe comigo uma garrafa de uísque, para ocasiões especiais. Não há razão para celebrarmos no momento, mas é isso o que o torna ainda mais especial, então destampo a rolha da garrafa. Hugo não é especialmente fã de destilados, mas temos também nosso vinho em caixa. Dou um belo gole no uísque, sinto o calor se propagando do extremo norte ao extremo sul do meu corpo como uma pequena Corrente do Golfo. Nosso bote fica levemente inebriado e Hugo dá mais uma espiada em volta, desta vez subitamente dando-se conta do avançado da hora. O mar está escuro como um tinto encorpado, mas as estrelas no céu, lembrando a cúpula de um abajur perfurado, o iluminam por completo.

Hugo aproveita para contar uma história, desta vez sobre ele e seu tio Arne cruzando o Vestfjorden a bordo do *Helnessund*. Arne era conhecido pela voz grossa, pela boa prosa e pelos impropérios que costumava proferir, e sempre se destacava nas reuniões de família, seja celebrando a data nacional da Noruega, 17 de maio, seja nas festas de adolescentes no vilarejo. Hugo, então com catorze anos, meteu-se no quartinho atrás do timão, onde ficavam o rádio e o sonar. Sobre a mesa havia um caderno aberto e os mapas náuticos. Tio Arne havia escrito um poema e alguns versos ficaram marcados na memória de Hugo: «Sob o manto de estrelas/ cai a escuridão/ e eu aqui, segurando meu timão».

No exato instante em que o farol de Skrova se acende, Hugo diz:

— Melhor puxar a corda e voltar. Já vai escurecer.

O facho do farol irrompe no breu, flagra a nós dois como o flash de uma câmera e segue varrendo o mar e o céu.

De todos os momentos de ócio que poderíamos ter nos permitido, este foi o que desfrutamos de maneira mais produtiva.

16

Uma boia só desperta interesse quando começa a se movimentar. Quanto mais tempo imóvel, menos atraente fica. Viemos ao mar todos os dias, onde nos demoramos desde a manhã até a noitinha, mas a cada dia que passa diminuem as probabilidades de que algo venha a acontecer. Às vezes recolhemos o anzol apenas para conferir se a gordura ainda está lá. Nada de mordidas, apenas uns bichos rastejantes das profundezas. Será que o tubarão-da-groenlândia não gosta de salmão de cativeiro? Acaso algum outro carniceiro, como por exemplo a lampreia, terá chegado antes à isca? Uma lampreia pode dar conta de um halibute de grande porte em poucas horas — o pescador que descuidar do anzol fisgará apenas a pele do peixe e nada mais. Ou então será a gordura da baleia que não está deteriorada o bastante para abrir o apetite do tubarão?

Nunca perdemos de vista o farol de Skrova, mesmo no alto-mar. Saindo ao mar ou voltando para a terra, passamos bem rente a ele, imponente e sobranceiro. No terceiro dia, fico com a impressão de que o farol é o olho de um ciclope enlouquecido espreitando todos os nossos movimentos.

Gostaríamos ter descido à praia para vê-lo mais de perto, mas o arrasto próximo à orla era tão forte que foi impossível. Não é simples manobrar um bote tão pequeno sem correr o risco de jogá-lo contra as docas.

O farol de Skrova foi construído em 1922 e nas suas primeiras décadas de vida serviu de residência para duas famílias. Melhor assim, pois é sabido que faroleiros que passavam muito tempo isolados acabavam perdendo o juízo. Não suportavam a solidão. No intuito de promover a saúde mental da população, a Associação de Faróis da Noruega mantinha sua própria biblioteca itinerante e fazia circular os livros de um farol a outro. Por acaso, alguns exemplares vieram parar na minha biblioteca particular, entre eles edições antigas de sagas islandesas. Quando folheio essas obras e reparo na logomarca no frontispício, tenho a impressão de ter visitado todos os faróis do país, na época ainda operados por pessoas. Fico imaginando o faroleiro sentado, imerso na leitura das sagas vikings no escuro do inverno, as tempestades martelando as janelas e tudo à sua volta permeado de sonhos e de saudade.

Os nevoeiros espessos devem ter sido um estorvo a mais para os faroleiros. Os faróis usavam sirenes para demarcar sua posição. A partir de 1959, adotou-se uma sirene chamada «supertufão» — um uivo agudo e lamurioso, que penetrava nos ossos e na alma, e podia ser ouvido a vários quilômetros de distância.

Durante a guerra, os nazistas ocuparam o farol de Skrova. Um soldado de nome Kurt teria se enforcado ali, dizem alguns moradores de Skrova, insistindo nesse detalhe, que talvez não passe de um mito. Mais recentemente, outra tragédia abalou a sociedade local. O ferry-boat *Røst* trafegava pelas águas em volta do farol para medir o comprimento de cabos de alta-tensão que se estendem sobre a praia, e um membro da tripulação cometeu o erro fatal: subiu na gávea do mastro do ferry e tentou aferir a altura aproximada do cabo usando uma vara de pescar. A vara roçou a linha de transmissão, o infeliz marinheiro foi eletrocutado com uma descarga de vinte mil volts e morreu instantaneamente.

Outros países possuem construções monumentais em forma de igrejas, mesquitas, palácios e que tais. O farol de Skrova localiza-se numa pequena ilha, na costa de outra ilha um pouco maior, no meio do mar, e a primeira impressão que dá é que chegou ali por via aérea, já pronto e acabado, ou então teria brotado da areia, como uma árvore de pedra, e crescido ano após ano até atingir sua altura máxima.

A verdade é outra, e bem mais extenuante. O farol e as duas residências para os faroleiros — não apenas uma, mas duas casas espaçosas construídas sobre uma pequena ilhota — foram transportados do continente em barcos, pedra sobre pedra, tábua sobre tábua, a despeito dos rigores do clima e ao sabor de correntes indomáveis, pelo esforço braçal de marinheiros, operários e engenheiros.

Os refletores e as lentes no olho do farol são um triunfo da ciência. A princípio espera-se de um farol que brilhe o suficiente para ser visível à distância, em alto mar. Logo, deve ocupar um lugar elevado. Esse pré-requisito funcional plasmou as estruturas mais sólidas e verticalizadas da arquitetura norueguesa. Sua própria localização, em promontórios, penhascos, ilhotas e penínsulas, faceando o mar aberto e sujeitos ao capricho das intempéries, confere aos faróis uma aura de triunfo e robustez, como se atestassem a conquista de uma civilização que joga luz na escuridão e subjuga as forças da natureza. Os faróis são mais bem apreciados a partir do mar.

Existem duas canções sobre Skrova. Uma delas é sobre o farol, e quem a compôs o mira de longe, no alto-mar: «Quem já viu coisa mais bela/ que o farol desta ilha/ luzindo sua centelha».

Na Escócia, uma única família esteve por trás de todos os noventa e sete faróis construídos na costa do país de 1790 a 1940: os Stevenson. Robert Louis Stevenson, autor de *A ilha do tesouro*, *Dr. Jekyll e Mr. Hyde* e outros clássicos, deveria ter abraçado a carreira de engenheiro de faróis, mas abandonou a tradição e tornou-se um escritor rico e mundialmente famoso. Ao mesmo tempo, foi uma espécie de ovelha negra da família, pois ao contrário de todos os parentes do sexo masculino — incluindo avô, pai, tio e irmão — jamais planejou, desenhou ou construiu algum farol marítimo. Em geral, os faróis dos Stevenson eram erguidos em recifes cobertos pela maré alta, onde o mar do Norte e o Atlântico colidem e produzem correntes intensas e ondas de uma potência capaz de arrastar tudo que encontrar pelo caminho.

Antes de o farol de Skrova pontificar sobre a ilhota de Saltværholmen, um pequeno «fogo de pescadores» funcionava como baliza marítima na ilhota de Skjåholmen, mais próximo da entrada da baía de Skrova. O velho farol foi o primeiro a ser erigido ao norte da Noruega, mas suas lâmpadas a parafina só eram acesas de 1º de janeiro a 14 de abril, no auge do inverno e da temporada de pesca nas Lofoten.

Os escoceses têm os Stevenson. Aqui temos, modestamente, os noruegueses da família Mork, de Dalsfjord, em Volda, no distrito de Sunnmøre. Ole Gammelsen Mork fez sua primeira obra num farol em Runde, em 1825. Seu filho, Marin Mork Løvik (1835-1924), foi o mestre de obras em Skrova quando o farol velho foi erguido, em 1856.

A família Mork rendeu quatro gerações de construtores de faróis. Ao contrário dos Stevenson, os noruegueses não eram exatamente arquitetos e engenheiros inovadores. Durante o verão, os Mork erguiam faróis e marcos de navegação ou construíam portos e estradas. No inverno, pescavam. Se os faróis mais antigos eram construções relativamente baixas feitas de madeira e pedra, os mais recentes eram verdadeiros arranha-céus de ferro fundido. O filho de Martin Mork Løvik, Ole Martin, construiu o farol mais alto da Noruega, o Sletringen, na ilha de Frøya.[1]

O mais conhecido operador do velho farol de Skrova foi Elling Carlsen (1819-1900), a seu tempo também um renomado inventor e navegador. Ele cresceu no mar ao lado do pai, também capitão de navio. Já aos três anos de idade, em pleno inverno, acompanhou o pai na travessia de Tromsø a Trondheim num barquinho.[2] Em 1863, Carlson foi o primeiro a circum-navegar a ilha de Svalbard. Nos anos seguintes, descobriu várias ilhas no extremo leste, no mar de Kara, onde estabeleceu bons contatos com os samoiedas nômades. Além disso, em 1871, no flanco nordeste de Novaya Zemlya, ele encontrou o acampamento abandonado pelo

---

[1] A história dos faróis noruegueses deste período, incluindo o papel da família Mork, é muito bem descrita por Jostein Nerbøvik em *Holmgang med havet. 1838-1914*. Volda kommune, 1997.

[2] *Ny Illustreret Tidende*, Cristiânia, 26 de junho de 1881, nº 26, p. 1-2.

navegador e explorador holandês Willem Barents, que descobriu as ilhas do Urso (Bjørnøya) e Spitsbergen, em 1596. Mapas, livros e baús com instrumentos e outros objetos preciosíssimos foram trazidos para a Noruega e vendidos a um inglês por 10.800 coroas, uma soma exorbitante à época. No ano seguinte, na condição de arpoador e «mestre geleiro», especialista em navegação pelas banquisas, juntou-se à expedição de Julius von Payer e Karl Weyprecht, cujo objetivo era descobrir a passagem nordeste para a Ásia.

A expedição foi feita às expensas da monarquia austro-húngara. No primeiro inverno, o *Almirante Tegetthoff* encalhou no gelo e foi rachando lentamente. Os tripulantes padeceram de fome, escorbuto, tuberculose, loucura e digladiaram-se em motins, convivendo de perto com a morte, dia após dia. Depois de dois invernos, abandonaram qualquer esperança de que o navio pudesse escapar dali e passaram a empurrar pequenos botes sobre o gelo, como se fossem trenós, tentando alcançar o mar aberto. Até o sensato Carlsen perdeu as estribeiras durante esse período. Depois de três meses de provações sobre-humanas, empurrando botes pela calota de gelo instável, os expedicionários conseguiram fazer contato com pescadores de salmão russos a bordo de uma escuna ao largo de Novaya Zemlya. Os russos transportaram os marujos exaustos, subnutridos e desesperados até a cidade de Vardø, no Ártico norueguês.

A infausta viagem é descrita no romance histórico *Pavores de gelo e trevas* (1984), do austríaco Christoph Ransmayr, inspirado nos diários e memórias dos tripulantes. Enquanto estavam presos no gelo, Julius von Payer usou trenós puxados por cães para ir mais ao norte e descobrir o arquipélago de Franz Josef, que consiste em 191 ilhas dispersas pelo oceano Ártico, mar de Barents e mar de Kara. Quando regressou à Áustria, ninguém quis lhe dar crédito pelo achado. Payer pintou marinhas da paisagem gélida e desolada em grandes formatos, mas não conseguia vendê-los e e morreu pobre e solitário, em 1915.

Sobre Elling Carlsen, Ransmayr escreve: «O velho, que tanto de sua vida passou nos mares árticos, sempre enverga seu chinó branco quando é convocado à mesa dos oficiais; nas celebrações da igreja é tido em alta conta e não deixa de espetar na lapela da gabardina a cruz de Santo Olavo (mas quando o clarão das ondas e os véus da aurora boreal são avistados no céu, Elling Carlsen remove todo o metal do seu vestuário, até a fivela do cinto, a fim de não interferir na beleza fluida desse fenômeno e atrair para si a ira das luzes do norte)».[3]

---

3   Christoph Ransmayr: *Isens og mørkets redsler*. Gyldendal, 1984, p. 110. [Ed. bras.: *Pavores de gelo e trevas*. Trad. de Marcelo Backes. São Paulo: Estação Liberdade, 2010.]

Carlsen recebeu uma comenda austro-húngara por seus feitos. Numa minibiografia, seu contemporâneo, o historiador polar Gunnar Isachsen, assim o retrata: «No seio da família, Carlsen não era feliz, e seus dois filhos tiveram um destino trágico. Ele é tido por quantos viajaram a seu lado como marinheiro e caçador muito hábil. Quando se punha a fazer algo jamais se dava por satisfeito. E no entanto era um homem afável, até cortês».[4]

Em 1879, Carlsen assumiu os cuidados do farol de Skrova, onde permaneceu por quinze anos. Devia, sim, ser um sujeito durão. Ao mesmo tempo, era vaidoso e extremamente pio, por vezes inclinado a superstições e crendices. Usava brincos de ouro, mas devia tirá-los das orelhas durante a aurora boreal.

Contemplando o acesso à ilha de Skrova, em meio aos uivos da tempestade e aos fumos da parafina, ele deve ter tido tempo de sobra para refletir sobre a própria existência. Carlsen teve uma vida extraordinária e seus olhos testemunharam maravilhas que poucos antes dele jamais viram. O gelo e as ilhas no extremo norte da Terra não lhe eram paisagens inanimadas sobre uma tela, mas lugares vibrantes, com uma riqueza de detalhes que ninguém além dele conhecera tão a fundo.

---

4   Gunnar Isachsen: «Fra Ishavet». *Særtrykk av Det norske geografiske selskabs årbok 1916-1919*, p. 198.

Não é o velho farol de Carlsen que nos encara, a Hugo e a mim. É o «novo», construído sobre a ilhota de Saltværsholmen em 1922. Como outros dessa época, o farol de Skrova é pintado num tom vermelho ferrugem com duas largas faixas brancas. Na minha fantasia gestáltica, enxergo nele uma pessoa esguia e tesa vestindo um suéter.

O farol de Skrova foi erigido por Carl Wiig em 1920. Ele nasceu em Gjesvær, na ilha de Magerøy, no extremo norte do condado de Finnmark, já bem próximo do Cabo Norte. Seu pai era comerciante em Leirpollen, no coração do fiorde de Porsanger. Wiig contava apenas vinte e cinco anos e acabara de ser empregado pela Associação de Faróis da Noruega quando projetou o farol de Skrova, decerto sob orientação de construtores e engenheiros mais tarimbados. O grosso da força de trabalho veio do distrito de Volda. O mestre de obras foi Kristian E. Folkestad,[5] de uma família oriunda da localidade de mesmo nome, no lado oposto do Dalsfjorden, que guarda semelhanças com os Mork. Gerações dos Folkestad também construíram faróis pela zona costeira. No verão, quase todas as fazendas do distrito enviavam homens para reforçar o ritmo das obras lá no norte.

---

5   Jostein Nerbøvik. Op. cit., p. 312.

Os registros escolares do antigo Liceu Técnico de Trondhjem atestam que as notas dos exames de Wiig eram das piores entre os cerca de cento e cinquenta engenheiros que colaram grau no quinquênio 1910-1915. Quem projetou o farol de Skrova, portanto, foi um estudante relapso do condado de Finnmark.[6] Eu mesmo venho de uma localidade no mesmo condado, no extremo norte norueguês, que no idioma sámi chama-se Ákkolagnjárga e significa, segundo minhas fontes, «promontório do tubarão-da-groenlândia». Nem mesmo os sámi mais eruditos que consultei sabem explicar o porquê. Até onde posso afigurar, nenhum sámi que se aventurasse ao mar o faria por essa espécie, pois não haveria motivos para tanto. Carne incomível, habitat a centenas de metros de profundidade, impossível de pescar com canoa e linha. Não faria o menor sentido.

O farol de Skrova não tira seu olho de nós enquanto passamos a seis nós de velocidade, dois pontinhos no meio de um agitado torvelinho de proporções cósmicas. Sempre que nos afastamos demais e perdemos as boias de vista, Hugo dá a partida no motor e voltamos ao ponto

---

[6] <http://da2.uib.no/cgiwin/WebBok.exe?slag=lesbok&bokid=ttlo4>. Frode Pilskog, do Museu Dalane de Faróis, identificou Wiig como construtor do Farol de Skrova a meu pedido, e me enviou cópias dos projetos originais assinados por Wiig.

onde estávamos. Na maior parte do tempo, porém, ficamos sentados quase dormitando, trocando uma palavra aqui e ali ou simplesmente absortos no fluxo tranquilo dos nossos devaneios. Nenhum de nós hesita sobre a tarefa que nos impusemos. Ao contrário, sabemos que o tubarão-da-groenlândia nada alheio a tudo lá embaixo e temos certeza de que conseguiremos trazê-lo para a superfície.

Focas e toninhas levantam a cabeça na água, talvez por acharem nosso bote familiar, talvez apenas querendo saber o que estamos aprontando. Nós pertencemos à terra, elas à água. Cada vez que nadam no raso, cada vez que olham para a terra, identificam nela um elemento perigoso e desconhecido.

O mar assume um tom cinza-azulado e indiferente a nós esses dias. Está liso e pálido, quase impotente, como resultado de um outono frio e límpido. Em ambos os lados do Vestfjorden os picos mais altos já estão cobertos de neve. A silhueta da cordilheira das Lofoten nos dá a impressão de ter sido talhada a faca, enquanto o restante das montanhas e colinas adquire uma aparência mais tênue, de menos contrastes e sombras. O céu a sudeste exibe delicados veios entre as nuvens que lembram o mármore. «Nada é tão vasto quanto o mar, nada é tão paciente».[7]

---

7   A citação é de *Garman & Worse*, de Alexander Kielland.

As nossas conversas costumam girar em torno das experiências marinhas que tivemos, mas enquanto apenas esperamos e tudo mais está tão calmo, avançamos por temas um pouco mais extravagantes. Certa tarde eu recordo como os animais, desde a Idade Média até o século XIX, podiam ser levados aos tribunais por terem infringido leis humanas. Cães, ratos, vacas e até mesmo centopeias eram encarcerados e acusados de crimes que iam de atentado ao pudor até assassinato. Designavam-se advogados de defesa, convocavam-se testemunhas e se obedecia o devido processo legal. Pardais chegaram a ser acusados de chilrear alto demais e interromper uma missa. Porcos que perseguiram crianças foram condenados à morte. Na França, um suíno vestido a rigor foi escoltado à forca e executado. Em 1750, depois de um infeliz episódio, um asno foi solto quando um padre testemunhou que o animal levara uma vida virtuosa até então. Por que as pessoas agiam dessa forma é difícil saber. Deviam temer o caos e a anarquia e crer que a natureza também era regida por leis morais.

Hugo me pergunta se já ouvi falar do elefante Topsy. Nunca.

— O elefante Topsy matou dois domadores e foi executado diante de um público pagante num parque de diversões em Nova York, em 1903 — diz Hugo. Ele faz uma pausa dramática e prossegue:

— Calçaram uma espécie de sandália de cobre nas patas do bicho e o eletrocutaram com uma descarga de sete mil volts. Na verdade queriam enforcá-lo num guindaste, mas não conseguiram. Fizeram tudo com estardalhaço, na intenção de atrair mais público para o parque, e a execução foi documentada pela companhia de cinema de Thomas Edison. O filme se chama *Electrocuting an Elephant*.

17

Os dias de águas plácidas chegam ao fim quando uma nova tempestade de outono atinge Skrova em cheio. Mais uma vez é preciso amarrar bem os barcos no cais para resistirem ao vendaval, que chega pelo sudoeste e pega a baía de frente. Até mesmo o serviço de ferry-boats e barcos expressos é suspenso. O temporal me deixa a noite inteira insone.

O *draugen*, lendário espectro do mar, segundo o folclore local, espreita o fiorde, remando seu barco em frangalhos pela noite de inverno. Embaixo do teto da estação o mar castigas as rochas e palafitas, o vento uiva por todos os cantos e o sobrado chacoalha inteiro a cada rajada. Algo no telhado, talvez ele inteiro, vibra e produz um ruído profundo que ecoa como o motor de uma motosserra. O atrito das portas nas guarnições da parede reverbera pelo local. Tanto o mar como o vento entranham-se pela casa, inspirando e expirando pelas frestas e rachaduras.

O edfício inteiro é tomado por sons, como uma catedral tomada por acordes de órgão e vozes de coro. Todos os sons se misturam num único alarido dodecafônico. O ribombar da água sob a plataforma do cais pode ser ouvido até longe da baía. A estação inteira range e estala como uma nau prestes a se partir ao meio.

Desperto na cama, acompanho tudo. E em meio ao espetáculo estrepitoso reparo num outro som. Este é mais próximo, não tão arrebatador ou orquestral, só pode se originar dentro da própria casa. Algo ou alguém está sobre o telhado e produz um som que evoca um soluço. Seria um pássaro que teria entrado ali? Tento conciliar o sono, mas o soluço lamentoso não dá trégua. Por um instante volta o silêncio e fico a me perguntar se tudo não passou de impressão minha. Então volta o soluço. Melhor ir lá em cima conferir, mas não há luz nem eletricidade no gigantesco sótão, e estou congelando de frio.

Tiro um suéter de dentro da mochila, considero subir as escadas, mas volto para a cama e adormeço. Ondas impiedosas sacodem meu sono. Sonho que estou no sopé de um penhasco íngreme, o mar à minha frente, prestes e me engolir e me arrastar numa vaga gigante. Diante da onda ergue-se um muro de coisas que o mar trouxe do fundo: navios naufragados, carcaças de baleias e outros destroços. Polvos contorcendo seus tentáculos emaranhados em algas e sacos plásticos são as próprias fúrias da mitologia. Identifico peixes-trombeta e criaturas emaciadas e viscosas oriundas das fossas abissais, além de bestas e monstros só encontrados em livros do passado... tudo vem em minha direção. Como estou emparedado entre o mar e um penhasco vertical, não tenho como fugir. Assim que a onda está para arrebentar sobre mim, desperto ofegante. Felizmente foi só um sonho. Exatamente como eu desconfiava quando estava sonhando.

Mas algo não está certo, pois torno a escutar o barulho que me lembra um soluço discreto. Desta vez visto o suéter, acendo uma vela e subo as escadas. A corrente sopra tão forte que apaga a chama. Estanco no meio das escadas e volto a acender a vela. Enquanto estou parado, ouço algo que identifico como um choro feminino que chega dos fundos do sótão. Haveria apenas três pessoas na casa, Hugo e Mette estão dormindo no seu aposento, vizinho ao meu. Nenhum deles subiria ali no meio da noite. Absolutamente. Ninguém vai ao sótão para coisa alguma, muito menos para chorar no meio da noite, não seria razoável.

Por vezes estamos tão sozinhos na Aasjorbruket que temos a sensação de estar a bordo de um transatlântico vazio em alto-mar. Se Mette e Hugo esperassem outros hóspedes, teriam me dito há muito tempo, e em nenhuma circunstância algum deles subiria ao sótão no meio da noite. Mesmo um ladrão, se houvesse ladrões nesta ilha, jamais saberia como chegar ali. A escada fica bem escondida numa esquina do primeiro andar de um dos sobrados, e além disso está escuro como breu. É bem verdade que as portas estão sempre abertas, mas se alguém tivesse entrado para se abrigar do mau tempo poderia fazê-lo num dos trinta quartos espalhados ao redor. Não teria encontrado o caminho para o sótão nem se tivesse tentado.

Deve ser um pássaro ferido. Talvez uma lontra? Não, uma lontra invadiria o galpão de secagem de peixes no térreo, de onde poderia escapar pelo mar se alguém se aproximasse — e tampouco subiria as escadas. Um arminho? Arriscado demais também para ele, vagar de quarto em quarto, andar em andar, com poucas possibilidades de escape. Sim, pode ser um pássaro. Mas o som não parece nada com uma ave farfalhando as asas, e sim com uma voz feminina se lamuriando.

A primeira coisa em que reparo é no assoalho do sótão, escorregadio e molhado, como se houvessem esparramado algo visguento por ali. O ruído fica ainda mais perceptível, e agora estou convencido. Deve ser uma criança. Ou uma mulher, finalmente eu concluo, pois soa quase sedutor aos meus ouvidos. Um murmúrio melancólico originado do mar e quase afogado pelo vento. Mas não é o vento ou o mar que cantam. Não há paredes entre mim a a voz enquanto avanço pelo sótão. Guiado pelo clarão bruxuleante da vela, a todo instante preciso cuidar para não tropeçar numa rede ou me arranhar numa aduela enferrujada.

O canto das sereias atraía para o fundo do mar os marinehiros. Circe transformou numa vara de porcos os companheiros de Ulisses. No canto do sótão consigo divisar uma silhueta. Não tenho medo, pois algo me diz que nada ali é perigoso. A silhueta não é nítida, e eu me aproximo pé ante pé tentando identificar o que tenho diante de mim. Cabelos louros e compridos, busto nu, mas abaixo da cintura... vejo um rabo de peixe... é uma...

Então acordo, banhado em suor, como se acabasse de sair do mar.

Na manhã seguinte abro os olhos como se tivesse pernoitado num leito de hospital. Hugo me conta que meus gritos eram tão altos que atravessaram as paredes. Eu digo que quase me afoguei nas ondas ebúrneas dos meus pesadelos. Ele então diz que também me escutou levantar da cama e dar passos pelo quarto. Eu lhe digo que não me recordo de nada disso.

18

Já que não podemos sair para pescar, o tubarão-da-groenlândia desfruta momentaneamente da sua liberdade pelo Vestfjorden, livre de toda e qualquer ameaça que paira sobre si na forma de dois sujeitos extremamente motivados a bordo de um RIB.

No segundo dia de tempestade (embora a ventania tenha diminuído de intensidade) saio para passear pelos penhascos e praias de Skrova. O mar tingiu-se de um tom cinza metálico com ondas brancas e enormes. Ao longo da noite a maré revirou-se de cima a baixo. Espalhados pela orla encontro vários palocos que a borrasca tratou de arrastar para a terra. Os torvelinhos devem ter forçado os peixes para a superfície, e as ondas tratam de arremessá-los ali. E isso não pode ter sido há muito tempo, do contrário as lontras, martas, raposas, corvos, gaivotas ou águias marinhas já teriam se banqueteado. Um pouco mais adiante, encontro o cadáver de uma foca já estufado de gases.

Nas ilhas Orkney existe a lenda dos *selkies*, «homens foca», capazes de nadar com a destreza desses mamíferos e assumir a forma de homens comuns na terra, exceto por um detalhe: são extremamente atraentes, o que os torna especialmente perigosos para as virgens. No norte da Noruega as pessoas temem o *draugen*, a quem se atribuem características bem distintas. O *draugen* seria o fantasma de um pescador afogado, de olhos vermelhos e baços, metido num colete de couro puído. Sua cabeça é nada mais que um emaranhado de sargaços. Outra característica eram os braços, compridíssimos. Sempre que aparecia, num barco rachado ao meio e com velas aos farrapos, gostava de navegar entre as embarcações dos vivos. Por mais que chamasse por alguém, quantas vezes fosse, o importante era não responder. O *draugen* era o mensageiro que trazia a morte para quem quer que o visse até mesmo quando não se anunciava, e por vezes arrastava sua vítima desapercebida para o fundo do mar. Na calada da noite, remexia nos equipamentos dos barcos ancorados. Se os remos estivessem virados com as pás para cima, quem quer que sentasse na proa daquele barco estaria com as horas contadas.[1]

Por toda a vida Hugo conheceu vários pescadores veteranos absolutamente convictos da existência do *draugen*, para eles uma figura real, não folclórica ou mítica. Se perguntados, evitavam dar o braço a torcer para não parecerem tolos, mas para eles o *draugen* nunca foi ficção.

---

[1] Bjørn Tore Pedersen: *Lofotfisket*. Pax, 2013, p. 109.

No fim da praia preciso escalar um monte, e do outro lado chego a outra faixa de areia, limpa, sem o menor sinal de algas ou folhas. O mar reclamou tudo para si. Numa extremidade há uma antiga plataforma de parqueamento de botes, cujos trilhos estão carcomidos pela ferrugem. Quando era criança, costumava deparar com trilhos largados sobre a areia e as rochas. Eram usados para facilitar o arrasto de barcos para dentro e fora da água, mas na minha fantasia serviam para trens rumo ao fundo, de vagões à prova de água e janelas panorâmicas para dar aos passageiros a vista das paisagens mais incríveis.

Retomo meu passeio pela orla enquanto a tempestade não dá trégua e aumenta de intensidade à medida que sigo para o oeste da ilha. As nuvens preto-azuladas movem-se aceleradas e a baixa altitude sobre as ilhas e os rochedos. Ouço címbalos e bumbos ribombando a um só tempo. Certa vez presenciei um furacão, e o que mais me impressionou foi o som que ele produz. Tempestades comuns uivam e guincham. Num furacão, esses ruídos agudos e mais familiares se calam e só o que resta é um urro primal, soturno e avassalador, como se a alma do universo quisesse externar num rugido a inclemência da sua ira.

O ar recende a maresia, fresco e sabendo a um quê de azedume, como quando corpos se encontram numa noite quente e úmida num quarto sem janelas. A água acha seu caminho por fissuras estreitas na rocha e espirra numa profusão de gêiseres ao colidir com a própria montanha, e a cada vez leva consigo um minúsculo grão do penhasco para o oceano. Um dia, quem sabe, naquela orla assim será formada uma nova praia.

A água é negra, as ondas são de espumas brancas. O vento açula a crista delas em pequenas gotas que vêm flutuando pelo ar a caminho da terra. Quando arrebentam nas rochas, transformam-se num borrifo. As moléculas de água dançam pelos mares do mundo enquanto não param de evaporar, condensar, resfriar e se combinar de todas as maneiras possíveis. As moléculas que molham meu rosto já estiveram pelo golfo do México, passaram pelo de Viscaia, atravessaram o estreito de Bering e cruzaram o cabo da Boa Esperança várias vezes na sucessão das eras. Já zanzaram por mares grandes e pequenos. Na forma de chuva, umedeceram terrenos e hidrataram milhares de vezes animais, homens e plantas, para depois retornar ao oceano mais uma vez. Ao longo de bilhões de anos, as moléculas de água já molharam todos os rincões do planeta.

O mar castiga os penhascos e as rochas, resultando em estrondos intensos e chiados sibilantes. O vento carrega as nuvens, mas o sol jamais mostra sua face. O horizonte está carregado, e a luz parece emanar da água gris esverdeada que investe contra a orla. Temo que as ondas queiram avançar bruscamente até aonde estou. Não, sou apenas tomado de um medo irracional de que o mar tenha dessas vontades, e, apesar de eu mesmo rir dessa ideia estapafúrdia, subo um degrau no rochedo. Até as gaivotas passaram a voar mais alto por precaução.

Hav er opphav. Mar é origem. Ondas de um passado remoto fluem dentro de nós, como um eco sutil dos marulhos dentro de uma caverna remota. Às vezes, caminhar em terra firme sob uma tempestade violenta é sentir o mar nos convocar para si. Uma onda no horizonte longínquo lentamente ganha musculatura, deixando evidente de antemão como e aonde quer chegar. O vento a ajuda, o fluxo e o ritmo são conduzidos à perfeição rumo à terra. Outras ondas a empurram pelas costas, a incentivam e abrem caminho para ela. Quando se aproxima do destino, a onda acelera e reúne suas forças para dar um impulso derradeiro e ir além.

Digamos que por aquela orla estejam flanando dois amantes recém-apaixonados. Ou quem sabe um velho casal de turistas da República Tcheca, ou um fotógrafo amador estreando sua câmera, ou um grupo de adolescentes curiosos e entediados que ainda não têm consciência de que um dia irão morrer. Todos deixaram para trás a segurança e o aconchego do seu lar, o conforto do seu chalé ou quarto de hotel, e vieram sentir na pele a virulência da tempestade.

Eles passeiam alheios, sentindo um bocadinho de frio, sim, mas no mais do tempo admirando as forças da natureza, a uma distância segura. Testemunhar ao vivo uma tempestade se abatendo sobre o mar talvez faça algum deles se dar conta do quão ancestral é o planeta Terra. A imensa superfície onde o vento encrespa as ondas, a espuma emulsionada como clara em neve, o ruído surdo das vagas quebrando e tudo o mais que confere ao mar seu aspecto primordial.

«Cavalos domados», *brimhester*, era como os antigos chamavam as ondas grandes cuja crista de fato lhes evocava a crina de um cavalo em pleno galope. Então vem a onda que os nossos espectadores nem desconfiavam que o mar era capaz de produzir. Ela aproxima-se da terra, arqueando as costas e escancarando suas mandíbulas. Cheia de energia, ergue-se ao máximo antes de arrebentar. Uma língua de água salgada projeta-se para o alto, mais do que quaisquer outras ondas, além da praia e dos rochedos íngremes. Pois esta onda não é como as outras. Ela ultrapassa as rochas e os precipícios e avança metros e metros terra adentro. Como o tentáculo de um polvo, tateia em busca do seu derradeiro alvo, onde personagens incautos não fazem a menor ideia do que está por vir.

O impacto é tamanho que as pessoas são derrubadas, ainda que a onda as tenha colhido abaixo nas canelas. Não fosse pelo que acaba de ocorrer, elas poderiam permanecer ali pelos próximos cinquenta anos sem a água sequer lhes molhar os pés. Mas aqui estão por um capricho, quando poderiam estar em casa vivendo seu cotidiano ordinário como qualquer um de nós.

A onda os varre para longe. Seria apenas uma história divertida para contar num almoço de domingo, não fosse pela torrente de água que volta para o mar sugando tudo que há pelo caminho. Mãos tentam desesperadamente agarrar-se a algo, mas tudo que encontram são pedras escorregadias ou cracas afiadas que lhes rasgam a pele. Talvez uma ou outra alga e um punhado de areia, mas de que adianta? A torrente assumiu o controle. A primeira sensação é de espanto, de olhares se encontrando por milésimos de segundos, de semblantes incrédulos tentando compreender qual a graça naquela piada. Mas logo eles percebem que é grave, o choque e o pânico percorrem seu corpo como uma corrente elétrica. Neste instante o cérebro passa a viver em várias dimensões. O tempo fica estático. A adrenalina é despejada e todos os sistemas de alerta do organismo entram em prontidão. O que deveria ser um inocente passeio pela orla durante o mau tempo, talvez para abrir o apetite antes do almoço, não demora a se transformar num ato final. Cai o pano e a vida deixa o palco, não como farsa, mas como uma comédia de costumes em ritmo acelerado.

O mar enrola a língua dentro da boca e trava os dentes. Na orla resta apenas uma leve camada de espuma. Na água, as pessoas tombam como se estivessem dentro de uma máquina de lavar roupas, até perderem o senso de direção. Talvez sejam arremessadas contra as pedras e percam a consciência antes de se afogarem, e mesmo assim continuam sendo jogadas para baixo e para cima. Talvez seus corpos nunca sejam encontrados. Desapareçam. Para sempre. A cada outono ou inverno, quando as tempestades golpeiam a costa da Noruega, ocorrem inúmeros incidentes como este.

Cai a noite e o mar segue trovejando a oeste. Enormes nuvens negras acercam-se de Skrova, cobrindo a lua. Falta luz e a escuridão é geral. Uma noite sem fim chega trazida pelo temporal e se abate sobre tudo e sobre todos.

19

Na manhã seguinte a procela diminui um pouco, mas a nossa pequena ilha continua ao sabor da ira das ondas revoltas. Segundo a previsão do tempo, serão vários dias até podermos sair ao mar novamente, então me recolho às leituras e apontamentos enquanto Hugo segue fazendo o trabalho de carpintaria na Casa Vermelha. Por sorte já concluiu o exterior e agora trabalha na parte interna da casa, com os fones de ouvido que costuma largar pelos lugares mais improváveis para em seguida se perguntar, irritadiço, onde os teria largado.

O mau tempo me dá a oportunidade de ler os livros que trouxe comigo. Escolho um de capa branca e lombada grossa, cuja primeira edição acaba de completar cem anos. Sei que o autor Olaus Magnus dissertou sobre os monstros exóticos que, a seu tempo, habitavam o mar, em especial entre a Noruega e a Islândia. Ele desenhou de próprio punho os monstros marinhos que cita em seu livro num mapa, a *Carta Marina*, de 1539.

Olaus Magnus era o nome latino do bispo católico sueco Olaf Månsson, de Linköping. Quando a Suécia se converteu ao protestantismo, ele precisou se exilar primeiro em Gdansk, na Polônia, e depois em Roma, onde trabalhou na *Carta Marina* e no seu épico tratado historiográfico sobre os povos setentrionais, publicado em 1555 sob as bênçãos do papa Júlio III. A narrativa é dividida em 22 livros e 778 capítulos. A edição sueca que possuo, condensada num volume de mil e cem páginas de letras miúdas, é um tesouro inesgotável. Olaus Magnus, humanista erudito de raro refinamento, bebia do conhecimento em todas as áreas, sobretudo nos clássicos da Antiguidade.

Obedecendo à tradição da época, a obra não deixa dúvidas a que vem, a começar pelo título: *História dos povos setentrionais, suas variadas tradições e circunstâncias, costumes, crendices e práticas religiosas, habilidades e ofícios, usos sociais e modos de vida, guerras, edificações e instrumentos, minas e pedreiras, prodígios, e de como vivem os animais ao norte e sua natureza. Uma obra de conteúdo variegado, repleta de extremo conhecimento, em parte iluminada com exemplos estrangeiros e em parte com gravuras domésticas, destinada a entreter e divertir em alta conta e satisfazer a mente do leitor.*[1]

Olaus Magnus deixou um legado significativo, que no decorrer do século seguinte foi vertido para o inglês, alemão, holandês e italiano. Seu propósito era

---

1   Traduzido por M. Strøksnes a partir da tradução sueca (o original está em latim): *Historia om de Nordiska Folken*. Michaelisgillet & Gidlunds förlag, 2010.

resumir todo o conhecimento que dissesse respeito ao norte europeu. Já no segundo livro ele começa a dissertar sobre «a grande quantidade de fenômenos prodigiosos que pertencem ao elemento hídrico, em especial ao infinito oceano que banha as ricas ilhas hiperbóreas da Noruega». Aqui o autor detém-se sobre os vulcões islandeses, onde se demoram espíritos e sombras de vítimas de afogamento ou de morte violenta. Seus espectros podem assumir feitios humanos de tal sorte que não podem ser distinguidos, embora evitem o aperto de mão quando encontram os viventes. Olaus Magnus também descreve os sons horripilantes que provêm de grutas praianas, o fedor do peixe seco, a curiosa natureza do gelo, os caiaques dos esquimós groenlandeses, as misteriosas ravinas das ilhas Féroe, as profundezas insondáveis da costa norueguesa e os cursos de água setentrionais da Suécia.

Trechos do livro de Magnus funcionam como uma leitura de apoio sobre os seres fantásticos ilustrados em detalhes na sua célebre *Carta Marina*, principalmente os monstros. Tal foi a fama da obra que, por volta de 1580, todas as cópias conhecidas já haviam desaparecido. Somente em 1886, um exemplar foi descoberto na biblioteca nacional de Munique, na Alemanha, e em 1962 mais um foi encontrado na biblioteca da universidade de Uppsala, na Suécia. Chega a doer só de pensar que esse tesouro poderia ter se perdido para sempre.

Olaus Magnus conduzia investigações sólidas nas viagens que fazia por terra e por mar, dentro e fora da Escandinávia. Se de fato esteve pessoalmente em visita às costas além-mar da Noruega, sobre as quais costuma discorrer bastante, não se sabe ao certo. Mas seu esforço é enciclopédico e muitas das descrições têm bases inequívocas em relatos de navegantes — e, em maior medida, em registros realizados pelos eruditos de então, por mais desconhecidos que fossem — acerca dos mais diversos fenômenos e seres de um habitat de «eterna e paradisíaca abundância».

A exemplo de outros sábios de seu tempo, Olaus Magnus acreditava que todos os animais terrestres têm sua contraparte marinha. Além disso, sustentava que vários animais misteriosos habitam exclusivamente o ambiente marinho e mais nenhum outro. O mesmo vale para as plantas: todas as que brotam na superfície, até as margaridas mais banais, têm seu duplo no oceano.

No mar existiriam, portanto, pássaros, plantas e mamíferos de variantes próprias. Águias, porcos, árvores, lobos, gafanhotos, cães, andorinhas... A lista é inesgotável. Certas criaturas crescem fornidas na aragem do vento sul, enquanto outras prosperam inspirando o vento norte.

Na *Carta Marina* estão ilustradas florestas, montanhas, cidades, habitantes e fauna da península escandinava e de regiões da Dinamarca, Islândia e ilhas Féroe, Orkney e Shetland. Nas florestas ocorrem lobos, cervos, renas, alces e outros animais bastante conhecidos. A vida animal ganha tintas de contos de fada nas Orkneys, onde patinhos nascem dos frutos de uma determinada árvore.[2]

Mas foram os desenhos detalhados e realistas dos monstros que habitam as águas entre esses países os responsáveis pela fama da *Carta Marina* de Olaus Magnus. Os setores mais a norte e oeste do mapa, onde dominam as águas, são ilustrados por uma série de bestas marinhas, cada uma mais impressionante que a outra. Algumas têm olhos diabólicos cor de brasa e maxilares com presas. Outras são capazes de engolir navios enormes dado o seu tamanho agigantado e sua natureza maligna. Olaus Magnus as descreve em detalhes. Ocorre de marinheiros incautos aportarem no dorso de tais bestas, onde acendem fogueiras para cozinhar, acreditando que estão em terra firme. O calor da fogueira obviamente desperta a criatura medonha, que mergulha de surpresa, arrastando os homens para as profundezas.

A obra traz ainda peixes-voadores gigantes e cavalos-marinhos grandes como bois, além de unicórnios,

---

2   A origem desta história é um clérigo galês de nome Giraldus Cambrensis (1146-1223), que teria visto aves semelhantes a gansos eclodindo de frutas numa árvore próximo ao mar da Irlanda.

vacas, rinocerontes, lebres venenosas e ratazanas, todos marinhos. E também um polvo que com uma de suas dez garras pode arrancar um homem do convés do navio e carregá-lo para as profundezas, onde sua família espera por comida.

A vida não devia ser fácil para os marinheiros no tempo de Olaus Magnus. Aqueles que punham as mãos em cópias do mapa, sendo ou não versados no latim para ler os textos, certamente ficavam apavorados. Já sabiam dos perigos do mar o bastante para ter cautela, mas o fantástico catálogo do erudito Magnus superava qualquer relato que tivessem ouvido numa taverna pulguenta próximo a um porto qualquer. Não era de admirar se algum deles procurasse trabalho em terra depois disso.

O que você faria se topasse pela frente com *Ziphius*, que no mapa é retratado próximo às ilhas Féroe? Este monstro gigante tem cara de coruja e um bico recurvado aterrorizante. Sua nadadeira dorsal serve para serrar um furo na parte de baixo do casco dos navios, por onde enfia o bico e devora a tripulação.

E que tal o porco marinho peludo? Parece um suíno agigantado, mas tem quatro pés de dragão, dois olhos de ambos os lados do corpo e outro na barriga, próximo ao umbigo. Costuma andar acompanhado do seu «irmão mais velho», o bezerro marinho. Sozinho, cada um já é suficientemente diabólico, mas quando aparecem juntos seu nível de malignidade alcança novos patamares. Definitivamente, duas das piores aberrações possíveis de encontrar.

Um porco do mar foi observado no «oceano alemão» em 1537, escreveu Olaus Magnus, incitando o Vaticano a pôr em marcha uma investigação para estudar possíveis significados dessa visagem. De acordo com uma comissão papal, a aparição não poderia jamais ser indício de boa fortuna. Os eruditos da Santa Sé concluíram que o porco do mar — não os relatos sobre ele, mas o animal em si —, com seus atributos físicos pervertidos, simbolizava uma distorção da verdade.

O livro contém vários conselhos práticos para os marinheiros. Olaus Magnus escreve que alguns monstros se mantêm ao largo quando se assopram as trombetas de guerra. Vale, por exemplo, para o «esguichador» (*Physeter*), isto é, o cachalote, que pode fazer jorrar quantidades imensas de água que, na pior das hipóteses, afundam até as naus mais poderosas. O toque da trombeta o atormenta de tal modo que ele «voa» para as profundezas insondáveis, diz Magnus, citando autoridades gregas e romanas em geografia e história natural, como Estrabão e Plínio, o Velho. Recomenda-se aos navegantes que atirem barris e tonéis aos monstros marinhos, pois é possível que desistam de atacar e passem a brincar com os objetos. Caso não surta efeito, sempre se pode recorrer às catapultas e canhões como derradeira recurso. Uma simples salva de canhões pode assustá-los.

Navios podem ser alvo até de aves, mais especificamente de um tipo de codorna que pousa nos mastros e velas em tamanha quantidade que até as embarcações mais robustas afundam com o peso. Nesses casos, é melhor a tripulação acender tochas. Aliás, nem todos os peixes perigosos são tão imensos. Existe um peixe de apenas quinze centímetros de comprimento chamado *echeneis,* em grego, e rêmora, em latim. «Gruda-barco» seria o termo mais vernacular. Como o próprio nome indica, ele adere ao casco do navio e lá permanece. Soprem todos os ventos, joguem todas as ondas, mas a embarcação ficará imóvel como se tivesse fincado raízes ao mar. Olaus Magnus recebeu essa informação de Isadora de Sevilha (c. 560-636), mas também Santo Ambrósio, de Milão (c. 337-397), o menciona e considera o gruda-barco um «bicho marinho sórdido e desgraçado».[3]

«O homem é ameaçado de inimigos por todas os lados», escreve Olaus Magnus, e prossegue descrevendo

---

[3] Durante a batalha de Actium, as criaturas teriam se agarrado à nau capitânia do almirante Marco Antônio, facilitando o ataque relâmpago desferido por Gaio Otávio (mais tarde imperador Augusto). Em outra ocasião, detiveram um navio com quatrocentos remadores. Além disso, eram fatais se ingeridas. Olaus Magnus, Livro 21, cap. 32.

cada criatura mais hedionda que a outra. Suas feições podem ser leoninas ou humanas. Algumas, como o calamar, paralisam as mãos dos pescadores que as tocam. Caso os pescadores capturem-nas nas redes ou anzóis e não as devolvam ao mar, sofrerão as agruras de tempestades iminentes, que deixarão o navio à deriva. Elas também prenunciam rebeliões ou guerras em terra firme, ou a morte súbita de algum soberano.

No topo do mapa, ao norte da Groenlândia, uma criatura com feições de dragão ergue sua cabeça para fora de água. Tritões têm corpos humanos, mas não caudas de peixe como sereias. Podem cantar num tom agudo e triste e subir a bordo de navios na calada da noite, e então a embarcação estará em sérios apuros, escreve Magnus. Onde estiver fará o navio adernar e correr o risco de ir a pique. De «fidedignos pescadores noruegueses» Olaus Magnus escutou que, na infelicidade de algum tritão ser fisgado, a linha deve ser cortada imediatamente, do contrário estará aberta a porteira do inferno. Irromperá uma tempestade tão severa que fará o céu desabar. É possível também que outros tritões e monstros marinhos pressintam o cheiro do perigo e surjam de todas as direções com suas faces odiosas. Só por muita sorte os marinheiros escaparão vivos.[4]

4   Joseph Nigg: *Sea Monsters. The Lore and Legacy of Olaus Magnus's Marine Map.* Ivy Press, 2013.

Olaus Magnus era um homem refinado e culto. Sua obra dá uma dimensão panorâmica dos costumes e fenômenos da Europa setentrional, os quais são descritos com precisão. Mas seu raciocínio é diferente do nosso, e sua visão de mundo é inteiramente diferente. O título do oitavo capítulo do livro 21, por exemplo, é: «Sobre a inimizade e a amizade entre determinados peixes». Aqui, como em tantos outros trechos, Magnus deixa evidente que os peixes não são dotados apenas de consciência, mas também de vontade, moral e cultura. Alguns vivem em harmonia com os demais, como as *baleanopteras*. Outros são extremamente sociáveis e vivem em cardumes de muitos indivíduos. Mas até mesmo o arenque e outros peixes gregários têm um líder para lhes mostrar o caminho, exatamente como nós, humanos.

Entre os peixes há também os solitários, prossegue Magnus. Sim, pois para alguns é puramente «impossível conviver em coletividade», de tal sorte que levam uma vida inteira hostilizando os demais. O tubarão-da--groenlândia definitivamente pertence a essa categoria. Algumas espécies, como a lagosta, perfilam-se em tropas de grandes exércitos quando irrompe a guerra entre as nações lagosteiras no fundo do mar.

Olaus Magnus era versado em todas as autoridades intelectuais do Medievo e as cita com propriedade. Santo Ambrósio, por exemplo, dizia que todos os animais, da terra ou do mar, têm ao menos uma virtude que os homens fariam bem em imitar. Em vários trechos, como no capítulo intitulado «Uma bela comparação entre peixes e homens»,[5] aborda-se o amor filial que alguns peixes demonstram. A usura é um sentimento desconhecido para a maioria dos peixes, que jamais se ocupam de posses e dinheiro. Ora, pois, a história de Jonas e a baleia não demonstra quão pios são os seres do mar? Jonas foi expulso pelos homens, mas os peixes o receberam de bom grado. Os leitores de Olaus Magnus compreendiam que a história de Jonas ilustrava a morte e a ressurreição de Cristo. Jesus não salvou apenas a terra, mas também o mar, escreve ele.

Nenhum tema merece descrição mais dramática que o trecho do mar onde Hugo e eu passamos boa parte do tempo à deriva num barquinho de borracha para capturar um tubarão-da-groenlândia. «À costa da Noruega, ou pelo mar que a circunda, ocorrem peixes assombrosos que não possuem nome. Acredita-se que sejam baleias. Sua selvageria fica aparente ao primeiro encontro, pois instilam medo e terror em todos quantos os veem. Eles têm feições horríveis com suas cabeçorras quadradas, cobertas de protuberâncias e espinhos pontiagudos e emolduradas por chifres compridos que

---

[5] Olaus Magnus. Op. cit. Livro 21, cap. 41.

sobressaem como a raiz nodosa de uma árvore adulta... Quando se faz escuro, o pescador pode a longa distância divisar-lhes os olhos acesos encimando as ondas como uma chama ardendo».[6] Além disso, a criatura teria pelos semelhantes a plumas de ganso, densos e compridos, que também podem lembrar uma barba dependurada. Mesmo grande, a cabeça é proporcionalmente pequena se comparada ao resto do corpo, escreve Magnus, acrescentando que essa criatura ainda pode com grande facilidade vergar e afundar os maiores navios tripulados pelos homens mais fortes.

O livro fabuloso de Olaus Magnus fica ainda mais interessante para nós quando versa sobre os tubarões, ou «mastins do mar», como alguns os chamavam — mas não na Noruega, onde são conhecidos por *haa-fisk* («peixe-tubarão»). No capítulo «Da crueldade de alguns peixes e da bondade de outros»,[7] Magnus comenta uma cena do mapa. A iluminura traz um homem sendo atacado por tubarões a sudoeste da cidade de Stavanger. Contudo, um dos peixes bons, mais precisamente uma raia, vem em seu socorro. Magnus explica que os tubarões atacarão em grupos numerosos e com ferocidade extraordinária. Valendo-se do próprio peso, podem

[6] Ibid. Livro 21, cap. 41, p. 987-988.
[7] Ibid. Livro 21, cap. 35.

arrastar pessoas para as profundezas e lá devorar suas carnes macias, mas uma raia intervém e põe um fim em tais «maus tratos». A raia revida com fúria e protege o homem até que se afaste nadando ou, caso tenha morrido, até que seu corpo flutue quando o mar «purgar-se».

Os tubarões nadam à espreita das embarcações, com sua maldade inata para capturar pessoas. Comem narizes, dedos dos pés e das mãos e órgãos sexuais, mas têm especial atração por tudo que é branco no corpo humano. Seria esta a primeira, ainda que nada confiável, descrição dum ataque de um tubarão-da-groenlândia a um ser humano, dando fundamento, portanto, às especulações de Hugo sobre o tema?

Olaus Magnus cita o erudito Albertus Magnus (c. 1195-1280), segundo quem os golfinhos sempre cuidam de levar para a praia vítimas de afogamento — desde que jamais tenham comido carne desses cetáceos. Ainda no século v a.C., Heródoto menciona um poeta e músico de nome Árion, atirado ao mar do barco que devia conduzi-lo para casa porque os marinheiros queriam roubar a recompensa que recebera pelos prêmios vencidos com suas exibições. Antes, porém, deixam-no realizar um último desejo: cantar uma canção. É assim que ele invoca os golfinhos que o trazem são e salvo para a terra.

Talvez Olaus Magnus tenha conhecido na Itália a famosa escultura em mármore do seu contemporâneo

Lorenzetto, *Garoto montado num golfinho* (atualmente exposta no Museu Hermitage, em São Petersburgo). A escultura mostra um menino nu adormecido, com os braços pendendo sobre o dorso de um golfinho saltando sobre a água. O golfinho, pouco maior que o garoto, tem uma expressão determinada. Ele sabe, assim como nós, observadores, que encarna a bondade e precisa salvar a criança em perigo.

Olaus Magnus explica que monstros antigos e novos são mais frequentemente descobertos longe da Noruega, devido à grande profundidade do mar na região. Apesar de todos os perigos que os rodeiam, os pescadores do norte norueguês ousam lançar-se ao extremo oceano, onde constantemente deparam com as feras mais atrozes.

Não muito longe da área onde Hugo e eu navegamos, logo ao sul das Lofoten, habita aquela que talvez seja a criatura mais espetacular de todas: uma serpente marinha escarlate de pelo menos sessenta metros de comprimento. No mapa ela está enrolada em volta de uma grande caravela e carrega um homem entre os dentes.[8]

---

[8] Talvez a «grande serpente» ou «dragão», da forma como os pescadores noruegueses contaram a Olaus Magnus, tenha sido inspirada na serpente de Midgard. Segundo a mitologia norrena, Odin expulsou Jörmundgandr de Åsgård para o fundo do mar, onde ela cresceu a tal ponto que envolveu a Terra inteira, assim

A descrição que Olaus Magnus fez dessa besta popularizou-se pelos séculos seguintes, o que fica evidente na leitura de *Norges naturhistorie* [História natural da Noruega] (1752), de autoria do bispo Erik Pontoppidan, de Bergen. Ele discorre e argumenta sobre uma série de *monstris marinis*. As provas de que existiam de fato, inclusive relatos de testemunhas oculares, várias delas pescadores do norte norueguês, eram avassaladoras.[9] A Pontoppidan não resta outra alternativa senão concluir que de fato existem — assim como as serpentes gigantes da Etiópia e de outras terras africanas, répteis que, de acordo com relatos, podem devorar elefantes inteiros depois de derrubá-los enrolando-se nas suas pernas.

Olaus Magnus discorre também sobre o Kraken, o polvo gigante mitológico que se supunha viver na costa

como o Okeanos da mitologia grega antiga. Segundo o Edda poético, Tor a fisgou numa ocasião em que pescava e, quando sobrevier o Ragnarok, o deus do trovão e a serpente gigante travarão uma batalha em que ambos perecerão.

9 O título completo é: Det første Forsøg paa Norges Naturlige Historie, forestillende *Dette Kongerigets Luft, Grund, Tjelde, Vande, Vækster, Metaller, Mineraler, Steen-Arter, Dyr, Fugle, Fiske, og omsider Indbyggernes Naturel, samt Sædvaner og Levemaade. Oplyst med Kobberstykker. Den vise og almæktige Skaber til Ære, såvel som Hans fornuftige Creature til videre Eftertankes Anledning.* Volume II, Copenhague, 1753 (Facsímile, Copenhague, 1977), p. 318-340.

norueguesa. Os islandeses o chamavam «hafgufa». Para atestar a existência da criatura, Magnus recorre ao arcebispo de Nidaros (hoje Trondheim), Erik Valkendorf, que «no ano da graça de 1520» escreveu sobre o monstro numa missiva ao papa Leão x. A descrição que Pontoppidan faz, dois séculos depois, não é mais detalhada. Ele alega que existe um Kraken que pode medir uma milha inglesa [1,6 quilômetro] de comprimento, com cornos tão grandes quanto mastros de navios e a capacidade de atrair peixes para dentro da boca exalando um odor característico. Quando mergulha, o movimento da água absorve tudo em volta. O «Kraken», também chamado de «Krabben» [Caranguejo] ou «Horven» [Rastelo] é «indubitavelmente o maior monstro marinho do mundo», segundo Pontoppidan.[10]

Na Idade Média acreditava-se que existiriam sereias e tritões no mar da Groenlândia.[11] Cinco séculos de-

---

10   Ibid., p. 343.

11   «Kongespeilet« [«O espelho real«] (autor desconhecido), de meados do século xi, é considerada a obra mais importante do Medievo norueguês. No livro, um pai conta a seu filho sobre tudo que há no mundo. No mar da Groenlândia, diz o pai, existem tanto sereias como feiticeiros marinhos chamados *havstramb* (tritões). "Sempre que são avistados, as pessoas se convencem que já virão as tempestades... Acaso tornem na direção de um navio e submerjam, é vã a esperança de que a tripulação seja poupada, pois as ondas tremendas e a tormen-

pois, eles parecem ter migrado para mais perto da costa norueguesa, a crer em Pontoppidan. O antigo bispo de Bergen refere várias testemunhas oculares fidedignas que avistaram tais criaturas no Skagerrak, o mar que separa a Dinamarca da Noruega.

Um desses relatos veio da parte de um alcaide dinamarquês que tinha por nome Andeas Bussæus, depois de tripulantes de uma balsa afirmarem ter visto um *havmann* [homem do mar] e a notícia ter causado tal comoção a ponto de ser necessária uma investigação oficial. O tritão seria entrado em anos porém forte e espadaúdo. A cabeça era pequena, os olhos miúdos, o cabelo encaracolado à altura das orelhas. Ele era esbelto, tinha os traços do rosto cinzelados e barba curta, aparentemente recém-aparada. Da cintura para baixo era lustroso como um peixe. Vinte anos antes, a testemunha Peter Gunnersen viu uma *margyg* [sereia] de cabelos longos e volumosos e, talvez mais importante, seios incrivelmente fartos.[12]

Nas Lofoten de outrora também havia imagens de tritões bem próximas das descrições de Olaus Magnus e Pontoppidan, com torso de homem e cauda de peixe. Os *marmæler* em geral eram bem menores que o *draugen*,

---

ta inclemente estarão a caminho". De norske Bokklubbene, 2000, p. 52-53.

12   Pontoppidan. Op. cit. Volume II, p. 317.

e o menor deles não tinha mais que alguns centímetros de comprimento.[13]

A *História natural* de Pontoppidan é ilustrada com técnicas avançadas e calcografias hiper-realistas de animais, pássaros, insetos e peixes da Noruega — duas delas mostram uma serpente gigante em via de afundar um navio. A obra de Pontoppidan é marcadamente iluminista, pois o autor era um racionalista empedernido cujo propósito era separar crenças, superstições e fábulas da verdade factual. Por um lado, ninguém pode refutar a afirmação de que o mar está repleto de coisas invulgares e fabulosas. Por outro, Pontoppidan não queria ser tomado por ingênuo. Os marinheiros que serviam como fonte dessas histórias podem muito bem tê-las inventado ou exagerado em seus relatos de primeira mão, que por sua vez podem ter sido distorcidos por terceiros.

Pontoppidan era cético quanto à história do tritão que teria sido feito prisioneiro durante uma semana por pescadores no condado de Hordaland, na costa oeste da Noruega, e cantado uma cantiga de troça para o rei Hjorleif. Tampouco dava azo ao relato da sereia que se chamava Isbrandt e travava longas conversas com um fazendeiro dinamarquês da ilha de Samsø. Mesmo

---

13   Bjørn Tore Pedersen. Op. cit., p. 109-110.

considerando as notícias sobre tritões e sereias exageradas e fantasiosas, Pontopiddan acreditava na existência desses seres, a exemplo de cavalos, vacas, lobos, cães e outras criaturas marinhas também relacionadas por Olaus Magnus.

A *Carta Marina* é muito provavelmente uma tentativa de recontar a realidade do modo como a percebiam Olaus Magnus e seus informantes, desde escritores da Antiguidade até pescadores do extremo norte norueguês. Contudo, não é possível descartar a hipótese de que os pescadores estivessem caçoando do bispo erudito acompanhado de um intérprete inexperiente, que se achegara para lhes interrogar sobre toda sorte de acontecimentos. É provável que tenham exagerado em alguma coisa, mas não em todas.

Grandes cartógrafos, como Sebastian Münster (1488-1552) e Abraham Ortelius (1527-1598), foram quase tão generosos nas ilustrações que fizeram de monstros marinhos. Até o próprio Hans Egede (1686-1758), conhecido como apóstolo da Groenlândia, anotou relatos de testemunhas que não ficam a dever aos desenhos da *Carta Marina*. Egede, aliás, foi pastor plenipotenciário do distrito de Vågan, onde fica Skrova, de 1707 a 1718.

Em 1892, o zoólogo e entomologista holandês Antoon C. Oudemans fez publicar uma monografia crítica sobre a grande cobra marinha norueguesa e listou mais de trezentas fontes escritas que aludiam ao monstro. Foi Olaus Magnus quem deu o pontapé inicial, mas a crença nesse animal fantástico ainda prosperava no final do século XVIII. Numa obra muito bem fundamentada, Oudeman revela que certos avistamentos não passavam de pura fraude. O trabalho do holandês feriu de morte, do ponto de vista científico, a existência da criatura, mas o próprio autor contribuiu para confundir os leitores, garantindo que várias testemunhas teriam avistado uma serpente marinha gigante (*Megophias megophias*), que nem mesmo era real.[14]

Tanto Olaus Magnus como Pontopiddan e Hans Egede viveram numa época em que se sabia muito pouco sobre baleias e outros animais das profundezas, e antes de a ciência moderna ter estabelecido os princípios para classificar a vida na Terra. Não deixa de ser irônico constatar que muitas das formas de vida que a biologia documentou hoje são ainda mais improváveis do que Olaus Magnus poderia supor.

Em algum lugar Magnus cita os «pólipos», criaturas «de muitos pés», mais precisamente oito deles, repletos de ventosas. Quatro são mais compridos (de fato, o

---

14   A. C. Oudemans: *The Great Sea-Serpent. An Historical and Critical Treatise.* Leiden/Londres, 1892.

polvo tem dois tentáculos muito maiores que os demais seis). Em suas costas, há um «cano» do qual sai e entra água, não têm sangue, vivem em locas no fundo do mar e mudam de cor a depender de seu entorno.[15]

Essa descrição sóbria e detalhada de um polvo não fica a dever ao que sabemos por meio da ciência contemporânea. O que faz, por exemplo, o polvo-vampiro (*Vampyroteuthis infernalis*) quando é atacado nas profundezas abissais? Como o escuro ali já é total, de nada adianta excretar algum tipo de tinta, mas o polvo-vampiro tem mais cartas escondidas nas suas oito mangas. Ele morde um dos seus braços, que sai flutuando pela água com suas luzinhas piscando. A manobra distrai o agressor e dá ao polvo-vampiro a oportunidade de que precisa para escapar. O molusco, que vive a mil e quinhentos metros de profundidade, recebeu esse nome por causa dos olhos, os maiores do reino animal em proporção ao corpo. Em geral são olhos azul-claros, que por um átimo de segundo podem adquirir um tom vermelho-sangue, como num efeito especial típico de filmes de baixo orçamento.

Olaus Magnus diz que o voraz *håfisk*, ou tubarão, pode comer partes de si mesmo se preciso for. Algumas espécies de cefalópodes podem de fato se alimentar do

---

15   Olaus Magnus. Op. cit. Livro 21, cap. 34.

próprio braço, que voltará a crescer. Ainda mais impressionante é o fato de que muitas espécies de polvo expelem um jorro de tinta que assume a mesma conformação do seu corpo, em algumas ocasiões até com partículas brilhantes. Já ouvimos falar de seres humanos com características parecidas. Eles vivem no universo das revistas em quadrinhos e se chamam super-heróis.

Um polvo descoberto na Indonésia em 2005 é capaz de assumir a mesma forma do linguado, de uma serpente marinha, diferentes tipos de peixe e quase tudo mais que encontre pela frente. Além disso, a maior parte dos cefalópodes pode instantaneamente mudar as cores e os padrões do próprio corpo para se mimetizar com o ambiente. As espécies que habitam as profundezas são invisíveis de baixo e também de cima.

Seus braços ou tentáculos podem se lançar como um projétil, mais rápidos do que o olho humano pode acompanhar. Cada braço é como uma língua comprida com ventosas poderosas, dotadas de receptores químicos que funcionam como papilas, enquanto uma fina malha de fibras nervosas os faz extremamente sensíveis.

Alguns cefalópodes podem nadar a uma velocidade de até quarenta quilômetros por horas. Eles têm sangue azul, três corações, um cérebro em cada braço e neurônios iguais aos nossos, mas não sabemos se em algum momento precisam dormir. Que são seres inteligentes não há dúvida. Podem reconhecer símbolos facilmente[16] e crescer até alcançar tamanhos enormes.

Até hoje, apenas dois exemplares intactos da lula colossal (*Mesonychoteuthis hamiltoni*), a mais pesada do mundo, foram examinados. A lula colossal vive apenas nas grandes profundezas da Antártida e das áreas vizinhas, pouco aprendemos sobre ela desde os tempos de Olaus Magnus. Ele pode ter exagerado em relação ao tamanho e à agressividade dos monstros marinhos. Cefalópodes não chegam ao tamanho de um navio, mas na realidade possuem características ainda mais extravagantes que as documentadas por Olaus Magnus. A propósito, o resgate de vítimas de afogamento por golfinhos é fato muito bem comprovado.

---

16   Se for submetido a um teste de múltipla escolha em que haja um caranguejo escondido numa de cinco caixas assinaladas com símbolos diferentes, o polvo rapidamente reconhecerá o símbolo associado àquela determinada caixa. Se o caranguejo for colocado em outra caixa, o polvo perceberá que a designação foi alterada. Wendy Williams: *Kraken: The Curious, Exciting, and Slightly Disturbing Science of Squid*. Abrams, 2010, p. 154-158.

20

Depois de quatro dias o tempo amainou. Ponho os livros de lado e deixo meu gabinete improvisado na Aasjorbruket. A borrasca deixou atrás de si um mundo úmido e desbotado, de tons grises quase transparentes. A paisagem e os prédios perderam seus contornos, enquanto o mar, desajeitado e sem vida, parece drenado de suas forças depois da devastação dos últimos dias. Até os peixes que consigo avistar do cais nadam com movimentos desmazelados, sobretudo na falta de algo melhor para fazer.

Envolto por uma bruma cinza e modorrenta, o mar vai e vem pelo Vestfjorden. A maré traz ondas de sul a norte e chega aos pés do farol e Skrova duas vezes por dia, quando as formidáveis correntes do Atlântico fluem para o Ártico e elevam o nível das águas nos fiordes. Poderíamos zarpar agora, mas preciso voltar para Oslo.

Hugo e eu já começamos a planejar a pescaria do inverno. Vamos conseguir uns bacorinhos natimortos ou malformados numa porciúncula em Steigen. E então pegaremos um tubarão-da-groenlândia, dizemos um ao outro e nos despedimos. Será que notei uma pontada de desconfiança no olhar dele?

Não, é só impressão. No nosso íntimo ainda sentimos o mesmo chamado de antes. O fracasso até aqui é suficiente para fortalecer nossa determinação. Uma hélice que não para de girar e um ruído incessante. Dois homens num pequeno bote jamais certos do que encontrarão no fundo do mar e trarão para a superfície, sob o brilho de estrelas derretidas e de um luar eletrizante, onde as ondas da maré-cheia investem contra as ilhas como um rebanho em disparada e sob o escrutínio tresloucado do olho do farol.

21

Da outra vez em que retorno ao norte, como sempre atraído pela perspectiva ancestral de aventuras, pela possibilidade de capturar o tubarão e por outras aventuras que mal podemos sonhar em terra firme, já é começo de março. Faço o trecho Berlim-Oslo-Bodø de avião e de lá tomo o barco expresso até Skrova. Em Brennsund e Helnessund, colunas de fumaça sobem lentamente pelas chaminés através do ar congelado do ártico.

Faz um frio excepcional. O inverno na costa costuma ser úmido e rigoroso, mas raramente frio como está. A cada dia a corrente do golfo transporta para a Europa o mesmo calor produzido pelo consumo mundial de carvão ao longo de uma década. As Lofoten estão bem mais ao norte do que a capital da Groenlândia, Nuuk, mas no arquipélago a temperatura média é cerca de dez graus mais quente, durante o ano inteiro. Sem a Corrente do Golfo, a costa norueguesa seria um continuum de gelo e neve, interrompido por breves verões árticos.

No jornal local leio que mais de uma centena de ovelhas selvagens foram mortas pela ressaca. Estavam nas rochas rente à orla, próximo à ilha de Burøya. A lã dos animais se cobriu de gelo e a maré subiu de repente, nada que uma ovelha pudesse prever. Não tiveram a menor chance. Cento e quatro ovelhas não estão mais entre nós, apenas três sobreviveram. O que diabos foram fazer ali, afinal?

Hugo teve uma noite difícil. Passou o dia anterior preparando um assoalho com soda cáustica. Mas faz quinze graus negativos, um frio absolutamente incomum em Skrova, e a água congelou nos canos. Para enxaguar a soda do piso, precisou buscar água salgada no mar. O resultado é visível na ponta dos dedos, nas unhas rachadas e parcialmente dissolvidas. Apesar disso, e de ter contraído uma gripe, continua sendo o velho Hugo otimista de sempre. Houve uma sucessão de problemas com o financiamento necessário para transformar a Aasjorbruket numa galeria, restaurante, bar e pousada. As obras foram suspensas, mas isso não o parece abalar. Pergunto-lhe como vai o estômago. Ele limita-se a revirar os olhos e me leva pela estação para mostrar o que ele e Mette fizeram desde a minha derradeira visita. Não foi pouco. Ele avançou bastante na reforma da Casa Vermelha. Além disso, fez muita coisa na estação em si. O mais notável foi a limpeza que fizeram no galpão de secagem de peixes, no depósito de material de pesca e no vão do prédio principal. Tudo que havia de bugigangas e sucata não está mais lá, pois haverá uma festa na Aasjordbruket em cerca de uma semana. Hugo construiu um bar feito da madeira de caixotes de peixes em que estão gravados os nomes de fábricas e peixarias desde Vardø, no extremo norte, a Ålesund, no sul.

Durante este inverno eles também passaram uma boa temporada em Steigen, onde Hugo pintou várias marinhas. Uma delas, de sete metros de comprimento, vai decorar a parede da biblioteca da recém-inaugurada casa de cultura de Bodø, Stormen [Tempestade]. Duas outras são, por assim dizer, inspiradas no tubarão-da-groenlândia. Falando em tempestade: o furacão *Ole* abateu-se sobre Skrova e derrubou um armazém inteiro no mar. Ele apareceu flutuando defronte à Aasjorbruket. A maré estava tão alta que Hugo precisou retirar algumas tábuas para deixar a água *entrar* na estação, do contrário a pressão sob o assoalho do prédio poderia ter causado danos ainda mais graves — no pior dos casos, levantando a construção e deixando-a ao sabor das ondas. Se a estação não tivesse sido restaurada e ainda repousasse sobre palafitas podres e instáveis, tampouco teria resistido à inclemência dos ventos.

Depois que me deixa a par das novidades, pergunto-lhe, como da última vez:

— E fora isso? Como passou o tempo?

— Fora isso?!

Desta vez deixo a máscara cair e não consigo segurar o riso.

— E quanto a você? — ele pergunta.

— Sabe como é, a correria de sempre da cidade grande: aquela neve imunda, café com leite em copos descartáveis, peixe empanado e hambúrgueres para o almoço, colecionando tíquetes de estacionamento e estresse — respondo.

Hugo ri. Não tem nada contra cidades grandes, desde que não precise mudar de vez para uma. Em tese, ele poderia muito bem estacionar seus barcos na badalada vizinhança do cais de Aker Brygge, em Oslo, mas, pensando bem, melhor não.

Avançamos para um assunto mais relevante. Vimos as notícias sobre dois tubarões-da-groenlândia enormes que foram pescados em Andenes e na costa oeste da Noruega. Um dinamarquês fisgou um *håkjerring* de 880 quilos — com caniço! Um sueco conseguiu fisgar um de 560 — num caiaque! O pescador contou aos jornalistas que desde pequeno sonhava em pegar um peixe daqueles.

— E o que tem isso de tão especial? — Hugo quer saber.

— Quando o dinamarquês finalmente içou o bicho para a superfície, começou a chorar e comparou a sensação a uma epifania religiosa. Ele estava assessorado por mergulhadores com câmeras subaquáticas, barco de escolta e helicóptero para documentar a captura. Meio ridículo, não?

Hugo limita-se a resmungar. A notícia sobre um dinamarquês endinheirado e obcecado com um tubarão não é coisa que vá tomar o tempo de Hugo. Muito menos o meu. Mas as notícias dizem também que capturaram um tubarão-da-groenlândia de cerca de 1.100 quilos num dos profundos fiordes ao redor de Stavanger. A julgar pelas fotos e pelo nosso conhecimento da anatomia do bicho, temos sérias dúvidas da veracidade da informação. Não compreendemos o porquê de tanta gabolice inútil, sobretudo quando há olhos treinados como os nossos para detectar eventuais fraudes.

O filme publicado na internet mostra de toda forma um peixe entorpecido, quase comatoso. Elaboro uma nova teoria sobre o porquê. Devido à rápida ascensão à superfície, o sangue enche-se de bolhas de nitrogênio. O tubarão deve estar sofrendo de algum mal de descompressão, o mesmo que acomete mergulhadores. Hugo desconfia da minha hipótese. Além disso, garante que os dois sujeitos que o capturaram em Stavanger não sabiam direito o que estavam fazendo. Um deles até se jogou na água para nadar ao lado do animal.

— Se o tubarão voltasse a si bruscamente, e nós sabemos que seria bem possível, o cara ia tomar um baita susto, e possivelmente seria o último da vida dele — observa Hugo.

Ele acabara de assistir a um programa na TV em que tubarões-da-groenlândia arrancam grandes bocados de uma carcaça de baleia no fundo do oceano. Eles mordem e giram o corpanzil até a gordura se soltar, quase como faz um crocodilo. Eu acrescento uma nota de rodapé sobre o tubarão-charuto, que espreita as águas ao redor de Cuba. Ele rapidamente acelera do fundo, abocanha a barriga de um golfinho, baleia ou tubarão, e em seguida rota o corpo. Os pesquisadores passaram décadas quebrando a cabeça para descobrir o que causava aquelas cicatrizes em formato de orifícios perfeitos, até finalmente alguém registrar o ataque em vídeo.

Hugo encontrou novas informações na internet sugerindo que o tubarão-da-groenlândia pode atacar humanos. O osso de um pé humano foi encontrado no estômago de um tubarão-da-groenlândia na ilhota de Pond, na costa nordeste do Canadá, em 1856. Claro está que o pé poderia pertencer a um pescador que se afogou, a um passageiro ou tripulante de um navio que foi a pique, ou a alguém que se suicidou ou foi assassinado — ou seja, a qualquer pessoa que tenha morrido antes de cair no mar —, mas quem poderia garantir? Antigas lendas inuítes dão conta desses animais investindo contra caiaques.

Um encontro notável entre um tubarão-da-groenlândia e um humano ocorreu na região de Kuummiut, no leste da Groenlândia, em 2003. A tripulação da traineira islandesa «Eiríkur Rauði» vadeava em águas rasas fervilhando de entranhas e sangue de peixes, quando da ponte o capitão percebeu a nadadeira dorsal do predador aproximando-se. Sigurður Pétursson, alcunhado «Homem de Gelo» por sua proverbial coragem, atirou-se ao mar e arrastou o tubarão até a praia, onde o matou a golpes de canivete. O bravo capitão depois afirmou que temia pela sua tripulação, mas o incidente pode ser mais adequadamente classificado como um ataque de um homem a um tubarão, e não o contrário.[1]

A bem da precisão, é preciso lembrar que o tubarão-da-groenlândia não tem exatamente um paladar refinado, e é inteiramente capaz de comer uma pessoa, basta lhe surgir a oportunidade.

A noite cai e o ar lá fora está frio e límpido, e assim tudo parece aumentar de tamanho. Uma fina névoa, ou «farinha», como diria meu avô, cobre a paisagem congelada. O céu tingiu-se de azul profundo, mas, no horizonte a oeste, na direção das montanhas as cores variam numa gradação que vai do amarelo ao vermelho e ao lilás. Nos picos mais altos, a luz do sol mal é visível e lembra o reflexo de um incêndio longínquo.

Afora isso, a luz é azul. Até a neve parece ser azul.

Esta luminosidade intensa, ainda que paradoxalmente contida, é típica do inverno e facilmente reconhecível

---

[1] *National Post*, 2 de novembro de 2003. Scott Stinson: «Skipper Uses Knife To Kill 600-kilo Shark».

nos óleos sobre tela de Hugo. Ele é um artista abstrato que retrata o lado sombrio do seu ambiente e deixa quase irreconhecível, ou melhor, hiper-reconhecível, tudo que o olho consegue captar.

Para o jantar teremos línguas de bacalhau fritas com vegetais crus e um molho de creme azedo feito com um ingrediente secreto de Hugo: uma mistura de caril. Algumas línguas são do tamanho de almôndegas, e os peixes que até há pouco as mantinham dentro da boca deviam pesar uns trinta quilos. A avó de Hugo costumava prepará-las com molho branco. As traumáticas lembranças da avó cozinhando línguas de bacalhau até hoje lhe perseguem.

Durante a refeição, conversamos sobre a temporada de pesca que movimenta a ilha de Skrova inteira. No mar em torno de Senja e das Vesterålen, onde os bacalhaus fazem sua primeira escala descendo pelo mar de Barents, os pescadores reportam quantidades recordes do pescado. Agora mesmo há cardumes incomensuráveis rondando as Lofoten, e a pesca em Skrova é provavelmente melhor do que em qualquer outra parte do mundo — e isso não é história de pescador.

Os bacalhaus estão praticamente fazendo fila para desovar. E os pesqueiros fazem fila para descarregar na peixaria de Ellingsen, do outro lado da baía, tão abarrotados de *skrei* que a água lhes chega quase à altura do tombadilho. Milhares de peixes já foram abertos ao meio e pendurados para secar. Uma grande quantidade de fígado de bacalhau sai da fábrica de Ellingsen e passa defronte da Aasjorbruket. Usando uma rede fina, Hugo já conseguiu pescado suficiente para encher de fígados um barril inteiro, e usará o óleo deles para fazer tinta.

No passado, durante a alta temporada, as Lofoten ficavam atulhadas de barcos de pesca, de iscas, de salga e de transporte. A população local dobrava de tamanho e durante dois meses o modesto vilarejo convertia-se numa cidade de médio porte — para os padrões noruegueses, pelo menos. Desde a década de 1970, várias peixarias foram fechando as portas pelas mais variadas e complexas razões. Os lucros diminuíram, é verdade, mas já houve tempos difíceis também no passado sem que se chegasse a tanto. A indústria da pesca oscila conforme a sazonalidade. Na década de 1970 houve temporadas muito fracas, e outras espécies como arenque, halibute e perca oceânica chegaram a níveis críticos. Traineiras industriais dizimaram o repositório de bacalhau no mar de Barents e todas as cotas de pesca, não apenas das traineiras, foram reduzidas drasticamente, mas a medida deu em nada. O ano de 1980 foi terrível e muita gente perdeu muito dinheiro, inclusive os Aasjord de Skrova.

A localização da ilha, isolada na boca do mar, sempre foi uma vantagem competitiva, mas de repente transformou-se num calcanhar de aquiles. Quem quer que estivesse de olho no futuro precisaria estar interligado a uma cadeia produtiva, inclusive com conexões rodoviárias, algo que Skrova, por razões geográficas óbvias, jamais conseguiria estar. As autoridades norueguesas quiseram por muito tempo transformar pescadores semiartesanais em operários industriais. Na visão dos burocratas de Oslo, o pescador sem uma fonte de renda fixa e com um estilo de vida errático passou a ser um estorvo. Ainda em 1937, o bispo Elvind Berggrav ergueu a voz em defesa «da estabilidade mental» dos pescadores setentrionais da Noruega, algo que iria levar gerações para acontecer, ele acrescentou.[2] Hoje em dia quase não há mais pescadores com residência fixa em Skrova.

Foi como se a própria realidade conspirasse contra localidades remotas e de difícil acesso, que desempenharam um papel crucial enquanto o grosso do transporte era feito pela navegação de cabotagem. Marinheiros e armadores eram os vasos comunicantes do país, mas foram cedendo lugar a novos centros de distribuição e comércio estrategicamente localizados, mais longe da costa, no recesso dos fiordes, onde antes não havia uma só residência de pé. Em nome da modernização, as autoridades também demandavam fábricas de processamento de pescado de maior capacidade, tanto no mar como na terra.

2   Eivind Berggrav: *Spenningens land*. Aschehoug, 1937, p. 36-37.

O mundo como o conhecíamos foi redesenhado. A pesca costeira, que durante milênios dependeu das estações e oscilações da natureza, de repente passou a ser considerada uma deformidade — antiquada e desprovida da mesma escala que caracterizava as siderúrgicas e demais indústrias instaladas no coração da Noruega, onde operários revezavam-se diuturnamente. O tempo das traineiras «românticas» ficou para trás e novas fábricas de pescado foram surgindo em cidades como Tromsø, Hammerfest e Båtsfjord. Mesmo assim eram estruturas enormes e caras, condicionadas a um tráfego intenso de traineiras transportando quantidades insustentáveis de pescado para processamento, e logo provaram-se também inúteis quando a sobrepesca fez o peixe desaparecer.

Semanas antes de vir para Skrova, estive no legendário estreito de Lopphavet, no oeste do condado de Finmark, onde os pescadores costumavam retirar o gelo de que precisavam do glaciar de Øksfjord, que se junta ao fiorde de Jøkel. O distrito de Loppa tem por lema «um mar de possibilidades» e seu brasão de armas é um cormorão sobre um fundo dourado.

Antigamente, os barcos podiam descarregar praticamente em qualquer promontório em ambos os lados do estreito. As águas ainda continuam bastante piscosas, mas hoje não há uma única fábrica de processamento de pescado em todo o distrito. Em Loppa, há milênios os peixes coabitaram com seres humanos, que agora viram-se impedidos de usufruir dos recursos marinhos à sua disposição, pois as cotas impostas pelo governo tornaram-se financeiramente inviáveis e cederam lugar à especulação. Os moradores locais não têm a menor participação nos lucros que investidores externos obtêm ali.

Da última vez que esteve em Barcelona, Hugo visitou os mercados de peixe e encontrou toda variedade possível de bacalhaus à venda, até línguas do peixe em conserva — tudo *made in Iceland*.

O RIB permanece em terra durante o inverno, e de toda forma não é uma embarcação indicada para uma pescaria. Afinal, é um bote de borracha e melhor seria que se mantivesse bem longe de ganchos e anzóis. Vamos nos valer do barquinho de plástico (ou melhor, polipropileno) de Hugo, de catorze pés de comprimento, pouco mais de quatro metros. Mas ele também está recolhido em terra desde o outono. E isso quer dizer que temos um problema. Que, aliás, não é trivial. O barco tinha uma pequena infiltração no casco duplo, e os canais onde deveria haver apenas ar de flutuação estão cheios de água de chuva. No frio, a água infelizmente obedeceu às leis da física e transformou-se em gelo.

— O barquinho não está nos seus melhores dias — diz Hugo, enquanto cá comigo imagino nós dois navegando pelo mar revolto das Lofoten num barco que, para começo de conversa, é pequeno demais. Além disso, está com a flutuação comprometida, o que também não me deixa confortável. Em algum momento, o gelo acumulado nos canais irá derreter, mas, com a temperatura do ar abaixo de zero e a da água pouco acima disso, ainda levará alguns dias. Concordamos em fazer uma tentativa caso o clima e a maré continuem cooperando.

— Se o barco não estiver estável o bastante, damos meia-volta e pronto.

Eu assinto, calado, e calado fico.

22

Na manhã seguinte acordo com o toque do telefone. O homem do outro lado da linha é um senhor em quem esbarrei dois meses antes, num antiquário em Tromsø, a maior cidade do norte da Noruega. Ele tomava conta da loja enquanto o proprietário estava ausente, e de passagem mencionei o que me trazia ali. Disse que eu e um camarada estávamos interessados em capturar certo peixe, e o cidadão agora resolveu telefonar para me dar algumas dicas. Ele conta que tem dois irmãos que costumavam pescar tubarões-da-groenlândia nos idos anos de 1950. Um deles lhe mandou me dizer o seguinte: «Ponha um bocado de arenques podres num saco de malha aberta, daqueles de laranjas, por exemplo, e enfie o seu anzol no meio dos peixes». Depois me faz prometer lhe telefonar para dar notícias e se despede desejando-nos boa sorte.

Hugo não quer que divulguemos nossos planos por aí. Acha que as pessoas vão caçoar de nós caso não tenhamos êxito, e certamente tem razão. Quando estranhos a mais de quinhentos quilômetros de distância telefonam para saber como vão as coisas, já não somos mais dois simples desconhecidos.

Lá fora Skrova está encoberta por uma neve fina como pó e por cristais de gelo faiscando sob o brilho do sol, que mesmo tênue ainda faz arder os olhos. É muito raro a ilha se vestir de branco assim, normalmente a neve é carregada pelo vento ou derrete com a primeira chuva passageira.

A imagem faria jus a qualquer cartão-postal. Até crianças pequenas sabem do que se trata, instintivamente. Quando desenham o mundo o fazem em cores claras, contornos bem definidos de montanhas e talvez um pouco de verde e do azul do mar, arrematando com casinhas antigas de fachadas vermelhas. Sem que lhes seja pedido, sem que se deem conta, as crianças norueguesas têm uma tendência a desenhar as Lofoten.

Zarpamos no barco de plástico pelos fundos da ilha. A baía de Skrova fica espremida no meio de duas correntes opostas que se encontram num canal entre a ilhota de Risholmen e a maior das ilhas do arquipélago. Conosco levamos uma garrafa de água para dividir, dois tabletes de chocolate para dar aquela dose de energia, uma linha e anzol para cada um e a edição do *Lofotposten* desta manhã, onde se lê que um *kaffetorsk*, ou «bacalhau de café», pesando 45 quilos foi pescado na costa de Reine no dia anterior. O termo designa qualquer bacalhau de mais de trinta quilos, cujo pescador recebe como prêmio do jornal um pacote de café, certamente às expensas de um patrocinador. A tradição remonta à década de 1970. O *Lofotposten* traz também uma matéria sobre a parada do bacalhau deste ano, em que as crianças de Svolvær saem às ruas fantasiadas do peixe.

As águas não estão calmas, já percebemos desde a baía, antes de chegar em mar aberto, mas ainda não é o caso de abortar a missão. O nível do casco está bem mais baixo do que o normal, por razões que sabemos muito bem quais são. O barco mais parece um freezer. A quantidade de gelo acumulada nos canais de flutuação é suficiente para um bocado de drinques. Seria mesmo o caso de navegar pelas Lofoten numa embarcação nessas condições?

Até os raios do Sol parecem frios. As gaivotas estão caladas. A neve é branca e reluz. Para mim, que cheguei da cidade grande no dia anterior, o vislumbre da paisagem aberta e o horizonte amplo aliviam a alma. Mesmo assim há algo no mar que me deixa com uma pulga atrás da orelha. O que estaria por trás da brancura fluida daquela fachada? Tenho a sensação de estar encarando o semblante de alguém frígido e com olhos de vidro.

Hugo avista um grupo de pesqueiros a uma boa distância no meio do Vestfjorden e acerta o curso na direção deles. Os barcos são equipados com sonar e debaixo deles é garantido haver uma multidão de bacalhaus. O plano me agrada, sobretudo porque haverá alguém para nos resgatar do mar se for necessário. Felizmente as ondas estão jogando pouco, apenas uma ou outra marola que não chega a ameaçar o nosso barquinho lento e pesado.

Depois de uns quinze minutos o motor de popa de trinta cavalos nos traz ao campo de pesca. Guardamos uma boa distância dos pesqueiros, mas estamos perto o suficiente para ver as redes e linhas carregadas de bacalhaus dos grandes.

É só lançar os anzóis, providencialmente disfarçados por pedaços de borracha colorida. Os bacalhaus estão a cerca de quarenta metros da superfície, e assim que a linha alcança é só recolhê-los e pronto. A razão para o peixe estar ali tem a ver com a temperatura. Ele prefere o encontro da massa de água mais quente ao fundo com a camada mais fria da superfície. O já mencionado especialista em bacalhau Georg Ossian Sars foi o primeiro a descobrir esse comportamento. Sars viajou para as Lofoten em 1864 para estudar a biologia do bacalhau, fixou base em Skrova e foi apresentado aos caprichos do Vestfjorden, presumivelmente por nativos. Em Skrova há um parquinho público bem escondido, tão pequenino que poderia ser confundido com o gramado de uma residência. O parque foi inaugurado em 1966 por pesquisadores do Instituto de Pesquisa Marinha e do Ministério da Pesca da Noruega em honra a G. O. Sars. Uma placa esclarece que ele «elucidou os traços mais importantes da biologia do bacalhau».

Durante alguns períodos na estação de desova o bacalhau alimenta-se muito pouco ou quase nada. Os pescadores dizem que ele fica «tristonho». Não percebemos nada disso. Os maiores bacalhaus que fisgamos têm de quinze a vinte quilos, um deles chegou a trinta, e parecem bem animados. Muitos estavam com o anzol atravessado na bochecha, no olho ou no flanco do corpo. Foi preciso muito cuidado para içá-los, devido ao peso.

É difícil ignorar que a distância entre o nível da água e a amurada do barco é inferior ao minimamente desejável. A própria tripulação dos pesqueiros fica alerta quando surgimos de repente no alto de uma onda e tornamos a sumir com o balanço das ondas. Alguns gritam e acenam, e nós acenamos de volta. Talvez achem que estamos em perigo e pedindo socorro. Não é verdade, pelo menos segundo a nossa definição de perigo. Estamos concentrados pescando bacalhaus, e lá embaixo há bacalhaus de sobra.

Diante de tais circunstâncias, é preciso certas habilidades para recolher as linhas e voltar para a terra, sobretudo num barco pequeno, instável e prestes a ficar ainda mais pesado. Essas habilidades nós não temos.

A rigor, nem mesmo um barco, acrescentaria eu.

Os peixes que fisgamos ainda estão cheios de ovas e esperma. A cerca de cinquenta metros de profundidade, machos e fêmeas nadam muito próximos uns dos outros. As fêmeas giram o corpo de lado e ovas e esperma são secretados ao mesmo tempo. Os peixes usam a cauda para misturá-los a fim de que se dê a fertilização. Os exemplares que capturamos ainda não procriaram, por assim dizer. Em breve o fariam, lançando na bacia das Lofoten alguns *trilhões* (isso mesmo, trilhões e não bilhões!) de ovas de bacalhau.

Cada fêmea pode produzir até 10 milhões de ovos, mas a vida no mar é cheia de perigos e muita coisa pode dar errado. De início as larvas de bacalhau vivem da própria albumina, flutuando pelo mar até serem engolidas por algum predador. Depois de algumas semanas, quando eclodem, boa parte dos filhotes têm o mesmo destino. Os que sobrevivem tentam agarrar-se ao plâncton, primeiramente ao fitoplâncton, depois ao zooplâncton e ao krill. Após algumas semanas de vida, os alevinos minúsculos e transparentes deixam as camadas superficiais e vão sobreviver no fundo, pegando carona na Corrente do Golfo para o norte, rumo ao mar de Barents.

Os primeiros anos de vida são os mais arriscados. Adultos, os bacalhaus têm muito poucos inimigos.[1] Indivíduos que conseguiram sobreviver por sete anos

---

1   Mark Kurlansky: *Torsk. En biografi om fisken som forandret verden*. J.M. Stenersens Forlag, 2000, p. 50-51. [Ed. bras.: *Bacalhau: a história do peixe que mudou o mundo*. Trad. de Flávia Terra Cunha. Rio de Janeiro: Nova Fronteira, 2000.]

estão prontos para a longa viagem de volta às Lofoten, onde tornam a procriar.

Dos muitos milhões de ovos que cada fêmea produz, pelo menos dois exemplares adultos precisam sobreviver para o repositório de peixes permanecer estável. Ninguém sabe ao certo por que esta é uma temporada de pesca das mais produtivas e centenas de milhões de peixes estão neste momento nadando debaixo dos nossos pés.

A maioria das pessoas sabe que as maiores reservas de bacalhau desovam nos arquipélago das Lofoten e Vesterålen. Mas a mesma região é importante para a reprodução do halibute, no inverno, e do arenque, na primavera. Ao mesmo tempo também existem ali reservas riquíssimas de perca oceânica, paloco, merluza, peixe-lobo, peixe-gato e tamboril. Há milhões de aves marinhas nas Lofoten, mais do que em qualquer outro lugar da Noruega, mas muitas delas estão ameaçadas de extinção. Os motivos são vários, mas um se destaca. Muitas espécies das quais dependem as aves, como a enguia-da-areia (que na verdade não é uma enguia, mas uma espécie do gênero *Ammodytes*), o capelim (*Mallotus villosus*), o verdinho (*Micromesistius poutassou*) e a faneca-da-noruega (*Trisopterus esmarkii*), estão criticamente ameaçadas pela sobrepesca — não devido ao consumo humano, contudo, e sim porque são usadas como ração para salmões em criatórios artificiais.

As empresas de pesca de bacalhau e de exploração de petróleo gostam da mesma coisa: plâncton. Enquanto o bacalhau vive do plâncton fresco no mar, as petroleiras preferem um plâncton de duzentos milhões de anos de idade que se transformou numa gosma negra. A Noruega de hoje depende dessa substância, como no passado dependeu do bacalhau e do arenque. Antigamente, para salvar a tripulação de um navio naufragado, os pescadores lançavam óleo ao mar para «quebrar as ondas». Hoje as traineiras industriais despejam restos de peixes no mar, e os berçários de peixes mais ricos do planeta estão ameaçados pela exploração do petróleo. Caso haja um vazamento, a cordilheira das Lofoten estará fadada a funcionar como uma barreira retentora gigante, acumulando petróleo em toda a sua extensão e dizimando toda a fauna e flora ao redor.

Se a Tanzânia começasse a explorar o óleo no Serengueti, as nações mais desenvolvidas do mundo, certamente com a Noruega à frente, protestariam com veemência. Doaríamos ao governo tanzaniano alguns milhões de dólares para impedir essa barbaridade. Somos uma das nações mais ricas do mundo e já destinamos milhões a um fundo para salvar as florestas tropicais do Brasil, Equador, Indonésia, Congo e outros países. Enquanto isso, temos aqui no nosso quintal submerso um verdadeiro Serengueti ameaçado pela exploração petrolífera.

Os mineiros subterrâneos sobre quais escreveu Melville continuam mais atuais que nunca.

Enquanto continuamos a puxar bacalhaus à tona, conto a Hugo que os biólogos marinhos soviéticos da década de 1960 cogitaram a hipótese de o cachalote usar seu órgão sonoro como uma arma, um «projetor ultrassônico» ou «laser sonoro». Ondas sonoras convergentes e precisas poderiam atordoar lulas e outras presas. Cientistas norte-americanos aprofundaram essas pesquisas na esperança de encontrar um uso militar para elas.

A exemplo do tubarão-da-groenlândia, o cachalote caça animais bem mais rápidos que ele (lulas podem atingir até cinquenta quilômetros por hora), e o faz em total escuridão, nas fossas abissais. Mas até agora ninguém observou um cachalote em ação. Na virada do século passado, biólogos marinhos dinamarqueses especializados em cetáceos investigaram essa hipótese nas águas da ilha norueguesa de Andøya. Com a ajuda de hidrofones desenvolvidos especialmente para isso, descobriram que os cachalotes produzem cliques convergentes que poderiam, em grande medida, ser direcionados para alvos específicos.[2]

---

2   Richard Ellis: *The Great Sperm Whale: A Natural History of the Ocean's Most Magnificent and Mysterious Creature*. University Press of Kansas, 2011, p. 123-125.

Antes de os oceanos serem invadidos por ruídos de hélices e motores, as baleias podiam conversar entre si a uma distância de centenas de quilômetros.

Ao largo da península de Andenes, nas Vesterålen e Lofoten e em vários outros locais do Ártico foi realizada uma série de pesquisas sísmicas para prospecção de petróleo. Pescadores da ilha de Andøya estão convencidos de que esta é a razão da abundância de cavalinhas pelos mares de todo o extremo norte. As ondas sonoras dessas pesquisas mantêm afastadas minkes, orcas e demais predadores de cavalinha.

Pescadores costeiros, ambientalistas e cientistas temem que as ondas de choque possam ferir ou matar cetáceos — e talvez até mesmo ovas e alevinos. Eles ressaltam que os cetáceos se comportam de maneira absolutamente estranha nos locais onde as ondas sísmicas são disparadas, pois seus ouvidos podem ser danificados. Para as baleias, as ondas sonoras devem ser semelhantes ao estrondo dum bombardeio maciço. Afinal, o som precisa penetrar várias camadas geológicas no fundo do oceano.[3]

---

[3] Pescadores russos acreditam que a pesquisa sísmica na costa noroeste do país arruinou a pesca do bacalhau nas décadas de 1970 e 1980. Na Noruega, pescadores costeiros tentaram impedir barcos de pesquisa sísmica de invadir seus campos de pesca, mas foram abordados e detidos pela Guarda Costeira. A indústria do petróleo financia a pesquisa sísmica e também

Hugo abana a cabeça, como quem diz que já viveu tempo bastante para não se surpreender com mais nada. Ele lera as notícias dando conta de 26 baleias-piloto que encalharam e morreram no distrito de Vikna, no condado de Nord-Trøndelag, enquanto pesquisas sísmicas vinham sendo realizadas na região.

Eu me lembro de uma notícia mais recente. Um cientista norte-americano sugeriu que o mundo — ou pelo menos os Estados Unidos — tiraria proveito de um Polo Norte sem uma calota polar. O transporte global de mercadorias seria facilitado e as matérias-primas do Ártico, mais acessíveis. O dr. Harry Wexler dizia, ainda na década de 1950, que seria possível detonar ogivas de hidrogênio, talvez dez unidades de dez megatons cada, sob a camada de gelo. As explosões criariam uma nuvem de vapor grossa o bastante para encobrir o Polo Norte inteiro e impedir o gelo de refletir a luz solar. O calor seria aprisionado — o efeito estufa já era bastante conhecido na época — e o restante do gelo derreteria.

Desta vez Hugo me olha como se eu não estivesse falando a sério.

usa os militares — leia-se a Guarda Costeira — como seguranças privados sempre que os pescadores realizam protestos contra a atividade. As autoridades norueguesas já decidiram que, até o momento, não é permitida exploração petrolífera.

23

Encontramos o ritmo certo e, com movimentos mecânicos, a todo instante arrastamos um bacalhau roliço que chega se debatendo a contragosto no convés do barquinho. Agora foi mais um, enorme, que acabou de sair da água. Em seguida lhe damos uma bordoada na cabeça com a ponta do arpão e lhe enfiamos a faca no local que os mais velhos costumavam chamar de *kverken*, o bucho.

Todos esses peixes recolhidos pelos barcos que se apinham por estes mares passaram anos nadando por centenas de quilômetros, talvez em grupo, lado a lado, desde o extremo nordeste do mar de Barents em sua peregrinação às Lofoten. Desta vez tudo que importa é reproduzirem-se, e eles mal se alimentam, mas os exemplares que pescamos morderam a isca bem antes de cruzar a linha de chegada. Qual deve ser a frustração de um bacalhau, que afinal possui um sistema nervoso, ao se ver repentinamente preso por um gancho e suspenso em direção à luz por uma linha invisível, sem compreender — e nunca conseguir aprender — o que está se passando.

Separar-se para sempre dos outros do seu cardume (será que reparam na sua ausência?), ser arrastado à força de cinquenta ou sessenta metros de profundidade para a superfície. Naturalmente o peixe lutará com todas as suas forças e pode eventualmente se debater e até se libertar (sentiria algum alívio?). Mas a maioria deles termina seus dias com uma bordoada na cabeça, atirado às tábuas de um convés num barco, onde jazem outros que tiveram a mesma sina (terão eles alguma compreensão mesmo que instintiva de que estão prestes a morrer, ou será isso algo que só ocorre com animais ditos superiores?).

Outro. E mais um. Cada vez é ótimo, e cada vez é um problema. Uma quantia preocupante desses peixes nada debaixo de nós. E uma quantia preocupante deles também começa a se acumular dentro do barco.

Hugo me diz que, nos velhos tempos, as vacas eram alimentadas com esperma e ovas de bacalhau, abundantes em proteína, caso fossem descartados pelas fábricas de caviar. Também me diz que os japoneses e alguns nativos das Lofoten bebem o sêmen em coquetéis e aperitivos, chamados de *krøll* na Noruega. Hugo sente náuseas da própria história que acabou de contar, mas é sabido que não consegue vomitar.

Como sempre, tudo no mar é movimento. Quando começamos a pescar, o balanço das ondas era tranquilo e regular como a respiração de um ser gigante e adormecido. Agora ele começa a despertar e o ritmo fica mais intenso e sacudido. O barco aderna a popa e uma onda mais alta cobre a amurada e molha o convés. O tempo está virando. Manchas negras pairam sobre o alto-mar. É uma visão e tanto, pois em outros locais o sol devassa a camada de nuvens em fachos verticais, que esporadicamente se apagam ao sabor do vento, como num desenho animado ou na encenação de uma ópera.

Não sei se Hugo reparou, mas pela primeira vez em todos os anos que viemos ao mar juntos não me sinto seguro. O RIB que costumamos usar, ao contrário do barco de plástico, não pode ir a pique. Não completamente. Mesmo que todas as câmaras de borracha sejam perfuradas, o casco se manterá flutuando de alguma maneira.

Em geral Hugo é um navegador habilidoso e conhece essas águas como a palma da mão. Já passou pelas situações mais diversas no mar. Mas, exatamente por isso, eu me dou conta agora, uma vez que «tudo sempre terminou bem», ele não terá se tornado um tanto imprudente? Basta uma única vez para tudo não terminar bem, e tudo estará acabado. Um escritor personagem terá então que concluir este livro.

Certa vez perguntei a Hugo em que ocasião ele esteve mais próximo de se afogar. Ele me contou uma história que nunca contara a ninguém. Quando tinha doze anos, remava junto com um amigo ao redor de uma ilha em Steigen, apenas para explorá-la. Assim que deram a volta no lado oposto, uma onda mais forte os derrubou. Hugo tentou alcançar o bote, mas as fortes correntes o carregaram para longe. Hugo seguiu nadando, aproximou-se, mas, sem ser rápido o suficiente, num instante se viu em alto-mar, longe demais para voltar à pequena ilha. Ainda quis, num último esforço, alcançar o bote, mas desistiu. Enquanto boiava, esgotado, percebeu algo roçando-lhe o pé. Era uma corda. Não qualquer corda, mas a corda comprida que pendia do barquinho. Com o que ainda lhe restava de energia, puxou a corda e arrastou-se de volta ao convés.

Para os vikings, a deusa das profundezas marinhas era Rån ou Ran. Com sua rede ela capturava, ou roubava [«ranet»], como se diz em norueguês, navegantes afogados e os conduzia para seu reino no mundo submerso. Rån era casada com Ægir, irmão do vento e do fogo. Suas nove filhas eram as nove ondas do mar — cada uma delas tinha por nome um tipo de onda. Ægir usava na cabeça uma coroa de algas e era o soberano dos mares. Nos poemas norrenos, cada barco que adernava era tragado pela boca de Ægir enquanto Rån mostrava à tripulação o caminho para seu castelo submerso. Ægir regia a calmaria e a tempestade. Ele fermentava o hidromel da vida a partir do sangue de Balder, e seu cálice completava-se da bebida sozinho até esboroar. Ægir era um símbolo de prosperidade, não apenas porque tinha acesso ao hidromel em quantidades inesgotáveis, nem porque ele e Rån habitavam um palácio de ouro. Tamanho luxo era apenas uma manifestação exterior de outra coisa. A fonte de sua riqueza inesgotável era o mar.

Nosso barco é o que nos velhos tempos costumava-se apelidar de «caixão flutuante». Ao menos temos coletes salva-vidas, uma coisa boa, menciono a ele, fingindo despreocupação. Ele faz questão de dizer que isso que vestimos não pode ser considerado uma veste de salvar vidas, enquanto enfia um pedaço de chocolate na boca. Sempre que vai ao mar ele traz consigo chocolate do tipo culinário e avelãs, víveres essenciais, segundo ele, a melhor ração de emergência que se pode encontrar. Um efeito colateral da sua malsucedida operação de estômago é que às vezes Hugo fica totalmente sem energia. Todas as suas forças se esvaem de repente e ele mal consegue se firmar em pé. Aconteceu poucas vezes, mas em ocasiões absolutamente impróprias. Da última vez ele estava caçando lebres na mata atrás de casa, em Engeløya, e teve que voltar de gatinhas, atravessando o gramado e subindo a varanda arrastando a carabina pelo chão. Suava em bicas, não conseguia articular uma palavra, mas Mette percebeu que na verdade implorava por comida. Na cozinha havia uma bandeja de arenque, e dez minutos depois ele tinha devorado oito fatias de pão com arenque defumado.

Às vezes um traje térmico de sobrevivência de nada adianta. Dois anos atrás, o corpo de um homem chegou boiando pelo porto de Svolvær. Era um pescador de Melbu que estava desaparecido havia alguns dias. Usando uma proteção térmica desse tipo é possível sobreviver durante um bom tempo, a depender da estação do ano e do que se usa sob ela. O que passou pela cabeça daquele homem quando viu seu barco indo a pique e vestiu sua roupa térmica? Decerto que tudo terminaria bem. Não foi o que aconteceu, provavelmente porque seus dedos congelaram e ele não conseguiu puxar o zíper até o cós, sobrou uma brecha de alguns centímetros para a água infiltrar-se pelo interior da roupa e selar seu destino.

A linha entre a vida e a morte é muito tênue. Quase ao mesmo tempo, um pescador de 66 anos de idade navegava com seu barco que teve uma pane no motor. A âncora não conseguiu prender-se ao chão e a corrente arrastou o barco na direção dos rochedos. O pescador não tinha traje de sobrevivência, apenas roupas comuns e um colete salva-vidas. Antes de se jogar ao mar, ele conseguiu, não se sabe como, ligar do celular para o número de emergência. Conseguiu dizer que estava em apuros e dar sua localização aproximada. O barco já estava muito próximo dos rochedos e prestes a ser destroçado. O vendaval era intenso, fazia dez graus negativos e estava escuro quando o pescador precisou saltar na água, onde conseguiu se agarrar à ponta de uma rocha quase submersa e ficar ali, sendo enxaguado pelas ondas. Depois de vinte minutos um helicóptero Sea King do 330º Esquadrão da Marinha da Noruega chegou para resgatá-lo. Com a ajuda de holofotes o pescador foi localizado e içado a bordo numa cesta de resgate. Já não sentia mais as extremidades dos dedos e tinha entrado em hipotermia, mas sobreviveu.

Uma semana antes de eu chegar em Skrova, o corpo de um ancião foi encontrado na margem oriental da ilha, enquanto seu barco de passeio navegava em círculos não longe dali. Ele tinha saído para pescar e caiu no mar por motivos que não foram esclarecidos.

O ofício da pesca é o mais perigoso da Noruega. Ninguém sabe quantos pescadores já se afogaram nas Lofoten, algo documentado desde que o rei viking Haroldo Cabelo Belo uniu os condados do país (c. 872--930 d.C.). Em 1849, por exemplo, mais de quinhentos pescadores teriam sucumbido num único dia quando uma tempestade violenta abateu-se bruscamente sobre o arquipélago. Milhares de pessoas perderam pais, maridos e arrimos de família.

Examinando-se os anais da Vigilância Sanitária das Lofoten constata-se que, no período de 1887 a 1896,

240 pescadores afogaram-se em «malogros». De acordo com os registros, os barcos foram a pique porque encheram-se de água ou tombaram pelo impacto de ondas maiores.[1] Um número incontável de pescadores já sucumbiu no Vestfjorden pelo mesmo motivo. É uma equação quase matemática. Embarcação sobrecarregada + mar revolto = afogamento.

Começo a pensar em voz alta:

— Quantos pescadores já terão morrido afogados durante a alta temporada de pesca das Lofoten. Cinco mil? Vinte mil?

Hugo medita um instante e responde:

— Quem sabe se algum tubarão-da-groenlândia não os terá estraçalhado enquanto se debatiam no mar?

Enquanto estivermos protegidos pelo barco estaremos seguros, penso mais uma vez.

— Acho que agora está bom, e você? — pergunta Hugo.

Meio convés está tomado por bacalhau, mal sobrou espaço para nós.

— Tem certeza? — respondo, irônico, enquanto escoo água e sangue de bacalhau para fora do barco usando uma velha lata de tinta que Hugo separou para esse fim.

---

[1] Frank A. Jenssen: *Torsk. Fisken som skapte Norge*. Kagge forlag, 2012, p. 52-53.

— Vamos recolher as linhas então — diz ele.

Verifico meu celular. A bateria está no fim mas talvez ainda dure uma hora. Sinto muito frio nos dedos. Embora estejamos longe dos quinze graus negativos que fez nos últimos dias, ainda faz um frio de rachar. Além de tudo minhas mãos estão lambuzadas porque retirei as luvas para enfiar a faca nos peixes. O telefone fica escorregadio como uma barra de sabão e cai na água sanguinolenta, mas para mim daria no mesmo se afundasse a oitenta metros no mar. Hugo confere o seu celular, que ainda tem um pouco de bateria.

As ondas estão ainda mais altas, não há dúvida. O dia límpido, de uma transparência quase espectral, assume outro aspecto. Hugo espia o horizonte e fica pensativo. Uma cortina de nuvens pesadas cor de chumbo vem se aproximando velozmente na nossa direção. Hugo dá a partida no motor e firma o curso para Skrova.

— Lá vem a neve — diz ele, e acelera, o motor engasga tentando girar mais rápido. O barco está tão pesado que mal dá a impressão de estar em movimento.

Alguns minutos depois somos colhidos pelos primeiros flocos de neve misturada à chuva. Estamos no coração do fiorde e fomos apanhados pelo que chamam de *rennedrev*, uma nevasca.

Nossos marcos de orientação fixos, que são Skrova e as ilhas ao redor, somem de vista instantaneamente. O farol de Skrova de pouco adianta agora. O mundo se tingiu de um verniz monocromático. A nevasca escureceu o céu e cobriu o barquinho de branco.

— Isso não me parece nada bom — avalia Hugo do seu jeito, enfatizando o fim da frase, e segue adiante mais ou menos às cegas. Ele sabe que falta muito ainda para sairmos do alto-mar e nos aproximarmos do perigo das rochas e ilhotas, mesmo desviando do curso original. Na face traseira de Skrova, para onde estávamos indo, há trechos particularmente traiçoeiros de *støvelhav*, ou «mar de botinas», bancos de areia tão proeminentes que dão pontapés nas embarcações desavisadas.

A visão é nula num instante, enquanto no seguinte conseguimos vislumbrar a silhueta de uma das ilhas. Mas qual? A impressão é que elas começaram a se mover e assumir uma nova forma e posição a cada mirada. O que antes achava que era uma visão do Lillemolla, ou talvez do alto de Skrova, constato agora que se trata de um promontório de uma ilhota de cujo nome não faço ideia. O mundo se alterna, as proporções se alteram e tudo parece observado através de uma lupa que distorce as imagens. Se a música de Schonberg fosse traduzida em imagens, esta cena seria seu contraponto.

O barco está sobrecarregado como um galho congelado antes de se partir. Nós todos morreremos um dia, mas aqueles que morrem no mar desaparecem bruscamente e para sempre. Engolidos pelas águas. A maioria das pessoas não consegue nem cogitar a ideia sem entrar em desespero. Em tempos idos tive um colega, ou melhor dizendo, um conhecido, cujo pé enroscou-se nas redes de uma traineira e que acabou engolido pelo mar profundo. O corpo jamais foi encontrado. Faz trinta anos, mas ainda penso nele. Meu trisavô, é certo, morreu afogado no oceano, mas não é uma tradição que a família quisesse levar adiante.

O mar profundo, salgado e negro balança ao nosso redor, frio e indiferente, desprovido de qualquer empatia. Não interage com nada ou com ninguém, apenas está sendo ele mesmo. Fazendo o que sempre faz, dia após dia, não precisa de nós para nada, não se importa com nossas expectativas, nossos medos — e sobretudo com aquilo que escrevemos sobre ele. O lado negro do mar é um poder absoluto. Muitas pessoas já enfrentaram essa situação. Tudo começou quando nossos antepassados se lançaram pela primeira vez sobre um tronco oco e remaram além da arrebentação, onde as correntes eram mais fortes que seus braços e remos. Ou quem sabe tenham sido apanhados de surpresa pelo mau tempo, assim como fomos agora. Qualquer um deve ter sentido o mesmo pânico no derradeiro instante em que percebeu a frieza de um mar que não tem sentimentos ou memória. Tudo o que devora desaparece para todo o sempre, transforma-se em comida de peixes, crustáceos, lampreias e toda uma sorte de vermes e parasitas das profundezas. Afunda para ser acolhido num abraço da imutável eternidade.

Quando quis punir Jonas, Deus enviou um enorme peixe para devorá-lo. Jonas implorou por misericórdia à medida que descia ao abismo marinho. No ventre da baleia a água subiu até seu pescoço, sua cabeça ficou envolta em algas, mas quis também o Senhor dar a Jonas apenas uma lição severa, e mandou a baleia resgatá-lo do reino dos mortos e cuspi-lo na praia. O temor fez de Jonas um homem fiel e pio. O islã também respeita a baleia pelo mesmo motivo, pois no Alcorão está que a baleia que engoliu Jonas é um dos animais admitidos no paraíso.[2]

É um vendaval *dos demônios*! Antigamente, os pescadores deviam passar apuros iguais a este o tempo inteiro, eu me dou conta, em barcos que talvez não fossem nem maiores nem mais estáveis que o nosso. Eram embarcações a vela, e mesmo assim seus navegantes venciam as intempéries, habilidosos e destemidos que eram. Espere um instante. Era exatamente isso que *não* eram. Eles se afogavam às centenas, em quase todas as temporadas de pesca, na mesma época do ano e justamente nesta área. Como é mesmo a velha canção de Skrova, que fala de

---

2   Philip Hoare. Op. cit., p. 34.

um mar tão generoso que abre para nós a arca onde guarda seus tesouros? «Mas de repente ele se enche de mágoas/ e exige de volta imensa soma/ do nosso barco só restam as tábuas/ O mar dá, mas também toma/ E a cova dos marinheiros é de água e de algas.»[3]

Olho de soslaio para Hugo. Ele não parece preocupado. Por outro lado, nunca o vi preocupado quando está no mar. Ao menos não está usando os fones de ouvido. O que será de nós agora se as correntes fizerem emergir uma onda que se junte a outra e dobre de tamanho, uma «quebradeira», como dizem os pescadores aqui?

O assoalho do barco está coberto de bacalhaus com as guelras ainda pulsando. Eles usam os mesmos músculos e nervos que nossos ancestrais biológicos usaram para se aventurarem ao mar, e que, milhões de anos depois, nós empregamos para falar. Os peixes emitem sons que não conseguimos ouvir. Eles conversam entre si.

Sob nossos pés, na escuridão, as correntes fluem a toda força sobre um chão de areia e pedras escorregadias. Até

---

3   Existem duas músicas que falam sobre Skrova. Uma delas é intitulada «Skrova-Sangen» [Canção de Skrova] e foi escrita por Wilhelm «Ville» Pedersen por volta de 1950. Essa pode ser considerada a canção oficial da ilha. A outra chama-se «Se Skrova-fyret blinker» [Olhe o farol de Skrova brilhando] e foi composta em 1949 por Herleif Peder Risbøl e executada pela primeira vez numa apresentação na Ungdomshuset [Casa da Juventude].

mesmo as estrelas-do-mar têm que agarrar firme a alguma superfície para não serem carregadas. Os brotos de *Laminaria*, semelhantes a dedos humanos, balançam de um lado a outro como a grama alta que se curva à ventania. O halibute mantém-se no controle deslizando tranquilamente para o fundo, onde se enterra na areia como se vestisse um pijama e ali se recolhesse para dormir. Alevinos de bacalhau, paloco, hadoque, arenque e cavalinha tentam se abrigar nos bosques de kelp. Os tubarões-da-groenlândia vagueiam pela escuridão, mal conseguindo enxergar, alheios a tudo que ocorre sobre suas cabeças.

Hugo reduz a velocidade e me pede para manter os olhos abertos. Enquanto a visibilidade estiver prejudicada e o barco sob o arrasto da forte corrente, teremos um problema. Nas águas que circundam Skrova, especialmente no alto-mar, há tantos rochedos e bancos de areia que é preciso saber exatamente por onde se navega. Hugo, claro, sabe muito bem disso, mas para ele o mar é uma coisa inteiramente diferente do que é para mim. Ele é capaz de ler os rápidos lampejos de paisagem muito melhor. E, ainda que não aviste uma porção de terra, para ele o oceano não é um elemento uniforme e indistinto, sem características ou sinais. Cada posição no mar é como um local assinalado num mapa, um ponto específico influenciado por diferentes correntes, rasos, bancos de areia e outros fatores relevantes, desde que se tenha esse conhecimento. Pescadores tarimbados são especialistas nisso, e de tanto navegar Hugo também desenvolveu essa habilidade.

Trocamos poucas palavras, mas de vez em quando ele me pergunta a minha opinião. Seria o Lillemolla aquela mancha escura que acabamos de ver? Terra e mar continuam trocando de lugar a todo momento. Ele pergunta mais por desencargo de consciência, pois nesta situação confia muito mais em si mesmo. E eu também, pois estou desorientado. A única contribuição que tenho a fazer é gritar se avistar algo vindo imediatamente de encontro a nós. Quando a nevasca aperta, é difícil até manter os olhos abertos, e mal posso identificar o contorno dos barcos mais além. A neve é um muro que impede qualquer visão. Minha maior preocupação não é esbarrar nela, e sim nunca alcançar a terra firme. O vento está mais intenso e com ele as ondas. Nunca deixo de me impressionar com a rapidez com que o vento encrespa as águas.

O barco de pouco mais de quatro metros nunca foi tão pequenino. E o mar, nunca tão grande. O barquinho, Hugo e eu estamos sóbrios. O mar é quem está bêbado. Quantas vezes eu me debrucei sobre a amurada de um navio e olhei fixamente para o fundo! Agora é ele quem me devolve esse olhar. Na velha canção de Skrova, alguns versos exprimem muito bem essa sensação: «A borrasca e o maremoto somam forças/ e o que são os homens senão crianças?».

Pela primeira vez Hugo não embarcou corda ou âncora. Ficaram no RIB. Pergunto-lhe se temos combustível suficiente no tanque. Ele torce o nariz, verifica e assente. Hugo está quieto de um jeito que não costuma ficar, seu rosto está vigilante e atento, como se tivesse acabado de receber um telefonema anônimo e tivesse certeza de que a coisa é séria.

Sentado bem na proa, fico ensopado pelos borrifos e pela maresia, e venho mais para o meio. Com meu movimento, desloco o centro de equilíbrio do barco. Hugo como sempre está na popa, segurando a alavanca do motor, que na verdade é maior e mais pesado do que manda a certificação do barco, isto é, já estamos com o peso errado desde que zarpamos. Assim que me mexo, uma onda maior nos atinge por trás, alagando o convés e fazendo as caixas cheias de peixe deslizarem para a popa. Hugo segura uma com o pé e a empurra com todas as forças. Com tanto peso concentrado num só lugar, o barco poderia ser inundado e ir a pique em dois tempos.

Volto me arrastando para a popa, desta vez para nunca mais sair.

Ainda estamos no primeiro trimestre do ano e não tarda a escurecer. Bem, com essa cobertura de nuvens que se estende de alto a baixo, o lusco-fusco não demoraria a se instalar de toda maneira. O vento e a escuridão unem-se contra nós, e têm no mar azul enegrecido outro aliado, que diz a que veio castigando os rochedos e bancos de areia a nossa volta. Os flocos de neve caem enregelados, a temperatura deve ter despencado ainda mais lá de onde vêm.

Rema, rema, remador/ Quero ver depressa o meu amor. Que talvez eu nunca veja/ pois o tempo não me deixa. O barquinho corcoveia como um potro xucro. Neste vaivém vertical que o oceano nos impõe, a água nos envolve por todas as direções. Ela está diante de nós, sobre nós, em nós. Mas sobretudo debaixo de nós. No fundo do oceano, na escuridão onde habitam os peixes mais inconcebíveis.

De repente a cortina se abre como se alguém a puxasse com um movimento brusco. Como diz mesmo a canção? "E pelo manto de nuvens gris/ chega a Skrova um raio de luz." É a visão pela qual tanto ansiávamos. Ilhas cobertas de neve com montanhas de granito escarpadas a alguns quilômetros de distância, a bombordo. Hugo percebe imediatamente onde estamos. Fomos arrastados para oeste, bem além do que suporíamos ser possível, justo porque o vento e a maré vêm daquela direção. Se tivéssemos nos demorado mais uma hora pelejando contra as ondas, certamente teríamos ido parar em mar aberto mais próximo a Henningsvær, ou talvez ainda mais a oeste, distante demais de Skrova.

Agora é tudo como antes. Seguimos devagar enquanto mastigamos um pedaço de chocolate e tomamos uns goles de água, sem dizer palavra, pois certas ocasiões prescindem de comentários. Vinte minutos depois aportamos no cais de Skrova, na direção oposta de onde viemos. O barquinho continua abarrotado de *skrei*, não tivemos que nos desfazer de um único bacalhau para continuar flutuando. Em terra não nos referimos à aventura como algo dramático. Talvez nem tenha sido. Na verdade, as coisas saíram exatamente como planejado. Estamos de volta, sãos e salvos, de um passeio que por nada neste mundo eu desejaria ter perdido.

24

Quem já esteve no mar das Lofoten sabe muito bem que uma pescaria não termina quando o barco retorna ao cais. Até aí só metade do trabalho foi feito. Agora, é hora de tratar dos peixes. Armamos uma tábua de corte no píer e sem demora nos pomos a eviscerá-los ali mesmo. Hugo arranca as línguas dos bacalhaus com um golpe rápido e preciso, ao estilo japonês.

Para preparar um bom bacalhau seco é preciso remover a espinha dorsal e pendurar o peixe pela cauda na ponta de uma vara, com os dois flancos pendendo de cada lado, uma técnica chamada de *rotskjæring*. Leva mais tempo mas produz os melhores resultados. Algumas pessoas preferem pendurar o peixe intacto sem espalmar as metades (o chamado *rundskjæring*), mas, caso a barriga se feche por completo, a cura será prejudicada. Olaus Magnus assevera que o *rotskjæring* resulta nos bacalhaus mais saborosos que se prestam às receitas mais populares.[1]

---

1 Olaus Magnus. Op. cit. Livro 21, cap. 2, p. 984.

Enquanto Hugo desossa os peixes, cabe a mim amarrar uma corda em torno da base da cauda para que não cedam devido ao próprio peso. Além disso, das línguas, ovas e fígados cuidaremos à parte. As ovas serão colocadas numa bacia e polvilhadas com camadas de sal. Não podem estar a ponto de serem expelidas pelas fêmeas, isto é, muito gelatinosas ou com excesso de gordura. Poucas das nossas estão nessas condições. Depois de desidratadas pela pressão osmótica, serão lavadas e defumadas para o preparo de caviar. Também salgamos alguns bacalhaus para preparar *klippfisk*[2] mais tarde.

Os fígados acumulam-se num grande balde de plástico. Ao longo das próximas semanas o conteúdo será separado naturalmente e o óleo puro subirá à superfície, para ser misturado a pigmentos e transformar-se em tinta para retocar as paredes da Aasjorbruket. No fundo do balde ficará o *graks*, o rejeito que produz um odor nauseabundo quando apodrece. Será ele que usaremos de comida para o nosso tubarão. Hugo me explica que, no passado, as pessoas comprimiam o *graks* em blocos que eram amarrados às chaminés para evitar que

---

2   *Klippfisk* ou «peixe de penhasco» é o bacalhau seco e salgado como o conhecemos no Brasil. É chamado assim porque os galpões de cura ficam rente às encostas dos penhascos. A Noruega destina o grosso da produção ao mercado externo, e o consumo interno resume-se ao peixe fresco ou curado de outra forma, sem o emprego apenas do sal. (N.T.)

congelassem no inverno. A substância produz naturalmente um gás aquecido.

O óleo do bacalhau se presta como poucos à produção de tinta, mas aquela produzida com óleo de tubarão-da-groenlândia é ainda mais especial. Nas Lofoten há casas pintadas com ela há mais de cinquenta anos que continuam irretocáveis. A camada de tinta é tão grossa que não descasca, e tão lisa que nenhuma outra pintura adere a ela. Para mudar a cor da fachada é preciso trocar o madeirame. Bem que poderíamos pintar nossas naves espaciais com óleo de fígado de tubarão-da-groenlândia, mas o odor pestilento se espalharia pelo universo e arruinaria a reputação dos terráqueos.

Enquanto seguimos tratando os bacalhaus, lembro-me do que li no *Lofotposten* esta manhã. Este mesmo dia, 25 de março, passou para a história como «Grande Dia do Destilado». Não se sabe ao certo por quê. Talvez por volta desta data os marinheiros tivessem acumulado poupança suficiente para oferecer uma rodada de bebidas aos seus companheiros de mesa de bar. Outras pessoas acham que a tradição remonta à Noruega ainda católica e tem a ver com a festa da Anunciação de Maria, quando o arcanjo Gabriel desceu à terra para contar à virgem que estava grávida. Como o álcool entrou na história não se sabe, mas é como dizem: insondáveis são os caminhos do Senhor. De todo modo, agora me ocorre que eu trouxe comigo uma garrafa de uísque e a deixei no quarto da estação. Foi comprada nas Orkneys, onde, dizem, produz-se o melhor *salt scotch*.

Mette chega com as mechas de cabelo congeladas depois de um mergulho no mar e dá um sorriso de aprovação quando vê o que trouxemos. Ela também cresceu em uma família de pescadores. Entranhas, ovas, fígados e línguas estão espalhados em bacias e baldes. Sob a luz crepuscular, penduramos os bacalhaus para secar na ponta das varas. Parte do peixe seco será hidratado com soda cáustica e se transformará em *lutefisk* num futuro próximo — mas não daqueles feitos com peixe vagabundo, que se dissolve em contato com a água. A carne do nosso *lutefisk*, uma receita norueguesa por excelência, é firme e suculenta.

A secagem do bacalhau é sempre uma questão de sorte, porque a qualidade depende do fator clima. Se ficar muito tempo secando sob frio extremo, as fibras se partem e o resultado será o que os noruegueses chamam de *fosfisk*, um peixe quebradiço e imprestável. A incidência de luz solar em demasia também não ajuda, pois pode esturricar o produto. Felizmente, a alta estação de pesca nas Lofoten coincide com os dois meses de melhores condições para a secagem. Se os bacalhaus chegassem aqui antes, o clima estaria muito quente, e o peixe seria atacado por insetos, mofo e bactérias. Se fosse no começo do inverno, as temperaturas negativas interromperiam o processo de cura e arruinariam o peixe, que azedaria. A produção de peixe seco nas Lofoten ao longo de tantos anos deve-se a uma combinação de condições afortunadas. Não é apenas a migração de cardumes em tamanhas quantidades. É também o fato de que ocorre na época do ano ideal para o processo de cura.

Caso a cura seja mesmo bem-feita, obteremos um dos ingredientes mais duráveis, versáteis, proteicos e saborosos de que se tem notícia. O bacalhau é um peixe magro e, depois de desidratado, preserva todos os seus nutrientes em níveis concentrados. O bacalhau foi, ao longo de eras, o principal produto da pauta de exportação da Noruega.

Na *Saga de Egil*, Torolv Kveldulvsson conta que o peixe seco já era exportado das Lofoten para a Inglaterra no ano 875. A fonte histórica fidedigna mais antiga que se conhece atesta que o *kaupangen* (entreposto comercial) de Vågar (Vågan) foi o primeiro a exportar as mantas de bacalhau seco.

Uma ampla gama de fatores entra em cena quando se trata da exportação de bacalhau: cor, odor, comprimento, espessura, consistência e aspecto, cada um desempenha o seu papel. O peixe tem marcas de gancho ou anzol? Manchas de sangue, no dorso ou no abdome, talvez? Bicadas de aves? É óbvio que não pode haver traços de bolor ou umidade. Nos séculos que se passaram desde o édito real de 1444, que regulou a técnica, o varejo do peixe desidratado desenvolveu um jargão próprio. Fontes de meados do século XVIII na cidade hanseática de Bergen, que em larga medida foi construída a partir do comércio do bacalhau seco, revela quão abrangente era o consumo do produto. *Lübsk Zartfisk, Dansk Zartfisk, Hollender Zartfisk, Hamburger Høkerfisk, Lübsk Losfisk* eram apenas algumas das denominações de qualidade.

Os varejistas de bacalhau de hoje trabalham com trinta qualidades diferentes, algumas das quais datam dos tempos da Liga Hanseática. As três categorias principais são *prima, sekunda* e *Afrika*. Os italianos pagam somas vultosas pela variedade Ragno, mais de sessenta centímetros de um peixe fino e impecável. A barriga precisa estar aberta para inspeção. Todas as variantes das categorias *prima* e *sekunda* são, em princípio, destinadas ao mercado italiano. Produtos de qualidade inferior costumam ser exportados para a África.

No avião a caminho de Bodø, sentei-me na poltrona ao lado de um cidadão nigeriano que residiu a maior parte da vida adulta em Manchester. Ele era corretor de pescados e viajava para as Lofoten para fazer compras no mercado futuro de peixes, especialmente de cabeças de bacalhau secas, muito apreciadas em certos países do oeste africano. No final da primavera, ele venderia para a África cabeças secas de um *skrei* que, até aquele instante, nem sequer havia sido retirado do mar.

Para o jantar teremos pequenos filés de bochechas que Hugo fatiou das cabeças dos bacalhaus que pescamos. Esta carne deve ser frita com a pele para baixo e tem um gosto distinto do restante do peixe, é mais fibrosa e tem certo sabor de crustáceo.

Enquanto comemos, Hugo conta uma história estranha, ou melhor, grotesca. Quando era garoto, em meados da década de 1960, foram construídos três grandes galpões de secagem em forma de pirâmide em Helnessund. Neles foram penduradas dezenas de milhares de palocos, em pleno verão. No norte da Noruega, não é comum pôr palocos para secar, mas estes estavam destinados a um outro mercado. Várias regiões da África eram assoladas pela fome e pela guerra.

Mas então vieram as moscas. Antes de ser exportado, homens com trajes descontaminantes borrifaram o peixe com o poderoso inseticida DDT. Felizmente, Hugo lembra-se bem, a exportação de palocos secos para os países subdesenvolvidos africanos foi interrompida anos depois.

Alguém deveria montar guarda à noite para que nenhuma marta venha comer o peixe, é o último pensamento que me ocorre depois que visto meu pijama e desabo na cama, onde adormeço instantaneamente.

25

Na manhã seguinte, pego minha caneca de café e vou dar um passeio pelo molhe. O bacalhau continua intacto, mas uma lontra vem nadando pela baía, defronte à Aasjordbruket, bem diante do cais. Ela não é exatamente discreta, pois saltita sobre a água, achando-se um golfinho. De repente para, esfrega as mãozinhas e olha para mim. Hugo surge caminhando atrás, e eu aponto na direção dela. Depois de alguns segundos, a lontra segue nadando em saltos, do mesmo jeito de antes. Nós dois nos limitamos a observar e rir. Hugo nunca tinha visto uma lontra nadar como um golfinho, e é mais estranho que o faça bem na baía de Skrova, em plena manhã de tempo ensolarado. Ele sempre avista lontras quando está pescando ao redor da ilha, e justo no inverno elas aprontam as maiores palhaçadas. Sobem pelos rochedos congelados e escorregam para dentro de água. Em seguida, voltam a subir e escorregar novamente, sem nenhum propósito em vista, mas a brincadeira revela um bicho de inteligência aguçada. As lontras são seres bastantes perspicazes. Nadam de costas segurando entre as mãos uma pedra, que usam para quebrar conchas sobre o peito.

As lontras sentem-se em casa nestas paragens, ao contrário da marta, que foi introduzida da América do Norte há cerca de cem anos devido à pelagem cobiçada. Alguns indivíduos fugiram dos cativeiros e se adaptaram bem à vida selvagem, quer dizer, mais ou menos, pois a marta intromete-se em qualquer lugar que consiga meter o focinho e não tem o menor autocontrole: devasta tudo que encontra pela frente à primeira oportunidade. Além disso, dizima quantidades pantagruélicas de aves marinhas.

À tarde zarpamos para um breve passeio, bem curto, apenas para aproveitar o tempo firme, e em poucas horas completamos nossa cota de bacalhau do dia numa pescaria, desta vez, bem mais tranquila. O barquinho não se prestaria a pescar um tubarão-da-groenlândia em alto-mar, não há o que discutir. O que, por sua vez, é uma pena, pois tenho um livro que me deu razões para crer que neste exato momento há um bando de tubarões-da-groenlândia nadando lá no fundo.

Johan Hjort (1869-1948) foi um dos nossos grandes oceanógrafos. Em 1900, empreendeu uma jornada de um ano pela costa setentrional da Noruega a bordo do novo «vapor de pesquisa da indústria pesqueira», batizado em honra do eminente Michael Sars. Hjort não era um cientista qualquer, mas na época era também ministro da Pesca, e queria inspecionar ele mesmo todos os entrepostos pesqueiros do norte norueguês. Os resultados foram publicados em 1902, no livro *Fiskeri e Hvalfangst i det nordlige Norge* [Pesca e caça à baleia na Noruega setentrional], que trouxe comigo a Skrova.

Na introdução, Hjort explica que queria «lançar luz sobre as grandes perguntas que vêm intrigando o extremo norte norueguês, região que ganhou projeção graças à antiga contenda entre a pesca e a caça à baleia». A antiga contenda instalou-se porque os pescadores costeiros de Finnmark diziam que as baleias perseguiam grandes quantidades de capelins até a costa. Se os cetáceos fossem abatidos, o equilíbrio tênue estaria desfeito. Os capelins deixariam de aparecer por culpa dos baleeiros. Ao longo de uma única estação, até uma centena de baleias azuis e outras dezenas de baleias-fin eram abatidas apenas no fiorde de Varanger. Os pescadores também diziam que os resíduos decorrentes do processamento das baleias envenenavam as águas do mar.

Hjort pesquisou fatores econômicos e biológicos em todas as fábricas de peixe, e não teve como excluir o tubarão-da-groenlândia do seu estudo. Ele admitia que o conhecimento científico da espécie era altamente escasso, mas afirmava que esse tubarão povoava o oceano Ártico em grandes quantidades, onde também era bastante capturado. Segundo o levantamento de Hjort, durante o inverno o peixe ocorria até no fiorde de Bunne, bem próximo de Cristiânia, hoje Oslo.

Nos bancos de pesca costeiros do condado de Nordland havia tubarões-da-groenlândia em quantidades copiosas, na mesma época da desova dos bacalhaus. Para que pudessem ser pescados, era preciso primeiro afastar dali os tubarões, escreve Hjort, sem explicar como era possível fazê-lo. Os predadores ocorriam tanto em águas rasas como em grandes profundidades.

Apenas no condado de Finnmark, sobretudo entre Hammerfest e Vardø, a pesca ao tubarão era conduzida em seis navios e vinte e um barcos (motorizados). Em 1898, rendeu ao todo 72 mil coroas, ou meros 500 mil dólares em valores presentes.

A descrição que Hjort faz da pesca em si demonstra que Hugo e eu não estamos inteiramente malucos. Eu o encontro na Casa Vermelha, onde ele está assentando um assoalho, e cito o trecho do livro: «Captura-se [o tubarão] com um gancho de ferro reforçado, amarrado a uma corrente de ferro grossa e a uma chumbada de bom tamanho. Como isca usa-se gordura de foca, e o peixe é arrastado para a superfície com uma polia e uma manivela. Desta forma é possível capturar até sessenta tubarões-da-groenlândia num só dia».

— Sessenta num dia, imagine só! Como se fosse motivo para se gabar! — diz ele, rindo.

Os pescadores que Hjort entrevistou tinham certeza de que o tubarão-da-groenlândia era capaz de fazer grandes migrações. Em abril a pesca era feita na costa, mas já em maio deslocava-se para o alto-mar. A partir daí, no verão, só era possível capturá-los nas franjas das geleiras do mar Branco, na Rússia, e em setembro os peixes ocorriam entre a ilha do Urso e Spitsbergen. Pescadores que se aventuravam nessa empresa disseram a Hjort que chegaram a encontrar pedaços de rede e corda no estômago desses animais. Garantiram também que o tubarão acompanhava a migração do bacalhau indo e voltando do Ártico. Uma boa quantidade de bacalhaus engolidos vivos também foi encontrada no estômago dos predadores.

Hjort faz uma consideração geral em torno da espécie que corrobora o que Hugo e eu aprendemos com nossa experiência: «A pesca do peixe tubarão é uma atividade extenuante. Nestas águas boreais as tempestades irrompem durante o ano inteiro, e é particularmente insalubre aferrar barcos de menor porte em águas revoltas, sob frio intenso, com o propósito de trazer à tona um tubarão-da-groenlândia».[1]

Alguns dos entrevistados por Hjort passaram uma vida inteira lidando com o animal. Um marinheiro das banquisas o pescava havia trinta verões sucessivos, e lhe contou que sozinho amealhou uns 70 mil litros de óleo de fígado, a única serventia que lhe tinha o peixe.

---

1   Johan Hjort: *Fiskeri og Hvalfangst i det nordlige Norge*. John Griegs forlag, 1902, p. 68.

Termino e fecho o livro do venerando Hjort, que depois de escrito ainda rendeu ao autor uma brilhante carreira como pesquisador das profundezas marinhas.[2]

O mar batendo à nossa porta está fervilhando de bacalhaus, e os tubarões-da-groenlândia mais audaciosos os vêm perseguindo desde quase o Polo Norte. Ainda que estivéssemos a bordo de um barco decente, não poderíamos zarpar neste momento. Em Skrova, está chegando a hora do grande Festival Mundial do Bacalhau, a copa do mundo da pesca dessa espécie.

---

[2] Mais tarde, Johan Hjort colaborou com o proeminente oceanógrafo britânico John Murray, que participou da primeira e lendária grande expedição submarina, a bordo do HMS *Challenger*. O veleiro zarpou de Portsmouth em 1872 e navegou pelos sete mares ao cabo de quatro anos. Durante a viagem, mais de 4 mil novas espécies foram identificadas. Em 1910, Hjort e Murray embarcaram no vapor *Michael Sars* em nova expedição desde o Atlântico Norte até a costa africana. Hjort e Murray catalogaram mais de cem novas espécies das profundezas, e descobriram que as criaturas das fossas abissais produzem luz com a ajuda de substâncias químicas e bactérias bioluminescentes. As descobertas foram registradas no livro *The Depths of the Ocean* (1912). A edição norueguesa foi publicada simultaneamente à inglesa: Sir John Murray e Dr. Johan Hjort: *Atlanterhavet. Fra overflaten til havdypets mørke. Efter undersøkelser med dampskipet «Michael Sars»*. Aschehoug, 1912.

26

Participamos da festa ano passado. Saímos pela manhã debaixo de um vento ártico que se abateu sobre a ilha durante a noite, soprando do sudoeste, direto pela boca da baía. Hugo suspeitou que o mesmo velho barquinho de catorze pés não estava bem amarrado. Ainda não havia uma doca em frente à Aasjordbruket, e o havíamos estacionado no cais da fábrica de Ellingsen.

A intuição de Hugo estava certa. Quando chegamos do outro lado da baía, o barquinho estava inundado. Levamos uma meia hora para esgotar a água do convés e emborcá-lo de modo que resistisse melhor à borrasca. Já que atravessáramos a baía, decidimos ir ao festival, que estava sendo realizado no restaurante Ankas Gjestebud.

Na esquina do restaurante, encontramos dois adultos com pás diante dum monte de neve, talvez querendo abrir uma caverna ali. Uma banda de blues com músicos noruegueses conhecidos se apresentava no palco. «Você fez que nem gaivota/ E terminou logo assim!/ Vem caindo a tempestade/ E você grita por mim.»

O relógio ainda nem marcava meio-dia. A tenda montada do lado de fora tinha lugar para pelo menos uma centena de pessoas, mas já estava sendo evacuada. O vento acabara de dar mostras do que era capaz e quase fez a cobertura decolar com tudo o que havia embaixo dela.

O interior do restaurante estava lotado de pessoas com copázios de meio litro de cerveja nas duas mãos, falando alto como se ainda estivessem em plena borrasca lá fora. Em sua maioria eram adultos, e as mulheres estavam tão exaltadas quanto os homens. Fui até o bar pedir uma taça de vinho e notei um homem me encarando de tal forma que não tive como encará-lo de volta.

— Que tal se a gente saísse no pau agora? — propôs ele.

Fiquei estarrecido e perguntei, com toda a educação, se o cavalheiro faria gosto de esperar pelo menos até eu ficar bêbado. O sujeito tinha apenas feito uma gracinha, mas sem sorrir ou trair algum outro gesto, como seria de esperar. Sentado a poucos metros dali, Hugo assistiu a tudo e, quando voltei para a mesa, quis saber o que tinha acontecido. Não ficou surpreso e me contou que o cidadão tinha fama de quebrar os braços dos desafetos, e me aconselhou a não procurar encrenca.

Hugo lembrou-se de outro episódio da infância. Da janela de casa, certa manhã, ele viu um homem sair em disparada de uma barraca, através de um rasgo a faca que fizera na lona. Dois outros saíram em disparada atrás do primeiro, que escapou na direção da orla. Nisso, a barraca começou a pegar fogo. Enquanto fugia, ou enquanto os três ainda digladiavam-se lá dentro, devem ter derrubado um fogareiro. O sujeito que corria na frente alcançou o mar e começou a nadar, enquanto seus dois perseguidores sacaram um revólver e dispararam em sua direção, tentando impedir que chegasse a um barco ancorado a uns cinquenta metros da praia de Innersund.

O xerife veio dar as caras só no dia seguinte. Alguém deve ter telefonado para denunciar. O braço forte da lei alcançou os três envolvidos, obrigou-os a fazer as pazes e dividir a conta da barraca, que se incendiou inteira. Os três não demoraram a chegar a um acordo e a questão foi resolvida.

Mette também nos acompanhou à festa no Ankas Gjestebud. Ela tem um temperamento e tanto e não é de desprezar uma festinha, mas aquela aglomeração de bárbaros, desacostumados a beber em tais quantidades e propensos a qualquer momento a entrar numa espécie de transe carnavalesco em que qualquer coisa seria permitida, foi demais até para ela, que não se demorou por muito tempo.

Hugo e eu permanecemos na mesa, um pouco a contragosto, porque a atmosfera do local nos deixara um pouco ansiosos. Não sabíamos dizer se ali era o festival do bacalhau ou da cerveja. Nessa hora, a costumeira fleuma dos noruegueses dá lugar a uma extroversão difícil de acompanhar a menos que você esteja na mesma sintonia, isto é, também tenha começado a encher a cara desde cedo. Até fizemos a nossa parte ingerindo algumas taças de um bom tinto, mas felizmente a festa terminou às quatro da tarde sem notícia de algum bêbado despencando das docas ou sendo atirado ao mar.

Ainda hoje lembro das palavras que ouvi da boca de Hugo enquanto caminhávamos, encolhidos sob uma forte nevasca, de volta à Aasjordbruket:

— Uma festa *dessas* nós aqui nunca iremos fazer. Nem por nada neste mundo!

É justamente a mesma festa que será realizada na Aasjorbruket dentro de cinco dias. O restaurante Ankas Gjestebud fechou as portas ano passado. Hugo e Mette encararam a responsabilidade de organizar o festival no espaço enorme de que dispõem, que acabou sendo o mais adequado, considerando as demais opções na ilha. Não tinham como dizer não a uma oportunidade dessas. Investiram muito dinheiro e precisam de um retorno. Muito ainda precisa ser feito para a estação ficar completa, os custos são altíssimos e os bancos já reclamam o seu. Talvez seja precipitado organizar um evento de tal porte agora, mas não resta outra alternativa.

Há meros três anos a Aasjorbruket estava aos pedaços, uma ruína enfeando a paisagem de quem chegava em Skrova, um verdadeiro monumento à vergonha local.

As paredes apodrecidas e as docas em estado ainda pior sinalizavam ao mundo que a ilha, junto com várias outras localidades costeiras, estava à bancarrota. Como se as pessoas lutassem contra o tempo, encurraladas contra a parede, por um futuro que jamais chegaria. A estação não era as ruínas de algum palacete burguês, mas a incômoda lembrança de que o progresso seguiu seu rumo inexorável, lado a lado com a emigração e a decadência, e partiu dali para nunca mais. Talvez a realidade não fosse exatamente assim. A questão é que parecia ser.

Agora, a nova Aasjordbruket está prestes a abrir suas portas para os convidados. Tem tudo para ser um dia memorável, não apenas para Mette e Hugo, não apenas para a estação em si, mas para todos os ilhéus. O objetivo é transformar a estação numa casa de cultura e de convívio para todos, a sala de estar de Skrova, por assim dizer. Pela antiga fábrica de pescados passou, ao longo de décadas, uma quantidade inimaginável de bacalhau. Que ocasião poderia ser mais adequada do que o Festival Mundial do Bacalhau para ela ressurgir do mundo dos mortos e adentrar o dos vivos?

Os últimos dias foram uma corrida contra o tempo, pois se trata de uma ocasião momentosa. Centenas de convidados são esperados ao longo do dia, mais do que o número de residentes em Skrova. Gente de Svolvær e Kabelvåg está a caminho em RIBS de grande porte, pesqueiros e até helicópteros. Os hotéis estão com 100% de ocupação e já não há um leito disponível. As pessoas viajam grandes distâncias primeiramente para pescar um bacalhau no mar das Lofoten e, se for o caso, ganhar o primeiro prêmio na copa do mundo. Várias empresas norueguesas trazem seus funcionários em excursões. O propósito, afinal, é aproveitar a paisagem belíssima, apreciar a vista de centenas de barcos no mar (se o clima permitir), degustar excelentes pratos à base de bacalhau e fortalecer os laços de coleguismo e amizade. O pretexto maior é festejar, e não apenas no evento na Aasjordbruket.

Mette e Hugo vêm trabalhando 24 horas por dia já há algumas semanas, planejando, encomendando, pesquisando mil coisas práticas que devem estar no devido lugar a tempo, desde uma carga extra de energia elétrica até a licença para vender bebidas e o alvará do corpo de bombeiros. É preciso ainda caiar paredes, construir balcões e corrimãos de escada, arrumar e decorar o ambiente. Uma cozinha precisa ser inteira construída, e serão servidos pratos de carne de baleia e hambúrgueres de peixe, entre outras iguarias de bacalhau. Boa parte disso existe e está disponível na própria ilha, mas muito ainda precisa ser transportado desde Svolvær.

Hugo adquiriu até mesmo uma antiga caldeira de vapor, pesando várias toneladas, que foi transportada de guindaste até o cais e de lá à porta de entrada da estação. Como não há acesso de veículos à Aasjordbruket, o transporte de qualquer objeto acima de certo peso precisa ser feito por via marítima. O «Havgull», que já pertenceu aos Aasjord, está içando do convés ao cais um estrado de madeira com 1.512 latas de cerveja, mais um tanque de mil litros de diesel para alimentar os aquecedores.

Salta aos olhos que a ilha inteira torce pelo sucesso da festa. Mette e Hugo reparam que as pessoas mais influentes de Skrova dão seu jeitinho para que a burocracia inflexível do distrito não emperre o bom andamento dos festejos. Uns brutamontes surgem carregando enormes fardos nas costas. Pessoas que nunca vi antes, pois Hugo leva uma vida pacata e recolhida, correm apressados pelo salão. É como se cada um soubesse sua parte na coreografia que está sendo ensaiada. Assistindo à estação ficando pronta para o festival, logo me vem à mente a cena dos preparativos para o casamento no palácio no filme *Cinderela*.

Até o clima resolveu cooperar, com céu claro e umidade perfeita para a cura do bacalhau. O mar está azul e branco como só nas cantigas dos marinheiros apaixonados. Quando o ferry-boat vindo de Bodø aportar aqui na tarde de sexta-feira trazendo os músicos contratados para tocar no festival, será apenas uma questão de acertar os últimos detalhes.

27

Às dez da manhã a multidão começa a se movimentar. Alguns ali não põem os pés na Aasjorbruket há pelo menos uns quarenta anos, e estão curiosos para rever a estação enfim. Durante todo o dia levas e levas de pessoas vêm conferir, muitas delas a bordo de RIBS de grande porte, desde Svolvær. Veleiros e iates antigos e restaurados, pilotados por aposentados, desfilam diante do cais recém-reformado ostentando mantas de bacalhau seco espetadas nos mastros e nas figuras de proa.

A festa foi tudo que esperamos e nada do que temíamos. Muita gente bebendo o quanto pode, num pileque que se estenderá por dias. Certos participantes do festival ganharam fama nos últimos anos, os tais brutamontes cujas mãozarras fazem parecer de aperitivo os copos de meio litro de cerveja.

A maioria dos que se demoram mais tempo vem das áreas vizinhas, ou seja, de ambas as margens do Vestfjorden. Lá dentro Hugo revê um sujeito que não encontrava havia cinquenta anos, desde uma festa de verão na casa de sua bisavó, em Fleines, Vesterålen. Quando fazia calor, conta-me Hugo, com um pendor por esse tipo de detalhe, o garoto vestia meias-calças marrons debaixo das bermudas. E tinha um corvo de estimação. Eles não eram amigos próximos e o homem não reconhece Hugo à primeira vista. Os dois acabam se esbarrando por acaso e Hugo diz à queima-roupa:

— Por acaso você conhece alguém que tinha um corvo de estimação?

O homem estremece de susto, pois nem ele se lembrava dessa história.

Lá fora, no cais, converso por acaso com um pescador da ilha de Hamarøy. Ele apanha bastantes halibutes e diz que já sofreu com tubarões-da-groenlândia arrebentando suas redes para trucidar os peixes. Caso não tenhamos sorte, ele insiste em dizer, Hugo e eu podemos acompanhá-lo, pois costuma pescar onde há tubarões-da-groenlândia em abundância. Eu anoto seu nome, mas aviso que queremos fazer a coisa a nosso modo.

Comida e bebida à farta. A quantidade de álcool consumida é tanta que não fica a dever ao «Grande Dia do Destilado». É preciso encomendar de urgência um novo suprimento em Svolvær. O recado mais transmitido de boca em boca nesta tarde é: «Mais birita está chegando aí no ferry» — que aponta na entrada da baía e atrai a atenção de todos na Aasjordbruket. Um senhor de chapéu de capitão e sorriso sardônico no rosto pede logo cinquenta doses de aquavita. Ele e sua turma vão sorvendo as doses, uma atrás da outra, e levantam-se para voltar à embarcação que os levará para casa. Neste ínterim a maré baixou e eles têm que descer do cais para a areia e fazer a baldeação num bote. É uma gente tão acostumada a isso que nem precisa estar sóbria para dar conta da tarefa sem maiores dificuldades.

Enquanto o grupo está de partida, surge singrando pela baía um drácar viking de vinte metros de extensão, construído à moda antiga. Com a vela enfunada e os remos erguidos, o drácar aproxima-se do cais da Aasjordbruket, tinindo de novo, exibindo carrancas de dragões em cada extremo do casco perfeitamente simétrico.

Não há o menor indício de tumulto nem nenhuma outra intercorrência, nem durante o dia nem quando a festa avança noite adentro. Dentro da estação a comemoração é destinada a adultos, que comem, bebem, dançam e vão gastando seu dinheiro. Desta vez as pessoas demonstram um otimismo bem maior que no ano anterior, que vai tomando conta de todos os presentes e deixando a atmosfera ainda mais animada.

As estrelas brilham no céu sobre as Lofoten durante toda a noite. Já no fim da festa decido dar um passeio pelo cais. Alguns cristais de neve pousam suavemente sobre os telhados das casas, galpões e montanhas de Skrova. O som do blues que emana do antigo galpão de salga toma conta de cada canto da estação, a batida do baixo sobe ao sótão e desce às rochas debaixo do molhe.

A música se propaga sobre a água na baía, onde sempre flui a corrente, e segue na direção do Vestfjorden. Se o vento não soprar forte, poderá ser ouvida a longas distâncias mar adentro.

Skrova costuma ser absolutamente quieta à noite. À exceção do vento e do zumbido de alguma câmara frigorífica que sempre está funcionando na fábrica de pescado de Ellingsen, raramente se ouve algum ruído. As gaivotas não são de passar a noite grasnando, têm alimento mais que suficiente e sempre à disposição. Agora a música se mistura às gargalhadas e aos flocos de neve que caem e derretem no mar. Lá no fundo, bacalhaus nadam para desovar, como aves de arribação submersas, que percorreram centenas de quilômetros pelo mar de Barents apenas para chegar ao local onde nasceram.

As janelas da Aasjordbruket, discretamente iluminadas, e uma lanterna no mastro de um navio conferem à fachada da estação uma aura cálida. Seria esta a primeira vez na história que uma fábrica de processamento de bacalhau foi aquecida artificialmente? Após décadas de silêncio e decadência, o prédio recém-reformado pulsa uma nova energia, a mesma que se impõe quando uma nova estação do ano chega para dizer adeus à anterior. É mais um relógio invisível que pende na parede da Aasjorbruket. Desta vez, exibindo a hora certa.

28

Levamos dois dias para arrumar a bagunça. Em seguida iremos nos concentrar no tubarão. O barquinho de catorze pés está em melhor forma, uma vez que boa parte do gelo nos canais de flutuação do casco duplo já derreteu. Estaremos mais leves, mas amanhã soprará um vento congelante que chegou do leste. O Vestfjorden cobriu-se de branco. É melhor esquecer os planos de sair ao mar. O vento insistente forma cristais de gelo que tilintam sob o sol de inverno no horizonte ao longe.

Já fisgamos um tubarão-da-groenlândia antes. Pegaremos outro. Mas não desta vez. O tempo não vai dar um sossego antes de eu ter que partir de volta ao sul. Nesta estadia nem sequer jogamos o anzol do tubarão ao mar. Mas os bacalhaus balançam ao sabor do vento, e estão bem secos. É uma visão de encher os olhos. Sim, é uma bela vista.

29

Vem a primavera, e mais uma vez a agulha da minha bússola interna aponta para o norte. Rolf Jakobsen escreveu no seu célebre poema: «Nesta terra extensa/ A maior parte é norte». Quem de fora aqui chega, porém, no mais das vezes mal se aventura além da parte sul da Noruega.

Dos quatro pontos cardeais, o norte sempre foi o mais mítico. Como o extremo norte era uma área que até recentemente estava além do horizonte, inatingível, cabia apenas à nossa imaginação estabelecer os limites para aquilo que habitaria as áreas mais setentrionais do globo. Os relatos sobre o norte cheio de mistérios têm origem com o célebre astrônomo e geógrafo grego Píteas de Massilia (atual Marselha). No século IV a.C., ele velejou desde o Mediterrâneo até onde hoje é a Inglaterra. De lá, circum-navegou as Ilhas Britânicas e alcançou o topo da Escócia, de onde se aventurou por mar durante mais seis dias, sempre no rumo norte, para então aportar numa terra desconhecida. Era um lugar completamente escuro no inverno, mas durante o verão o sol brilhava o tempo inteiro. Os nativos eram amistosos e tinham costumes estranhos. A cerração era espessa e o mar estava bloqueado pelo gelo. Píteas chamou essa terra de *Thule*.

Tudo que Píteas escreveu desapareceu ao longo da história, apenas trechos sobreviveram, na forma de relatos orais ou menções em obras de terceiros. Durante dois mil anos suas viagens vêm sendo objeto de controvérsias. Quais lugares teria de fato visitado? As Orkneys, as Shetlands, o Báltico, a Islândia, a Noruega ou talvez a Groenlândia?

O grego Estrabão dizia que tudo não passava de uma mentira e Píteas era um charlatão. Todos sabiam que as Ilhas Britânicas eram a última fronteira setentrional habitada pelo homem, sendo a a Irlanda a mais bárbara. Lá os filhos deitavam com seus irmãos e até com os próprios pais quando chegava a idade. A enigmática Thule não era nada senão a mais pura invenção.

O mito de Thule não sucumbiu, pelo contrário, só foi crescendo ao longo dos séculos. O poeta romano Virgílio usou o nome *Ultima Thule* para referir-se aos rincões sombrios do extremo norte do mundo. Uma terra a meio caminho da noite.

O explorador norueguês Fridtjof Nansen não tinha dúvidas. Somente um país ou região geográfica reunia todas as características assinaladas por Píteas, e não seriam as Shetland nem a Islândia, mas a porção norte da Noruega. Talvez nem todos os aspectos correspondam à realidade, pois o «mar de gelo» descrito pelo grego não é o mesmo que banha a costa norueguesa — a menos que o Atlântico Norte fosse consideravelmente mais frio há 2.400 anos. Para Nansen, noruegueses devem ter lhe contato sobre o oceano Ártico quando Píteas esteve pela costa de Helgeland ou ainda mais ao norte, onde deve ter presenciado o sol da meia-noite. Talvez tenha até passado pela ilha de Værøy, que Hugo e eu podemos avistar além do farol de Skrova. Talvez Thule fosse ali.

Nansen também escreveu sobre os hiperbóreos. Segundo a mitologia grega, esse povo vivia além do *nordavind*, ou vento norte, próximo do mar mais setentrional, onde as estrelas dormiam e a lua estava tão próxima que era possível enxergar a sua superfície em detalhes. Os hiperbóreos invocavam o deus Apolo para participar de banquetes e festins. Outros diziam que naquelas terras havia um enorme templo em forma de esfera, flutuando no ar sustentado pelos ventos. Os hiperbóreos seriam também extremamente musicais e dedicavam a maior parte do seu tempo a tocar a flauta e a lira. Não conheciam guerra nem injustiça, não envelheciam ou adoeciam. Em outras palavras, eram imortais. Quando se enfastiavam da vida, simplesmente atiravam-se do alto de um penhasco com uma guirlanda adornando os cabelos.

Thule, os hiperbóreos e demais relatos mitológicos sobre o norte não têm em comum o vazio das paisagens, mas aspectos como beleza, pureza, tranquilidade

— e um sentimento nostálgico em relação a tudo isso. O norte desconhecido era uma espécie de paraíso ou refúgio do sublime, um local que aos humanos não é dado alcançar, um estado de espírito virginal e puro — uma *inocência virtuosa*.

Thule nada mais é que um sonho de tudo que pode haver além deste mundo, e mesmo assim é um lugar — geograficamente falando — ao qual se pode aspirar.

Em meados de maio, cá estou eu novamente no barco expresso que liga Bodø a Skrova. Uma água fria, rica em minerais, é revolvida das profundezas pelas correntes marinhas e tempestades de inverno. O sol deu ao oceano uma nova vida, e as algas e os plânctons brotam em quantidades fartas.

Aproximando-se de Skrova a água adquire um tom verde leitoso. Vários mares, lagos e cursos de água do planeta têm o nome da cor que os caracteriza: o mar Vermelho provavelmente é assim chamado devido às algas avermelhadas comuns ali. O mar Branco é coberto de gelo a maior parte do ano. As tempestades transportam partículas de areia do deserto de Góbi para pousar na superfície do que conhecemos por mar Amarelo. Ninguém sabe ao certo por que o Pacífico recebeu o nome que tem, embora seja chamado assim desde a Roma Antiga. Quem sabe o mar Negro não é realmente mais escuro que os demais porque contém água doce em maior quantidade? Atualmente as águas do Báltico e do mar do Norte, sobretudo nos fiordes noruegueses, estão de fato ficando mais turvas. A água está realmente enegrecendo. O oceano é permanentemente fertilizado por matéria orgânica, que absorve a luz. O aumento das temperaturas globais reforça essa fertilização em excesso. Caso a água do mar escureça demais, muitos ecossistemas serão afetados ou até dizimados, enquanto a quantidade de águas-vivas aumentará a olhos vistos.[1]

Qual seria a verdadeira cor do mar? Ao longo dos tempos, um debate tórrido põe em xeque o senso comum — especialmente comum entre artistas, aliás — de que o mar é azul. Quem advoga o contrário admite, a contragosto, que a água parece azul à distância, sob determinadas condições ou pelo menos na incidência da luz solar. De manhã cedo a superfície marinha costuma ser de um tom cinza-pérola, e, se a noite é de calmaria, reflete o vermelho-sangue do arrebol. Além disso, a cor pode mudar de acordo com a profundidade, o aspecto do fundo, o teor de sal, a população de algas, a poluição,

---

[1] O biólogo marinho Dag L. Aksnes investigou o fenômeno e liderou um projeto de pesquisa chamado «Coastal water darkening causes eutrophication symptoms» [Escurecimento de águas costeiras causa sintomas de eutroficação]. Uma versão simplificada das conclusões foi publicada na revista *Naturen*, Dag L. Aksnes: «Mørkere kystvann?». Nº 3, 2015, p. 125-132.

os sedimentos fluviais e pluviais, a iluminação e as diferentes combinações de todos esses fatores. Marinheiros de antigamente sabiam que as correntes do sul têm um colorido azulado, ou mais azulado que aquelas do oceano Ártico, que costumam ser verdes.

A cor esverdeada no Vestfjorden de agora deve-se à multiplicação extraordinária de cocolitóforos, organismos unicelulares que existem aos milhares numa simples gota de água. Vistos sob o microscópio, parecem seixos redondos envoltos por uma carapaça ornada com pequenas filigranas de carbonato de cálcio e propelidos por uma minúscula cauda, ou flagelo. Esta explosão de micro-organismos ocorria todos os anos, mas não tão precocemente. No entanto, o mar à nossa volta está mudando.

A exemplo da maioria dos animais terrestres, que se alimentam de gramíneas e plantas, a maior parte da fauna aquática vive do plâncton. O plâncton faz o mesmo que as plantas terrestres: aprisiona uma quantidade maciça de carbono e produz oxigênio por meio da fotossíntese. Certas algas azul-esverdeadas de uma variedade específica são tão produtivas e abundantes que os cientistas atribuem só a elas a produção de 20% do oxigênio terrestre. A ciência não sabia da existência dessas algas até a década de 1990. O plâncton contribui em larga medida para a Terra ser um planeta habitável. Temos uma enorme dívida para com estes seres que não conseguimos sequer enxergar — e cuja existência é ignorada pela maioria das pessoas.

O plâncton pode assumir as mais estranhas formas e, examinado sob as lentes de um microscópio eletrônico, exibe aparências nada plausíveis: cristais de neve, módulos lunares, tubos de um órgão de igreja, torres Eiffel, deusas da liberdade, satélites de comunicação, fogos de artifício, imagens de caleidoscópio, escovas de dente, cestos de compras, sanduicheiras abertas, taças de vinho com pedras de gelo, taças de champanhe revestidas de peles de leopardo, urnas gregas, esculturas etruscas, bicicletários, redes de pesca esticadas, peças de maquinário, penas, flores, bolas de gosma envolvendo uma maçã, fones de ouvido sem fio, bolas de espelhos, sinos de igreja derretidos e transparentes, tapetes persas flutuantes, dentes-de-leão, peneiras, chapéus, aspiradores de pó, embriões, lâminas de barbear, úteros, órgãos sexuais intumescidos, espermatozoides, cérebros e canetas-tinteiro. Os plânctons podem assumir o formato de qualquer coisa — até mesmo de objetos inimagináveis, que parecem pertencer a outro mundo. Num balde com água marinha límpida e pura podem habitar vários milhões de micro-organismos, inclusive esses revestidos com suas escamas calcárias, chamadas cocólitos.

Um bilhão de anos atrás, outro tipo de organismo chamado coanoflagelado agrupou-se em colônias que, possivelmente, deram origem aos primeiros seres multicelulares.[2] Nesse caso, são nossos antepassados mais remotos. Tudo que está vivo hoje em dia é um parente distante dessas pequenas criaturas. Todas as formas de vida que conhecemos conseguiram, por definição, se reproduzir numa sequência ininterrupta que dura milhares de anos, desde o instante em que a vida surgiu no mar. Parece inimaginável, mas foi assim. Nós apenas não costumamos olhar as coisas dessa perspectiva. E, pensando bem, por que deveríamos?

A evolução é cega e flui como um rio ao longo das eras. Ela não se importa com aqueles que desaparecem no correr dessa jornada.

O oceano tem muitas cores. Mas qual seria o som do mar? O farfalhar das marolas que lavam a praia ou o estrondo das grandes ondas arrebentando contra penhascos e rochedos? Da terra é assim que o percebemos, mas embaixo de água tudo soa diferente. Ali o mar pode fazer um outro tipo de barulho, único, um ruído profundo, um murmúrio que emana de si próprio — a tal da distante agonia do cio do Beemote.

Há décadas esse ruído, que poucos são capazes de ouvir, vem intrigando pessoas no mundo inteiro. É um som que costuma ser descrito como o ronco de um motor

---

2 Per Robert Flood: *Livet i dypets skjulte univers*. Skald forlag, 2014, p. 59.

a diesel à distância, um ronronar, um tremor de baixa frequência. Há quem garanta que chega a causar sangramentos nasais, dores de cabeça e insônia. Muita gente teorizou sobre o fenômeno, responsabilizando desde torres de telefonia até OVNIS, passando por cabos submarinos, equipamentos de comunicação, *tinnitus* e até peixes copulando. Tantas foram as pessoas gozando de perfeita saúde mental insistindo que conseguiam ouvir esse som que os cientistas resolveram se debruçar sobre ele, e finalmente equipes do *Centre national de la recherche scientifique*, na França, parecem ter desvendado o mistério.[3] A arrebentação de ondas de maior porte ocasiona microssismos no fundo do mar. Sob certas circunstâncias, esses terremotos em miniatura produzem ondas sonoras profundas, que reverberam pela água e certas pessoas são capazes de ouvir nitidamente.

Assim que o expresso aporta em Skrova já é tarde da noite, como de hábito. Mas a luz está de volta, e pelos próximos dois meses o sol quase não irá se pôr. O outono e o inverno mostraram-se épocas assaz problemáticas para dois homens num barquinho pescarem um tubarão-da-groenlândia. Mas, na quarta estação do ano, estamos determinados a conseguir.

3 <http://onlinelibrary.wiley.com/doi/io.i002/20i-4GL062782/abstract?campaign=wlytk-41855.6211458333.>

Como de hábito também, Hugo empregou bem o seu tempo e avançou bastante na reforma da Casa Vermelha, que agora conta com toaletes no prédio principal para poder sediar eventos. Seus dois pôneis de Shetland, Luna e Veslegloppa, vieram de Steigen e agora pastam no pequeno vale a algumas centenas de metros dali, na direção de Hattvika. Hugo pretende remover os antigos tonéis de carvalho do galpão onde se refinava óleo de fígado de bacalhau e transformá-lo num estábulo, ainda antes do inverno. Eu me pergunto por que eles ainda os mantêm, agora que não há mais crianças dividindo a casa com os pais. Não é assim que pensam meus anfitriões, que certamente ficariam ofendidos se eu lhes sugerisse que se livrassem dos dois cavalinhos.

Hugo esteve em Gimsøy para inspecionar uma baleia-fin que encalhou na ilha, e atira duas barbas de baleia sobre a mesa da sala, tão leves que parecem feitas da mais delicada fibra de vidro. São como pentes de dentes bem estreitos e ficam localizadas no maxilar superior. Têm cerdas de pelos compridos e duros cobrindo as extremidades e servem para capturar e filtrar krill e plâncton enquanto deixam passar a água do mar. Mas as barbas são apenas uma distração. O que Hugo quer mesmo é trazer o crânio da baleia para Skrova. Não sabe ainda como fazer, mas acha que será preciso recorrer a um navio cargueiro.

No pavimento de cima ele me mostra algumas obras em andamento, nas quais usou lápis sobre papelão alcalino, onde colou recortes de papel de algodão indiano reciclado. O papel tem boa consistência e reproduz com fidelidade nuanças de cinza e preto. Alguns objetos concretos são bem perceptíveis, como zepelins — que afinal parecem baleias flutuantes. Outro quadro mostra uma figura que é francamente um tubarão-da-groenlândia se contorcendo na água.

Hugo planeja também uma escultura em grande escala da boca de um ouriço-do-mar, consistindo de oito partes idênticas reunidas num círculo que se abrem e fecham em perfeita sincronia, uma pequena maravilha mecânica. Além disso, está concluindo uma pintura inspirada numa antiga lápide viking, a mais alta de todo o norte da Noruega, que hoje se encontra em Steigen. Durante 1.500 anos, a lápide esteve em Engeløya, a poucos quilômetros da casa de Mette e Hugo, até o dia que um jardineiro municipal passou com um cortador de grama e inadvertidamente partiu a pedra ao meio. Não houve como repará-la.

Durante o jantar, um pequeno halibute que pescou com anzol em Steigen, Hugo me mostra um prodígio da inovação tecnológica. Mette lhe presenteou com um caniço e um molinete, ambos de fabricação japonesa, para pesca em grandes profundidades. É o que vamos usar de agora em diante. Eu trouxe comigo de Oslo um colete com cintos e faixas, do mesmo tipo que pescadores usam para fisgar marlins e peixes-espada no mar das Bermudas.

Os quatrocentos metros de corda que usamos até aqui pesam um bocado e ocupavam um espaço tremendo no barco. Agora tentaremos arrastar um tubarão de uns mil quilos com um fio um pouco mais grosso que uma linha de costura. É uma tecnologia nova, e o fio de cor amarela tem as mesmas propriedades da teia de aranha. Pode não parecer seguro. Mas é. Pode confiar.

30

Na manhãzinha do dia seguinte uma neblina densa encobre a terra e o mar. A Aasjorbruket está envolta por um silêncio absoluto. Todos os ruídos são abafados pela cerração, porém os sons que conseguimos ouvir sobressaem ainda mais. A audição fica tão aguçada quanto o olfato.

O mar está paralisado sob um nevoeiro que absorve não apenas o barulho, mas também o silêncio. Percebo o zunido de uma ventoinha ou gerador no qual não reparava antes, proveniente da fábrica do outro lado da baía.

Três horas depois a névoa se dissipa, deixando atrás de si uma camada de nimbo-estratos esgarçados e tingidos de um amarelo cor de bile. O sol não tardará a despontar, então arrumamos nossas coisas e nos lançamos ao mar calmo, passando pelo farol de Skrova e por Flæsa. Como isca, desta vez trouxemos um petisco delicioso. Desde o touro escocês não tínhamos nada à altura. O balde com os fígados dos bacalhaus que apanhamos no inverno fez a sua mágica. No topo rendeu vários litros do melhor óleo, que será usado para fabricar tinta. No fundo restou a borra visguenta, amarronzada e fétida a que chamamos *graks*. É quase pura gordura, justamente a substância que os antigos pescadores, incluindo o bisavô de Hugo, usavam naqueles tempos. O cheiro é râncido, mas bem mais complexo que o do touro escocês, que era apenas pestilento. Enchemos um galão de tinta com ele, nosso canto de sereia para os tubarões lá embaixo.

Novamente triangulamos nossa posição no mar usando marcos fixos na terra. Também contamos com um GPS, mas o aparelho é tão cheio de funções que nenhum de nós dois se sente seguro com ele. Então atiro a lata ao mar. Fizemos vários furos na tampa, que está amarrada apenas por uma corda, de modo que o conteúdo rapidamente escorrerá para fora quando chegar no fundo, onde espreita nossa fera.

É possível alguém se imaginar num mundo como aquele? Cercado pela água e pela escuridão, sem perceber coisa ou outra e nada além? Não damos conta do ar que nos rodeia na superfície, apenas sabemos que ele está ali. As profundezas escuras e frias são o mundo do tubarão, e é ali que ele desliza, devagar e em silêncio, como uma máquina viva, com toxinas entranhadas na gordura, no sangue e no fígado, e olhos quase cegos do qual pendem parasitas, larvas gigantescas que lhe perfuram a córnea. Tudo que deseja é perpetuar sua existência. Não possui sentimento que possa se comparar a alegria ou tristeza, muito menos dor. Cada vez que prende os dentes numa foca, ou mete o focinho na carcaça apodrecida de uma baleia, é possível que registre apenas algum tipo de satisfação imediata, confiando que sua existência estará garantida pelo próximo mês, ou quase isso. Os únicos seres vivos com os quais trava algum tipo de contato são aqueles que devora, exceto quando os ovos da fêmea são fertilizados pelo macho, numa cópula sem nenhum indício de felicidade ou ternura. Os filhotes rapidamente desenvolvem dentes e começam a vida como canibais ainda dentro do útero da mãe, onde o mais forte comerá seus irmãos e chegará a este mundo sozinho.

Quando os filhotes nascem, conseguem enxergar uma pálida nuança de cinza a centenas de metros acima. Mas é só e por pouco tempo. De imediato saem à caça de algo para comer, nadando devagar pelo negrume calmo e solitário do frio glacial. Não lhes ocorre questionar por que um animal como eles existe, afinal. Sua vida inteira é programada para seguir vivendo. Nenhum animal comete suicídio, não importa quão desgraçada seja sua existência nas trevas desérticas do Hades.

Seria assim uma tentativa humana de se imaginar naquelas circunstâncias. Talvez corra um outro tipo de sangue nas veias desse predador. Ele não sente o próprio peso, não tem inimigos, e flutua num universo ao qual adaptou-se perfeitamente após dezenas de milhões de anos de aperfeiçoamento.

Não, não conseguiríamos viver no mundo do tubarão-da-groenlândia.

Você já viu este filme: atiramos a isca no mar, mas a pescaria mesmo só começa no dia seguinte.

Hugo desliga o motor e ficamos à deriva, e à deriva jogamos conversa fora num instante e no outro apenas ficamos em silêncio, sentados, o olhar absorto na paisagem. Entre nós dois nunca há cobranças ou pressões, e talvez seja esta a melhor definição de amizade.

Depois de apenas meia hora, flutuamos para tão longe que tenho a impressão de avistar a ponta das Lofoten. Além do Lofotodden está o Moskstraumen, o fenômeno que há milhares de anos vem tirando o sono dos navegantes. Durante milênios o local foi considerado o umbigo do oceano, o poço do mundo, a garganta sem fundo. Na mitologia norrena, chamava-se Ginnungagap, o abismo marinho que a tudo suga num arrasto de água de proporções desmedidas e em seguida regurgita tudo o que engoliu, depois de a água ter lavado as entranhas da Terra. Pois a Terra não engole o mar quando precisa de alimento, como acreditavam as mentes mais sábias do passado? Não era assim que se regulavam as marés, entrando e saindo do interior da Terra, pelo Moskstraumen — o ponto aonde confluem todos os ventos, o berço do caos, o local onde as correntes são tão fortes que aspiram o próprio ar.

Olaus Magnus chamou o Moskstraumen de «Horrenda Charybdis», aquele que sorve tudo o que se aproxima, aquele que despedaça e engole naus, homens e animais. O clérigo norueguês Jonas Rasmus (1649-1718) acreditava que o próprio Ulisses tivesse de fato avistado as Lofoten e conhecido o Moskstraumen. Rasmus escreveu que o mais pavoroso rugido de uma queda-d'água ecoava entre os penhascos, os rodamoinhos eram tais e tão violentos que embarcação alguma lhes escapava e era tragada ao fundo.[1] Em 1591, o beleguim dinamarquês Erik Hansen Schønnebøl escreveu que o Moskstraumen era tão turbulento e seu bramido tão poderoso que «fazia tremer terra e mar e abalava a estrutura das casas». Num mapa desenhado em Hamburgo em 1683, o «Moskoe-Strohm» é apresentado como uma área de catástrofe que se estende por uma centena de milhas náuticas. Edgar Allan Poe foi além no conto «Uma descida ao Maelström» (1841), sobre um navio de pescadores locais capturado pelo torvelinho que ruge mais alto que as Cataratas do Niágara e abala a estrutura das montanhas.[2] Até o submarino «Nautilus», a proeza tecnológica

---

[1] Sigri Skjegstad Lockert: *Havsvelget i nord. Moskstraumen gjennom årtusener.* Orkana akademisk, 2011, p. 111.

[2] Edgar Allan Poe: «En ferd ned i malstrømmen», in *Mordene i Rue Morgue og andre selsomme fortellinger.* De norske Bokklubbene, 1997, p. 132.

comandada pelo Capitão Nemo, não era páreo para «o local mais perigoso dos sete mares», onde o vértice de água triturava «navios, baleias e ursos-polares e os drenava para a morte certa...».[3]

---

3   Jules Verne: *En verdensomseiling under havet*. De norske Bokklubbene, 1968, p. 204. [Ed. bras.: *Vinte mil léguas submarinas.* Trad. de André Telles. Rio de Janeiro: Zahar, 2014.]

31

Desde que Hugo e eu nos vimos pela última vez, estive conversando com um dos maiores especialistas em tubarão-da-groenlândia, dos quais não deve haver tantos no mundo, pois talvez ninguém queira arguir para si a honraria. Ele se chama Christian Lydersen, trabalha no Instituto Polar Norueguês e estudou diferentes aspectos do ciclo de vida e da biologia do animal. Hugo quer saber mais sobre o assunto e eu lhe conto todos os detalhes de que consigo me lembrar, exatamente como faz um diplomata quando regressa de uma missão a um lugar remoto e conturbado do planeta.

Lydersen e outros cientistas fizeram sua pesquisa de campo na costa oeste da ilha de Svalbard. Primeiro conversaram com pescadores experientes para só então descer um espinhel com 28 anzóis «tamanho tubarão» a bordo do navio oceanográfico «Lance». Usaram linha comum de pescar halibute com um fio de aço para engatar os anzóis. Nestes, fisgaram gordura de foca-barbuda. O espinhel desceu a profundidades de até trezentos metros.

Já na primeira recolha capturaram tubarões em um de cada três anzóis. Em pouco tempo, trouxeram à tona

45 animais, mais do que precisavam para descobrir o que procuravam sobre a dieta, a genética e os efeitos da poluição no tubarão-da-groenlândia. De alguns indivíduos só restava a cabeça. Enquanto estavam presos aos anzóis, outros da espécie aproveitavam para devorar-lhes o resto do corpo. Naqueles que ainda preservavam o saco estomacal, os pesquisadores encontraram focas-aneladas, focas-barbadas, focas-de-crista e restos de baleias-minke, assim como bacalhaus, peixes-lobo, hadoques e outras espécies de peixes. Os tubarões haviam engolido, inteiros, bacalhaus de mais de quatro quilos e peixes-lobo com o dobro desse peso.

A possibilidade de que matem baleias não é descartada, mas Lydersen descobriu exatamente de onde vinha a gordura das minkes que encontrou.

De cada minke capturada por um navio norueguês é feito um mapeamento genético completo. A gordura dessas baleias não tem valor de mercado e é descartada no mar, e adivinhe quem se refestela com isso lá no fundo?

E como esses tubarões capturam as focas? Nesse ponto, Lydersen e seus colegas descobriram algo que Hugo já sabia. Não era o caso de só comerem carniça, tantas eram as focas no estômago dos tubarões. Logo, só podem ter sido capturadas vivas. Mas como? Os cientistas instalaram sensores em alguns indivíduos e os devolveram ao mar. As medições mostraram que eles de fato nadam mais devagar do que as focas e demais espécies de peixes. Nada indicou que teriam capacidade de explosão para dar um *sprint* e acelerar em curtas distâncias, sem o que seria impossível abocanhar espécies mais rápidas empregando a técnica de sempre. A resposta está no fato de que a foca-anelada, a foca-barbuda e a foca-de-crista são mamíferos evoluídos, o que lhes confere muitas vantagens e também uma única grande desvantagem. Assim como nós, humanos, elas dormem: profundamente, de olhos fechados e com ambos os hemisférios cerebrais em repouso (no chamado sono bilateral simétrico).[1] As focas deitam-se no fundo do mar e sonham, talvez com cardumes de peixes, com seu parceiro foca, com seus parentes ou... Sim, seria muito interessante saber exatamente com o que sonham as focas. Elas adormecem sobre o gelo ou na superfície da água, um sono tão profundo que é possível tocá-las antes que esbocem reação. Na superfície sólida há a constante ameça dos ursos-polares. Talvez por isso as focas sintam-se mais seguras no fundo do mar, onde tiram um cochilo mais leve ou durante períodos mais curtos. Mas nem ali elas estão a salvo. A sombra cilíndrica do predador desliza lenta e furtivamente à procura de comida.

---

1   Christian Lydersen e Kit M. Kovacs: «Haiforskning på Svalbard», in *Polarboken 2011-2012*, Norsk polarklubb, 2012, p. 5-14.

Paciente, e persistente, o tubarão-da-groenlândia sonda o terreno com a ajuda da arma secreta que leva no nariz, as ampolas que detectam sinais eletromagnéticos, um radar que denuncia onde há vida. Uma foca sonolenta é uma presa fácil.

O tubarão-da-groenlândia usa todo o tempo de que dispõe e ataca com suas duas camadas de dentes afiados como serras. Assim que desperta abruptamente, a foca já está presa na mandíbula fétida do tubarão, prestes a ser mastigada em pedaços. Talvez fique paralisada de choque e de medo, transportada abruptamente de um mundo onírico para seu derradeiro e breve pesadelo — em vida. Isso me fez pensar sobre algo que certa vez escreveu o cineasta alemão Werner Herzog: «A vida do mar deve ser o puro inferno. Um inferno enorme e impiedoso de perigos permanentes e imediatos. Um inferno de tal proporção que, ao longo da evolução, algumas espécies, incluindo a humana, fugiram dali, rastejando para pequenas ilhas de terra firme, onde continuaram a aprender as Lições das Trevas».[2]

— Puta merda! — exclama Hugo. — Só mesmo sendo quase um austríaco (Herzog é bávaro de Munique) para falar assim do oceano.

---

2   Werner Herzog: «The Minnesota Declaration: Truth and Fact in Documentary Cinema». Palestra realizada por Herzog em Mineápolis, 1999.

— Mas como o tubarão-da-groenlândia captura os peixes? — eu lhe pergunto, desafiador.

Instalando transmissores de última tecnologia nos animais, Lydersen e os seus colegas descobriram muito sobre a trajetória desse peixe. Os transmissores foram instalados nos animais na costa oeste de Svalbard e programados para se desprender depois de, no máximo, duzentos dias. Alguns apareceram boiando pelas orlas da Groenlândia, outros em águas territoriais russas, ao sul do mar de Barents. Muitos nunca foram encontrados, provavelmente porque se desprenderam de indivíduos que se encontravam sob a calota polar. Um animal em particular nadou mais de mil quilômetros em cinquenta e nove dias, uma distância surpreendente, considerando-se como são lentos. Em sua maioria, os tubarões mantiveram-se em águas mais rasas, entre cinquenta e duzentos metros de profundidade. Mas um deles desceu ao máximo que os instrumentos podiam registrar, 1.560 metros, e provavelmente foi além. Lydersen e os pesquisadores descobriram também que alguns espécimes transitaram do Atlântico para o Pacífico e vice-versa, cruzando o estreito de Bering.

Seja como for, as amostras de fígado e gordura dos animais analisados comprovaram que as substâncias mais tóxicas e resistentes que circulam nos biomas terrestres acumulam-se nas regiões mais setentrionais, estendendo-se até o Polo Norte, e vão parar na fauna ártica. Algumas dessas substâncias alteram o sexo dos animais, outras podem destruir sua capacidade reprodutiva e acarretar diversos tipos de câncer e outras doenças. Os tubarões-da-groenlândia tinham um porcentual acumulado de poluentes ainda maior do que o urso-polar, e a carcaça de um urso-polar é considerada lixo tóxico.

Seguimos pelo Vestfjorden no nosso bote de borracha, como tantas vezes antes, sobre a paisagem de florestas, vales, desertos, montanhas, planícies e precipícios ocultos no fundo do mar. É um dia claro e sossegado, as marolas rebrilham sob o sol como escamas de peixe. Normalmente estamos sozinhos quando nos aventuramos por aqui, ao sabor das águas. Uma vez ou outra topamos com um barco mais moderno, feito de plástico, pescando pelos arredores, e, se o ar está excepcionalmente límpido, avistamos cargueiros com a ponte iluminada singrando silenciosamente pelo fiorde na direção de Narvik, pela rota de transatlânticos, a uns três quilômetros de distância. Nunca avistamos alguma embarcação de lazer, mas agora mesmo um outro RIB vem em nossa direção, planando pelo mar como se fôssemos seu alvo. Hugo e eu nos entreolhamos, a situação logo nos recorda uma ocasião em Flaggsundeet, entre a ilha de Engeløya e Steigen, no continente. Era uma esplêndida noite de verão de mar parado e sol da meia-noite.

Não víamos embarcação alguma pelo mar, e Hugo acelerou o bom e velho barco de catorze pés na direção do campo de peixe aonde queríamos chegar. Eu sentava bem na proa, bloqueando a visão de Hugo, mas não havia nenhum motivo para estarmos alertas naquele tapete de água plana, conforme nos certificamos antes de zarpar. Eu sentava de frente para Hugo, de costas para onde rumávamos. Uns dois minutos depois, eu o vi franzindo o cenho e arqueando o corpo a quase noventa graus, puxando a alavanca do motor, girando o barco na direção do continente e quase me lançando pela amurada a estibordo. A muito custo consegui me segurar a bordo. Um milésimo de segundo depois, pois essa é daquelas situações que parecem acontecer em câmera lenta, me vi encarando as feições apavoradas de dois outros homens. Estavam tão próximos que era só esticar a mão e cumprimentá-los. Passamos de raspão pelo barquinho onde estavam, de pé, tesos, torcendo para que o impacto da esteira que nosso barco produziu não os lançasse ao mar.

Dois homens saíram ao mar exatamente como nós, para pescar, mas sobretudo para aproveitar um pouco de uma noite de verão perfeita. Fazia uns dez minutos que acompanhavam atentos o nosso curso. Devem ter ficado cada vez mais irrequietos, trocando olhares preocupados e se perguntado se não iríamos nos desviar do possível choque. Talvez tenham se tranquilizado achando que isso jamais poderia acontecer, devem ter se convencido que seria impossível não avistá-los.

Se nosso barquinho de plástico tivesse trombado com o deles, no meio do fiorde com visibilidade perfeita e nenhuma brisa, seria o acidente náutico mais estúpido já registrado naquela área em décadas. Nós quatro poderíamos ter morrido. As investigações teriam descartado qualquer outra hipótese e concluído que o impacto só poderia ter sido intencional. Rimos muito depois de passado o perigo, e finalmente perguntei a Hugo:

— Qual é a probabilidade de dois barcos trombarem desse jeito? Zero? Quase zero?

— Nada disso — responde ele. — Estávamos bem no meio da rota de navios, que é bem estreita e delimitada por rochedos. Quando finalmente os avistamos, a chance de colidir não era pequena. Era altíssima.

A poucos metros de distância, tudo que Hugo conseguiu enxergar além da minha cabeça foram dois homens atabalhoados, correndo de um lado para o outro do barco, dois atores numa comédia de erros, até finalmente parar e um deles tentar acionar o motor.

No dia seguinte, encontramos os dois sujeitos num concerto em Seigarheim. Um deles olhou torto para Hugo e lhe perguntou que merda estávamos tentando fazer, eles estavam a ponto de se atirar ao mar. Não tinham sequer coletes salva-vidas. — Pois nós tínhamos — retrucou Hugo, acrescentando que é proibido navegar sem tê-los a bordo.

O RIB que se aproxima de nós a toda velocidade, não muito longe do farol de Skrova, muda de rota e prossegue contornando a ilha.

As correntes fortíssimas, como sempre, nos desviam para bem longe do nosso objetivo. Hugo aciona o motor e voltamos rumo à terra para pescar nosso almoço. Enquanto isso, ele me ensina palavras e expressões que eu desconhecia. Aponta para a praia, onde um promontório desponta na nossa direção e se prolonga sob a água. Aquilo lá é um *snag*, ele ensina. Os pescadores têm um vocabulário riquíssimo para descrever desde aspectos do fundo do mar até as alterações do halo em volta da Lua, por exemplo.

A paisagem terrestre estende-se naturalmente sob a água. Se drenássemos o mar, estaria bem mais perceptível. Mas o que faríamos com toda essa água? Lembro-me de uma história da Grécia Antiga. Se não estou equivocado, um velho rei tinha proposto um desafio, e, se perdesse, comprometeu-se a secar o mar de toda água. Ele perdeu, e o vencedor veio lhe perguntar como ele pensava em esgotar o oceano. O rei lhe respondeu que estava apenas esperando o afortunado vencedor impedir rios e regatos de desaguar no mar, pois isto não fazia parte do desafio.

Há peixes em abundância em ambos os lados do *snag*, e não demora para pescarmos dois pequenos palocos para o jantar. O paloco é da família do bacalhau, mas não migra. Tem uma tonalidade acobreada que o torna muito difícil de ser visto pelos predadores nas florestas de kelp marrons, amarelas e vermelhas.

Num dia como este o Vestfjorden se mostra como um verdadeiro paraíso de pureza. Nada mais distante da verdade. Embora estejamos em mar aberto e as correntes fluam livres, a todo instante encontramos objetos de plástico à deriva pelo mar. Talvez tenham sido descartados ali mesmo, talvez venham trazidos de uma costa distante. Os mares do mundo estão todos interconectados.

Há vinte anos, um cargueiro que ia da China para os Estados Unidos foi colhido por uma tempestade de inverno no Pacífico. Alguns contêineres se soltaram, abriram as portas e caíram no mar. Desde então, 28.800 bonequinhos de plástico — tartarugas azuis, sapos verdes e patos amarelos — vagam ao sabor das correntes pelo mundo inteiro. Um escritor refez a trajetória dos patinhos amarelos pelo globo desde a fábrica onde foram produzidos, na China, e batizou seu livro de *Moby-Duck*.[3]

Como os demais objetos de plástico, os patinhos não afundam, pelo menos até serem dissolvidos em partículas de plástico microscópicas. O plástico e muitos dos elementos tóxicos que contém levarão pelo menos mil anos para serem totalmente eliminados. Parte dele

---

3   Donovan Hohn: *Moby-Duck: The True Story of 28.800 Bath Toys Lost at Sea*. Viking, 2011.

provém dos tecidos sintéticos das roupas que lavamos em casa. As correntes marinhas fazem com que ilhas de plástico se acumulem em determinados locais, onde ficam rodopiando em círculos. Uma ilha de plástico no Pacífico tem o mesmo tamanho de metade do estado do Texas, nos Estados Unidos. Outra está tomando forma agora no mar de Barents. Até mesmo os caranguejos pelágicos no distante e frio mar de Barents contêm plástico no seu sistema digestivo. Quando o plástico é desfeito em micropartículas, acaba ingerido pelo plâncton ou desce até o fundo, onde é ingerido pelos animais que ali habitam.

Portanto, a história dos patinhos que boiam na grande banheira marinha não tem um final feliz. Pesquisadores descobriram que nove entre dez aves marinhas da Noruega têm partículas de plástico no estômago. As aves não conseguem digeri-lo, e o plástico as impede de obter seus nutrientes. A cada ano, mais de um milhão de aves marinhas e mais de cem mil cetáceos morrem por causa da poluição por resíduos plásticos.

Também o bacalhau, que nada por aí de boca aberta, pode estar com a barriga cheia de plástico. No Mediterrâneo acontece de cadáveres de cachalotes jovens encalharem nas praias. A *causa mortis* é sempre um mistério. Mas ao investigarem um espécime descobriu-se dezessete quilos de resíduos plásticos no seu estômago. A causa mais provável da morte dessa baleia eram pedaços grandes de plástico de alta densidade oriundos das estufas do sul da Espanha.[4]

Aqui na Noruega nós também maltratamos o mar como ninguém. Nos fiordes, a indústria pesqueira despeja os resíduos que bem quer. As traineiras arrastam tudo que encontram pelo fundo no mar e deixam um deserto por onde passam. Até pouco tempo atrás acreditávamos que os corais só existiam nos trópicos, em águas relativamente bem rasas. Mas além da costa norueguesa há um sem-número de colônias de corais de águas frias e profundas.

No extremo das Lofoten, próximo de Røst, está o maior recife de coral das profundezas já descoberto até aqui. Com quase sete quilômetros de comprimento e três de largura, situa-se num terreno acidentado próximo a Eggkanten, a mais de trezentos metros de profundidade. O tubarão-da-groenlândia pode ser o vertebrado mais antigo que se conhece, mas nenhum organismo terrestre vive mais que os corais, e estes, que pertencem à espécie *Lophelia*, podem ter 8.500 anos de idade, ou seja, são consideravelmente mais velhos que a idade que se atribuía ao planeta Terra até poucos séculos atrás. Os pescadores sempre souberam que os corais

---

[4] *The Guardian*, 8 de março de 2013.

estão apinhados de vida. Grandes quantidades de peixes e animais marinhos encontram alimentos e proteção nas florestas de corais, em meio a árvores submersas gigantes, vermelhas ou cor-de-rosa (*Paragorgia arborea*), que podem atingir cinco metros de altura. Uma traineira que arraste uma corrente de ferro pelo fundo do mar destruirá essa fauna e flora em questão de segundos. Suas redes voltarão cheias à superfície, é verdade, mas é uma pesca que só terá sucesso uma vez.

O fundo do mar é fértil e literalmente colorido e frágil como porcelana. Se os recifes de coral forem destruídos, levará anos para chegarem ao mesmo tamanho de antes. Nunca fomos tão míopes: estamos de verdade cortando árvores no tronco apenas para colher seus frutos.

Determinados aglomerados de corais na costa norueguesa estão a salvo atualmente. Mas muitos ainda não foram mapeados e novos biomas de corais de grandes profundidades estão sendo descobertos numa área que vai da costa da Noruega até o mar de Barents, boa parte deles bastante avariados por traineiras, com esqueletos de corais amontoados por toda parte. Como se não bastasse, a indústria petroleira já obteve, ou planeja obter, permissão para procurar petróleo em áreas de corais já protegidos pela legislação norueguesa.

As máquinas seguem destruindo tudo. Em muitos locais, inclusive próximo de Skrova, as florestas de kelp estão sendo dizimadas pelas traineiras, a despeito das recomendações dos pesquisadores e dos protestos dos pescadores. Alevinos e peixes pequenos prosperam no meio desas algas, e uma série de outras espécies habita ali e em nenhum outro lugar. Mesmo assim, as autoridades permitem que ecossistemas tão delicados sejam destruídos apenas porque uns poucos querem ganhar dinheiro comercializando algas.[5] O kelp é trazido à superfície em enormes garras de guindastes. É uma indústria de milhões de dólares. Um único barco pode colher até três toneladas de folhas de kelp por dia.

Quem se dá o trabalho de refletir sobre essas coisas depois de um dia perfeito no Vestfjorden? Nem mesmo Hugo e eu. Comemos nosso paloco fresquinho e aproveitamos para tomar um pouco de sol. Super-RIBS altamente sofisticados zarpam de Henningsvær, Kabelvåg e Svolvær e não param de cruzar diante da Aasjorbruket, apinhados de turistas passeando.

Eles vêm para desfrutar a paisagem, de uma beleza única. Pessoas de várias partes do planeta desembolsam grandes somas para testemunhar esta beleza com os próprios olhos. Eu sei muito bem por quê. Os alpes dramáticos que brotam de dentro do mar, a luz em

---

[5] Recentemente, o Ministério da Pesca norueguês emitiu uma licença igualmente controversa para a costa de Nord--Trøndelag. Revista *Fiskaren*, 17 de junho de 2015, p. 5.

contínua mutação, seja verão ou inverno, as praias de areia branca, a grama verde-clara cobrindo uma faixa de terra que tem como pano de fundo uma parede vertical de montanhas altíssimas e pequenos glaciares, a riqueza infinita do mar, para não mencionar um panorama cultural de tradições antigas e relativamente intocadas... Sim, as Lofoten reúnem tantas belezas que compreendo muito bem por que as revistas de turismo costumam referir-se a estas ilhas como possivelmente as mais belas de todo o mundo.

Mas esta não é uma avaliação fácil de fazer. Nosso olhar para o belo não é atemporal, e isso fica muito claro quando se lê o que se escrevia sobre as Lofoten no passado.

Em 1827, o norueguês Gustav Peter Blom, um magistrado membro da primeira Constituinte e em seguida governador do condado de Buskerud, decidiu viajar pelo norte do país e relatou suas impressões no livro *Bemærkninger paa en Reise i Nordlandene og igjennem Lapland til Stockholm i Aaret 1827* [Anotações duma viagem pelas Terras do Norte e através da Lapônia para Estocolmo no ano de 1827]. A opinião de Blom sobre a paisagem das Lofoten não era apenas morna, mas abertamente negativa. Para ele, a costa de Helgeland era sem graça, mas as Lofoten eram horríveis, de uma feiura impossível de imaginar.

Blom deixou bem registrado: «As Lofoten são tão desprovidas de belezas naturais quanto é possível sê-lo.

Os penhascos íngremes mergulham direto no mar, e mal cedem espaço para uma residência modesta... Quais destes locais seriam os mais belos pode ser objeto de discussão, porém o mais feio é inegavelmente a estreita faixa de praia na paróquia de Flakstad, localizada numa escarpa nua próxima a um porto estreito, cercado de rochedos e ilhas, que não oferece terreno para mais construções; e sobre as poucas que existem paira uma encosta tão íngreme que amaça despencar sobre as casas e o mar a qualquer instante».[6]

Onde eu enxergo uma paisagem deslumbrante Blom via uma terra erma, infértil e privada de encantos. A costa leste das Lofoten, onde eu e Hugo nos encontramos, é feia, afirma Blom, mas nada supera a vulgaridade da parede oeste da cordilheira, onde sopram os ventos mais perigosos e a natureza é particularmente desagradável.

É provável que Blom tenha passado por Skrova, pois cita Vågakallen, o pico mais alto do extremo das Lofoten, e a localidade de Brettesnes, no Storemolla. Skrova fica quase no meio destes. Quando passamos pelo farol, sempre avistamos Vågakallen (942 metros acima do mar), a não ser em caso de neblina ou neve. Blom explica que a montanha «assemelha-se a um velho pescador de chapéu

---

[6] Gustav Peter Blom: *Bemærkninger paa en Reise i Nordlandene og igjennem Lapland til Stockholm i Aaret 1827*. R. Hviids Forlag, 1832 (2ª edição), p. 77-78.

na cabeça, carregando sua rede sobre o ombro, daí seu nome [*kallen* significa «velhote»].» Na direção oposta, a nordeste, estão Lillemolla e Storemolla, ambos com a metade da altura, porém mais próximos de nós e, portanto, mais perceptíveis na paisagem.

Ao contrário de Blom, o imperador Guilherme II da Alemanha era obcecado pelas belezas naturais das costas oeste e norte da Noruega, em especial das Lofoten. Com sua esquadra de iates e belonaves, ele não abria mão de apreciar os célebres tons púrpura do céu setentrional e «o ouro fluido do mar, ao qual não fazem jus nem os Alpes ou os trópicos, tampouco o Egito ou os Andes».[7]

O imperador Guilherme decidiu visitar as Lofoten depois que viu uma imagem delas em Berlim, em 1888. O artista utilizou fotografias das ilhas para compor uma panorâmica de 115 metros de largura. As fotografias foram tomadas a partir da aldeia de Digermulen, logo atrás da montanha de Storemolla. Se fossem feitas hoje, provavelmente nosso barquinho entraria em cena.

O pintor favorito do imperador era o norueguês Eilert Adelsteen Normann (1848-1918), que retratou as Lofoten. Ao contrário de Christian Krohg, Adelsteen Normann capturou toda a beleza das ilhas. Até o «ouro fluido» do sol da meia-noite ele conseguiu registrar, sem,

---

[7] Svein Skotheim: *Keiser Wilhelm i Norge*. Spartacus, 2001, p. 168.

no entanto, enlouquecer sob o efeito da luz intensa, tal qual Lars Hertervig. Para alguém que desejasse retratá-las bem, seria imprescindível ter nascido e crescido nas Lofoten, e assim eram os pintores realistas mais célebres do final do século xix e começo do século xx, todos oriundos do distrito. Adelsteen Normann era da ilha de Vågøy, ao sul do Vestfjorden. Gunnar Berg (1863-1893) era de Svinøya, em Svolvær, onde também nasceu Halfdan Hauge (1892-1976). Ole Juul (1852-1927) era de Dypfjord, em Henningsvær, e Einar Berger (1890-1961) vinha da ilha de Reinøya, em Troms.

Quando criança Hugo costumava atirar bolas de neve na janela do estúdio de Halfdan Hauge, na ilha de Svinøya. Ele se recorda do pintor como um senhor muito distinto. Adelsteen Normann era primo do bisavô de Hugo.

Hugo é abstracionista, mas se mantém fiel às tradições. Agora mesmo está trabalhando numa marinha que é mais impressionista que abstrata.

A muralha das Lofoten é a própria arcada dentária de um tubarão, camadas de picos à guisa de dentes afiados, uma atrás da outra. O mar investiu contra esta barreira de rochas durante milhões de anos e de pouco adiantou. Nem a força das ondas é páreo para a cordilheira, que à distância pode parecer uma inexpugnável fortaleza de pedra, e de certa maneira é exatamente isso.

Trechos de montanhas ali têm aproximadamente três bilhões de anos. Não a parede inteira, mas determinadas montanhas que a compõem.

Como de hábito, trago comigo uma pequena pilha de livros, desta vez sobre geologia e geografia primitiva. Enquanto Hugo retoma o trabalho de carpintaria na Rødhuset, onde falta muito pouco para que eletricistas e encanadores venham arrematar o serviço, eu me ponho a ler.

Uma das minhas leituras é sobre a idade da Terra. Em 1650, o bispo irlandês Janes Ussher assegurava que Deus criou a Terra num sábado, 22 de outubro, no ano de 4004 a.C., por volta das 18h, quer dizer, à tardinha ou na boca da noite. Ussher, cuja obra era bastante lida e admirada, baseou sua teoria na cronologia bíblica, assim como muitos antes dele e tantos outros depois. Hoje em dia essas formulações podem soar ridículas, mas na época do bispo ninguém suspeitava que a Terra teria existido antes de nós, seres humanos.

Nos séculos vindouros surgiram vários indícios de que o cálculo era uma completa insanidade. Fósseis de animais marinhos gigantescos foram encontrados bem distante do mar, geralmente no alto de montanhas, ou em sítios arqueológicos no meio de Paris, que evidentemente esteve submersa muito tempo atrás. Que fim teriam levado aqueles seres estranhos? Muitas espécies pareciam ter desaparecido havia milênios.

Algumas mentes brilhantes, como Edmond Halley (o nome por trás do cometa), tentaram precisar a idade da Terra estimando a quantidade de sal que os rios despejam no mar. Para que o oceano tenha acumulado tamanha quantidade de sal, a Terra obrigatoriamente deveria seria bem mais velha do que alguns milênios.

Ao longo do século XVIII, filósofos e cientistas naturais foram se dando conta de que a Terra deveria ter pelo menos dezenas de milhares de anos. Alguns deles guardavam as conclusões para si, temendo atrair a ira da Igreja, mas é evidente que os cálculos de Ussher estavam bastante equivocados. À medida que a geologia foi se formando como ciência, mais e mais pessoas perceberam que a Terra era muito mais antiga do que a Bíblia afirmava, possivelmente milhões de anos mais velha. Sedimentação, montanhas erodidas e estudos vulcânicos não deixavam dúvidas. A América do Norte teve um clima tropical há muito tempo, a Índia já foi coberta de gelo, e a maior parte da Terra já esteve submersa em algum momento. As evidências eram difíceis de negar, mas não seria possível reinterpretá-las à luz da religião? A descoberta de conchas e fósseis de peixe em sambaquis no topo de montanhas não seria uma prova de que o Dilúvio Universal realmente aconteceu, embora numa época bem distante do que se pensou a princípio? Ou de que Deus quis erradicar certas espécies que não Lhe apeteciam?

Colecionar fósseis virou febre, para alegria até de arqueólogos amadores. Alguns eram de espécies extintas como mamutes, dinossauros e colossos submarinos. A cada dente estranho que era desenterrado seguia-se uma comoção. Alguns pareciam provir de um tubarão, mas eram grandes demais. Talvez tubarões e outras criaturas gigantescas — como os amonitas (uma subclasse de cefalópodes que tinha conchas helicoidais como chifres de carneiro e se subdividia em trinta ou quarenta espécies distintas) ou os trilobitas — ainda habitassem as profundezas marinhas como fósseis vivos?

A questão da idade da Terra perdurou durante séculos como pedra de toque da filosofia e da teologia. Mas, no correr do século XIX, um maior número de pessoas convenceu-se de que a Terra era infinitamente mais antiga do que se supunha. Logo, quase toda a história terrestre transcorreu sem que estivéssemos presentes, uma ideia nada palatável, pois rompia radicalmente com tudo que a religião apregoava até então. Não era concebível que a Terra tivesse sido criada ao longo de apenas seis dias — há alguns milhares de anos. De repente entrou em cena o ser humano, mas só depois de inúmeras outras espécies que aqui viveram há milhões, talvez bilhões de anos.[8]

---

8   Várias das informações sobre as idades geológicas e os esforços dos pesquisadores para determiná-las e derivar suas conclusões, desde o bispo Ussher aos nossos tempos, foram

Somos acostumados a ver a geografia e a localização dos continentes como algo estático, mas na perspectiva geológica não há concepção mais falsa do que esta, e as Lofoten são apenas uma das muitas provas em contrário. Há um bilhão de anos, as massas de terra que se transformariam na Escandinávia de hoje localizavam-se bem próximo ao Polo Sul atual. Ou melhor dizendo: a Escandinávia estava onde já esteve o Polo Sul, pois também os polos se movem e até chegam a trocar de lugar entre si.

A Escandinávia fez parte um dia do antigo continente Rodínia, que se subdividiu em vários outros no transcorrer de algumas centenas de milhões de anos. Um desses continentes é conhecido hoje como Báltica, e com o passar de outros milhões de anos uniu-se à Laurência (América do Norte e Groenlândia), formando o supercontinente temporário da Euramérica. Quando esses dois continentes colidiram, formaram cordilheiras de cada lado. A Laurência e a Báltica voltaram a se afastar, e nesse processo criaram um novo oceano entre si. Isso não aconteceu uma, mas duas vezes.

E assim foi. Há trezentos milhões de anos, as massas de terra do planeta uniram-se num só continente

obtidas no excelente livro de Martin J. S. Rudwick: *Earth's Deep History: How It Was Discovered and Why It Matters*. The University of Chicago Press, 2014.

chamado Pangeia. Dois milhões de anos depois, ele também se desfez em pedaços. Em fins do século XVI, o cartógrafo e geógrafo flamengo Abraham Ortelius reparou num detalhe impressionante: a costa oriental da América do Sul encaixa-se perfeitamente na costa ocidental da África como duas peças de um quebra-cabeça. Mesmo assim, até 1912, quando o alemão Alfred Wegener publicou um tratado inovador sobre a deriva dos continentes, a teoria da Pangeia era objeto de especulações.

Rochas derretidas do núcleo terrestre afloraram, endureceram sobre os oceanos primordiais e trouxeram à luz novas terras. Os continentes moveram-se pela crosta terrestre como naus à deriva. A Idade do Gelo os comprimiu como se fossem o piso térreo de uma construção de vários andares que desabasse. As placas tectônicas se afastaram, colidiram, mudaram de lugar e seguiram à deriva, frequentemente levando consigo pedaços de continentes numa espécie de efeito colateral. Esses entrechoques deram origem a uma série de acidentes geológicos monumentais, resultando nas cordilheiras do Himalaia, Andes, Rochosas e Lofoten.

O Vestfjorden não é um fiorde qualquer, mas uma bacia sedimentar. Durante as glaciações, enquanto o gelo cobria boa parte da península escandinava, os picos da Muralha das Lofoten se projetavam além da camada de gelo, formando o que se conhece por *nunatak*, ou ilhas glaciais. Com efeito, a parede de rocha foi responsável por conter o gelo e empurrá-lo rumo ao sul.

Abaixo de nós, sob as águas do Vestfjorden, existem quilômetros de montanhas sedimentares maleáveis.[9] A cordilheira das Lofoten é parcialmente composta das montanhas mais antigas e sólidas que existem na Terra, contemporâneas dos primeiros animais unicelulares que surgiram no planeta, enquanto outros trechos dela são de sobras, bem mais recentes, das colisões entre a Laurência e a Báltica. Durante milhões de anos, esses continentes foram jogados uns contra os outros, exatamente como as portas de um elevador sem uma borracha para amortecer o choque. Na falta dessa proteção, eles destruíam-se mutuamente, levantando enormes massas de rocha e arremessando-as de um lado para o outro.

Foi assim que se formou a costa das Lofoten, Vesterålen e Senja.

A propósito, o autor e naturalista romano Plínio, o Velho (23-79 a.C.), é a primeira fonte histórica a registrar o nome Escandinávia (*Scadinauia*), significando

---

9   Ramberg, Bryhni, Nøttvedt e Rangnes (orgs.): *Landet blir til. Norges geologi*. Norsk Geologisk Forening, 2013 (2ª edição), p. 89-90.

costa acidentada, perigosa ou destruída, resultante das grandes glaciações que mastigaram essas porções de terra e as moldaram como são hoje, cheia de fiordes, rochedos e arquipélagos — nenhum deles mais belos que as Lofoten, a depender do olhar de quem os vê, é claro.

Nem mesmo a Muralha das Lofoten é eterna e imutável. Mesmo assim, é o mais próximo a que chegaremos disso.

32

A noite está tão esplendorosa que decidimos dar um passeio pelo Vestfjorden. O mar espelha as montanhas, algo que não acontecia havia meses, diz Hugo. Ele garante que o clima sempre melhora quando eu viajo ao norte. Não é nada disso, mas respondo que tenho meus contatos e conheço um sujeito ali que me vende tempo firme no mercado negro. Hugo ri.

— Duvida? Não tem problema. O importante é que funciona — eu digo.

Conversamos a meia-voz, como se os peixes pudessem nos ouvir. Foi um dia inteiro de quietude, mas neste instante reparamos em algo acontecendo a oeste, onde sempre é possível perceber os movimentos de nuvens, vento e mar — um conflito permanente a que assistimos à distância, pois quando somos envolvidos por ele a visibilidade desaparece.

As sombras envolvem a camada de nuvens acima de nós e a luz se curva como se atravessasse o fundo de uma garrafa colorida. A leste, a escuridão não tardará a chegar, e a maior migração que nosso planeta conhece está prestes a acontecer.

A cada noite, bilhões de criaturas minúsculas, como

krill e diferentes tipos de plâncton, assim como milhões de cefalópodes, emergem às águas superficiais cheias de nutrientes, e no crepúsculo da manhã voltam a submergir nas trevas.

Considerando esta época do ano, o Vestfjorden bem que se portou amigavelmente durante boa parte do dia. Mas o clima em alto-mar tem pavio curto. O vento costuma soprar mais forte à noite, como se a maré o pusesse em marcha. Em poucos minutos o Vestfjorden enche-se de *poppel*, como dizem os pescadores quando se referem às ondas criadas pelo entrechoque das correntes marítimas com o clima ventoso.

Teremos que voltar. Mas antes Hugo me conta outra história. Lá pela década de 1970, logo depois que voltou da Alemanha, Hugo tocava em uma banda chamada Nytt Blod [Sangue Novo], que se tornou bastante popular com seu rock progressivo e performances de palco atrevidas. Foram escalados para abrir um grande conserto em Tromsø e não se fizeram de rogados: o vocalista surgiria nu em pelo e pregado numa cruz.

— E não só isso — explica Hugo. — O palco era para estar coberto de fumaça, para revelar o vocalista só depois que se dissipasse. Mas o gerador causou um curto-circuito no equipamento e o vocalista ficou lá, diante de uma plateia estarrecida e de uma banda que não conseguia tocar um único acorde. Por fim, ele gritou: «Não fiquem aí parados. Me tirem daqui!».

A banda, aliás, fazia seus ensaios no Hospital Psiquiátrico de Åsgård.

Hugo assente e dá a partida no motor. Segundos depois, percebe que há algo de errado. O motor, que passou por uma revisão recente, não tem a potência de costume. Soa mais abafado, e Hugo sente um cheiro de queimado subindo pela popa. Pelo visto os mecânicos pisaram na bola. Conseguimos voltar para Skrova, mas o motor terá que voltar para a oficina, que nem na ilha fica. Não é um contratempo qualquer, pois tínhamos aprontado tudo para passar dias pescando o nosso tubarão, sob condições climáticas mais do que favoráveis.

Por outro lado, não tenho pressa, a passagem de volta não está nem comprada, e já fiquei retido em lugares muito piores que Skrova. Além do mais, temos *graks* de fígado suficientes para atrair tubarões-da-groenlândia de todo o Vestfjorden assim que o motor ficar pronto.

33

Pelos dias que seguem o clima fica insuportavelmente instável, e o mar, provocadoramente calmo. Não zarpamos e estamos começando a nos acostumar com essa condição. Pouco a pouco entramos no ritmo da Aasjorbruket e da própria ilha.

Uma ilha é tanto realidade quanto é sua própria metáfora, observou Judith Schalansky em *Atlas of Remote Islands* (2009). Normalmente, sinto uma indescritível sensação de liberdade quando estou numa ilhota como Skrova, onde a vida encontra um novo ritmo, onde o caos urbano me parece longínquo e irrelevante.

Uma ilha é um mundo em miniatura, fácil de dominar porque tem seus limites claramente definidos, assim como sua população e as narrativas que de fato importam. A vida se mostra mais simples, um senso de perspectiva se apossa do nosso ser. É assim que Daniel Defoe descreve a vida de ilhéu de Robinson Crusoé, que se sai muito bem atravessando as diversas fases da civilização, começando como caçador-coletor, em seguida passando à agricultura, pecuária, arquitetura, escravidão, guerra e assim por diante, desenvolvendo tecnologias cada vez mais sofisticadas, enfim chegando à fase capitalista, com planilhas financeiras e uma visão de mundo baseada na relação entre custo e benefício.

Na ilha ele também tem insights sobre quem de fato é e se põe a filosofar. Crusoé descobre que ali pode ser mais feliz do que qualquer outra pessoa na Terra. Não lhe falta nada, ele é o próprio átomo livre de um gás nobre, e se erige em imperador do seu próprio reino. Mas lhe falta o sentimento de humanidade, e em dado momento ele percebe a própria solidão como um castigo divino, e perde a cabeça quando seu papagaio lhe diz: «Pobre Robin! Onde estás? Por onde andas?». Mas é quando avista as pegadas humanas na areia que ele conhece o verdadeiro sentimento do medo.

Uma ilha pode ser um paraíso, mas às vezes se torna uma prisão. Porque nela é fácil perder-se em ilusões, acreditando que tudo sairá bem, que se está para sempre a salvo do caos e dos conflitos do continente. Talvez você comece a sentir saudades das pessoas e de tudo que deixou para trás. A solidão e o isolamento se espalham pela ilha inteira. Você deixa de pensar em si como um imperador de um reino de fronteiras bem definidas e se vê como um prisioneiro cercado de água por todos os lados. Daí chega o outono trazendo seu legado de silêncio e escuridão. Você tem vontade dizer adeus à natureza e voltar para a cidade e o convívio com pessoas. Talvez até escute os lamentos dos fantasmas da sua própria vida: «Mas a tranquilidade de uma ilha é nada. Dela ninguém fala, dela ninguém se recorda, dela ninguém sabe o nome, não importa em que medida ela o afete. É o mínimo vislumbre da morte que se tem quando ainda se está vivo».[1]

Há também quem dê as costas ao mundo e se encerre em sua ilha particular, imerso numa utopia que nada é capaz de abalar, habitando um pedaço de terra pequeno o bastante para ser preenchido com a personalidade do seu dono, onde a ausência de outras pessoas nunca será notada. Há quem possa ser tomado por uma tal obsessão e mude inteiramente seu caráter, passando a habitar o interior de si mesmo. No entanto, ou essa personalidade é por demais mesquinha ou essa ilha é maior do que ela jamais poderá dar conta. É essa a experiência que D. H. Lawrence relata na sua obra mais negligenciada, *O homem que amava ilhas*.

O oceano Atlântico é repleto de ilhas mitológicas, lugares que nunca existiram, exceto na imaginação de cartógrafos e poetas. O célebre geógrafo árabe Dreses alegou, ainda no século XII, que havia 27 mil ilhas no Atlântico. A verdade é que há apenas alguns milhares. Quantas expedições partiram para descobrir ilhas que

---

[1] Roy Jacobsen: *De usynlige*. Cappelen Damm, 2013, p. 97.

não existem, e mesmo assim foram descritas com tal riqueza de detalhes por marinheiros que supostamente lá puseram seus pés, sem ter ninguém para lhes contradizer? Os relatos eram tão vívidos que outros navegantes terminavam convencidos de que também haviam visitado aqueles lugares, e preenchiam, por seu turno, eventuais lacunas que a imaginação dos primeiros não fora capaz de abarcar sozinha.

Durante a vazante da maré eu sempre faço caminhadas pela costa. Como a maioria das pessoas, tenho uma relação especial com a orla. Brinquei ali quando criança, gosto de sentir a transição entre mar e terra, catar coisinhas para depois expô-las em cima da lareira ou na janela da cozinha. Pedras roliças, conchinhas, galhos que parecem esculturas com que o mar presenteou a areia, quem sabe até uma garrafa de vidro do outro lado do planeta. Durante um período da infância eu mesmo enviei mensagens em garrafas, fingindo ser um náufrago numa ilha deserta, o que não estava tão distante da realidade, uma vez que cresci em Finnmark, numa das regiões mais ermas da Noruega.

Muitas pessoas acorrem para o litoral nas férias, ou porque têm cabanas pela orla ou porque viajam para as praias no sul da Europa. Nada parece mais óbvio ou natural. Dê a uma criança um balde de plástico e uma pá, e ela passará o dia inteiro se divertindo na praia, sem sentir frio, calor ou fome, absolutamente à vontade naquele universo salgado de areia, água e pedras, saltando ondas seminua, construindo represas e canais, totalmente concentrada, como se fosse o mais responsável dos engenheiros. «A história é uma criança construindo um castelo de areia junto ao mar», teria escrito o filósofo grego Heráclito (535-475 a.C.).

Um pedaço de osso, talvez de um alce ou de uma rena, vem dar na praia. A água lavou toda a energia orgânica que um dia fluiu pelos túneis microscópicos do tecido ósseo, que agora está mineralizado, rígido e liso. O osso, cinzento e desbotado, quase não tem o peso e o brilho que um dia teve. A superfície é fosca e absorve a luz. Toda a cartilagem, carne e gordura eram apenas uma cobertura temporária que o mar tratou de erodir.

Cientistas britânicos que investigaram sistematicamente fósseis do período Devoniano (cerca de 400 milhões anos atrás), quando as primeiras criaturas marinhas rastejaram pela terra, fizeram uma descoberta bastante surpreendente. As mandíbulas e os dentes dos animais terrestres primitivos da terra foram projetados para rasgar a carne, não para mastigar plantas. Seus olhos eram situados no topo da cabeça, e não tinham pescoço. Os primeiros animais sobre a terra eram predadores com cabeça de peixe que usavam os dentes para despedaçar uns aos outros. Essas criaturas reinaram sobre a Terra durante 8 milhões de anos.[2] É uma realidade difícil de conceber e mais difícil ainda de apagar da mente depois que a concebemos.

Na face externa de Skrova, o Vestfjorden se escancara diante de mim. Bem na frente, ao sudeste, estão as ilhas de Steigen. Em tempo aberto é possível vê-las. Se escalar os montes, enxergarei a ilha Landegode, na costa de Bodø, e a ilha de Værøy. Com sorte, até mesmo Røst, no extremo das Lofoten.

Sempre que penso em Røst me ocorre junto a imagem de um bando de náufragos venezianos. Há mais de quinhentos anos, os remanescentes de uma nau de Veneza foram dar numa das ilhas de Røst, após uma peleja de meses pela escuridão, gelo e neve em barcos de pequeno porte e sem cobertura. Os marinheiros venezianos iam de Creta (então colônia de Veneza) para Flandres quando foram colhidos por uma tempestade em Viscaia. O leme da nau foi avariado e a tripulação escapou nos botes salva-vidas. As correntes e ventos os foram conduzindo cada vez mais ao norte, «lançando-os ao sabor das trevas e da selvageria». Depois de vários meses, num dia de fevereiro de

[2] <http://www.lincoln.ac.uk/news/2013/05/691.asp.>

1432, um dos botes encalhou numa ilhota desabitada em Røst. Dos 46 que havia subido a bordo, apenas 29 sobreviveram.

Seu líder era o nobre comerciante Pietro Querini, que escreveu esse relato inacreditável depois que regressou a sua terra natal, na companhia de outros dez membros da tripulação. Em sua narrativa, Røst converteu-se na «L'isola di Santi» (Ilha dos Santos) ou «Primeiro Círculo do Paraíso». Os nativos de Røst foram descritos como «os seres mais impecáveis que se pode imaginar». Eram generosos, honestos e se portavam com naturalidade extrema, e sua hospitalidade era inexcedível. Hoje em dia se diz que as pessoas de Røst têm a pele mais escura que a maioria dos noruegueses — descendentes dos mediterrâneos de Veneza? Na jornada de volta para casa os italianos levaram consigo peixe seco (*stoccafisso*), e os chefs italianos não demoraram a elaborar maravilhas com a nova matéria-prima. Desde então, Røst vem exportando bacalhau para a Itália. Gerações de compradores e vendedores, produtores de peixe seco e apreciadores de *stoccafisso* criaram e fortaleceram laços ao longo de séculos, tudo por causa do infortúnio ocorrido em 1432.

Não escalei um rochedo alto para ter uma vista de Røst, mas para seguir pela praia. Uma camada alta de nuvens gris cria um filtro contra a luz que não queima nem ofusca, mas suaviza contornos e abranda contrastes. «Verderranho, pratazul, ferrugem: signos coloridos».[3]

A maré deixou atrás de si umas quantas piscinas pela areia, e numa delas nada um casal de peixinhos. Uma gaivota solitária descansa no topo de um rochedo. Levanto um chumaço de algas e um monte de pulgas-da-areia sai em disparada por todos os lados, como se tivessem outro lugar onde se esconder.

A marisma é uma área fronteiriça entre mar e terra, mas também entre vida e morte. Pelo menos era assim na época dos vikings, quando a praia era lugar de execuções. Os métodos variavam. Alguns condenados eram amarrados a um mastro e a maré-cheia se encarregava do resto. Na «Saga de Olav Tryggvason», reconta-se com notável economia de palavras o destino dos *seiðr*, idólatras dos feitiços e transes xamânicos: «E depois ordenou o rei que fossem levados para uma ilha rochosa, cuja alta-mar a encobria, e ali lhes cingissem as cordas. Desta maneira perderam a vida Øyvind e todos os seus. Desde então aquele arquipélago é conhecido

---

3   James Joyce: *Ulysses*. Traduzido por Olav Angell. Den norske Bokklubben, 1993, p. 44.

3bis   Tradução em português retirada de *Ulisses*. Trad. de Caetano W. Galindo. São Paulo: Companhia das Letras, 2012. (N.T.).

por *Skratteskjær*», ou «rochedos dos magos», em norreno (nórdico antigo).[4]

Quando era criança, fiz arte parecida. Amarramos um amiguinho num mastro na praia e em seguida demos no pé. Lembro de ter voltado para casa a tempo do jantar. Por acaso alguém que passava perto ouviu um garoto gritando por socorro, com água já pela altura do peito.

A faixa de areia aparente na vazante não é terra nem mar, mas uma zona intermediária. Todos os organismos que se adaptaram a essas condições têm um pé em cada mundo. Num instante estão debaixo de água, no outro em terra seca, sob sol escaldante até. Resistem ao sal, à água, à chuva, ao vento e ao estio, e precisam se proteger de todos os predadores marinhos e terrestres, além dos pássaros que atacam do alto. Assim como no mar, tudo é uma questão de encontrar abrigo e comida, e também de se agarrar firme quando as ondas arrebentam com força suficiente para arrancar e mover até rochedos.

Por isso esses animais possuem características excepcionais. Caranguejos, caracóis e moluscos bivalves têm conchas quase impenetráveis. Muitas espécies escavam

---

4   «Olav Tryggvasons saga», in *Norges kongesagaer*. Cap. 63. Traduzido por Anne Holtsmark e Didrik Arup Seip. Gyldendal (Den norske Bokklubben), 1979, p. 179.

o solo quando a maré vem. O caranguejo da espécie *Hyas coarctatus*, chamado de *pynterkrabbe* ou «caranguejo decorado», cobre-se de algas para ficar invisível. Dito assim não parece nada decorativo, mas ele conta com pequenos ganchos no casco que prendem kelp, sargaço e tudo o mais que vem dar à praia, permitindo-lhe mudar a camuflagem de acordo com o ambiente.

Muitas espécies de caramujos e lesmas marinhas vivem da terra para o mar, assim como os caranguejos. O caranguejo-eremita não tem proteção natural e por isso vagueia por aí com uma concha vazia nas costas, onde se recolhe ao menor sinal de perigo. O caranguejo-eremita é um inquilino em permanente mudança, pois precisa de uma casa mais ampla à medida que cresce.

As lapas são lesmas que rastejam atrás de comida e depois prendem-se às rochas com a boca. Firmam-se de tal maneira que só com ferramentas é possível sacá-las dali. São comestíveis, mas não conheço quem as tenha comido na Noruega. Pesquisadores descobriram que seus dentes, cem vezes mais finos que um fio de cabelo humano, são feitos da substância biológica mais resistente que se conhece, em cuja composição entra a substância goetita, assim chamada em homenagem ao escritor e poeta alemão Johann Wolfgang von Goethe.

Ouriços também são comestíveis, mas as ovas que armazenam dentro da couraça espinhosa só estão presentes no inverno, durante a época da reprodução, e são dos mais poderosos elixires marinhos de que se tem notícia. Ao redor dos rochedos é comum encontrar cacos de ouriço espalhados. Na vazante, corvos e gaivotas apanham os ouriços pela areia e os deixam cair sobre as rochas, de uma altura de mais de vinte metros. O almoço estará garantido.

As pulgas-do-mar saltitam pelas pedras. No limite da maré, seus filhotes escondem-se sob os sargaços e as anêmonas-do-mar, no meio dos tentáculos dos dedos--de-cadáver (*Alcyonium digitatum*), entre as cerdas das penas-do-mar (*Virgularia mirabilis*) e até nos espinhos dos ouriços. O abrir e fechar da boca do ouriço, simétrico e coordenado como o diafragma de uma câmera, é conhecido na biologia como «lanterna de Aristóteles».

A areia branca e úmida me faz pensar em algo que certa vez li sobre os primeiros cristãos, perseguidos pelos romanos e obrigados a recorrer a sinais secretos para ter certeza de que podiam confiar uns nos outros. Quando se encontravam e suspeitavam que podiam pertencer à mesma seita, um deles rabiscava um arco comprido na areia. Se o interlocutor desenhasse o mesmo arco espelhado ao primeiro, a imagem estaria completa, formando o desenho de um peixe. Os primeiros discípulos de Jesus originalmente pescavam peixes antes de começarem a pescar almas.

A faixa de praia na vazante é tão bela quanto vasta. A Lua e o Sol estão quase alinhados, de maneira que a gravidade vai fazendo seu serviço. Noventa por cento de toda a água terrestre está no oceano, e toda ela é tracionada na mesma direção até ser detida pela terra. Quando mais ao norte se vai, maior a diferença entre as marés alta e baixa.

Antigamente, as pessoas recolhiam amêijoas, berbigões e vôngoles na vazante. Estes se enterram, mas deixam um buraco na areia. Basta enfiar uma vareta pontuda no buraco para que o vôngole se prenda a ela, e é só puxá-lo para cima. No passado, esses bivalves costumavam ser salgados e usados como isca na temporada de pesca das Lofoten.

Uma água-viva de bom tamanho encalhou na praia há pouco tempo, seus tentáculos estão espalhados junto ao corpo, com milhares de barbelas, à semelhança de pequenos arpões, venenosas. Ela captura suas presas deixando os tentáculos flutuarem ao sabor das águas até esbarrarem em algo comestível — caso ela ainda esteja viva, é bom notar. O que tirou a vida desta água--viva é impossível dizer, e não estou disposto a fazer uma necrópsia agora. Águas-vivas não têm cérebro, e mesmo assim me fazem lembrar de um enorme cérebro arrancado a fórceps da caixa craniana, junto com neurônios e vasos sanguíneos. Um cérebro primordial imerso em salmoura. Quando os filósofos querem desafiar nossa percepção, costumam propor a seguinte pergunta: como podemos ter certeza de que não passamos de cérebros flutuando num compartimento fechado, artificialmente alimentados com impressões que supomos serem reais. A resposta é a mesma: não temos como ter certeza. Meu inconsciente também estica seus tentáculos e traz eventos do passado de volta à superfície. Uma das primeiras lembranças que tenho é de queimar as mãos numa água-viva numa praia deserta em Finnmark, certamente porque pensei se tratar de gelatina, ou talvez daqueles brinquedos que vendiam na época, uma espécie de gosma empacotada em embalagens coloridas, de cor verde ou vermelha, gelada ao toque. A lembrança da dor, que aumentava a cada instante, bem pior que uma queimadura de urtiga, ainda é viva na minha memória. Em 1870, uma água-viva que encalhou na baía de Massachusetts media mais de dois metros de diâmetro e devia pesar mais de uma tonelada. No sul do Pacífico ocorrem águas-vivas no formato de cubos que podem paralisar o coração de um adulto em questão de minutos.

As ditas narcomedusas são verdadeiros diabretes marinhos.

Como espécie, as águas-vivas sobreviveram a várias extinções em massa. Elas toleram águas ácidas, têm poucos predadores e flutuam pelos sete mares como zumbis descerebrados. Quase não dependem do oxigênio, e resistiram a crises que extinguiram quase toda a vida na Terra.

Ao longo dos últimos 500 milhões de anos, o planeta experimentou cinco extinções em massa de proporções catastróficas. A mais recente, chamada extinção do Cretáceo-Paleógeno (K-Pg), ocorreu há 65,5 milhões de anos. A razão de ser tão conhecida é que nela pereceram todos os dinossauros, exceto uns poucos lagartos voadores.

Um asteroide várias vezes maior que Skrova chocou-se contra a península de Iucatã a uma velocidade de 70 mil quilômetros por hora, resultando numa explosão comparável ao poder destrutivo de centenas de milhões de bombas de hidrogênio. Talvez tenha sido o pior dia da Terra desde o surgimento da vida. Trechos enormes do continente americano foram pulverizados, e o que restou ficou encoberto por uma nuvem asfixiante de poeira. Os tsunamis decorrentes foram tão poderosos que alteraram o formato dos continentes. Nuvens de pó cobriram a atmosfera e ocultaram o sol durante meses, talvez anos. Muitas das florestas que havia sobre a Terra foram consumidas pelas chamas. Uma chuva ácida derramou-se sobre os oceanos, que durante milhões de anos não passaram de uma gigantesca piscina de enxofre.

E esse nem foi o maior morticínio que conhecemos. A extinção do Permiano-Triássico (P-Tr), ocorrida há 252,3 milhões de anos, foi bem mais abrangente. É possível que tenha sido desencadeada por uma colossal erupção vulcânica na região onde hoje é a

Sibéria, quando o supercontinente Pangeia estava em formação.

O calor derreteu a camada de permafrost. Pelos prados e florestas, onde pilhas de troncos de árvores se amontoaram ao longo dos éons, erupções vulcânicas menores foram causando incêndios em série e o planeta se transformou em uma grande churrasqueira. Novos gases estufa foram lançados na atmosfera, desencadeando uma sucessão de efeitos colaterais, sobretudo no mar, que passou a liberar gás metano acumulado. As implicações disso tudo não são certas, mas o resultado enfim foi aquilo que os pesquisadores chamam «The Great Dying», «a grande agonia», a mãe de todas as extinções. A acidificação e o aumento da temperatura dos oceanos levaram à multiplicação maciça de bactérias venenosas. Em torno de 96% da vida no mar, que abrigava a maioria das espécies de então, desapareceu. Além disso, o oceano perdeu a capacidade de aprisionar carbono e em vez disso passou a liberar enormes quantidades de gases estufa.[5] A atmosfera foi sufocada por fumaça e gases tóxicos, e o mar virou veneno.

---

5   Elizabeth Kolbert: *The Sixth Extinction. An Unnatural History*. Henry Colt, 2014. [Ed. bras.: *A sexta extinção: uma história não natural*. Trad. de Mauro Pinheiro. Rio de Janeiro: Intrínseca, 2015.]

Durante centenas de milhões de anos, antes de surgirem os peixes, os trilobitas dominavam o mar. Eram diversas espécies, que podiam ter de um milímetro até um metro de comprimento. Alguns nadavam, outros se arrastavam pelo fundo, alguns comiam plâncton, outros caçavam animais menores. Os trilobitas pareciam uma cruza de um caranguejo com uma lagosta, porém sem pinças ou patas, embora alguns possuíssem chifres ou ferrões afiados. Uma vez que eram tão numerosos e protegidos por uma casca, uma quantidade exorbitante desses animais acabou preservada na forma de fósseis. Apenas na Noruega já foram identificadas mais de trezentas espécies de trilobitas. No entanto, próximo ao fim da extinção P-Tr esse frondoso ramo foi cortado da árvore da vida. Todos os trilobitas desapareceram, até o indivíduo mais resistente, no fim da «Grande Matança». A vida na Terra precisou de mais milhares de anos para voltar a se firmar sobre as pernas.

Os precursores dos tubarões de hoje começaram a habitar os mares há 450 milhões de anos. Cerca de 100 milhões de anos atrás, a espécie era tão comum que a ciência chama esse período de «era dos tubarões». Algumas espécies foram extintas, como o Megalodon, um animal que media quase vinte metros e pesava algo como cinquenta toneladas, cuja boca tinha dois metros de diâmetro e era apinhada de dentes do tamanho de uma garrafa de uísque, afiadíssimos. Outra criatura intrigante, embora consideravelmente menor, foi extinta há 320 milhões de anos. O *Stethacanthus*, também conhecido como tubarão-bigorna, tinha no dorso, onde normalmente localiza-se a nadadeira, uma estrutura semelhante a um capacete, cheia de dentes apontando para fora. Os cientistas até hoje não sabem ao certo para que servia.

Os tubarões são possivelmente os animais mais resistentes e adaptáveis que a evolução já forjou. Algumas espécies menores, como lampreias, caranguejos-ferradura, esponjas e águas-vivas são mais antigas, mas podem ser consideradas anomalias resultantes de acidentes de percurso. Os tubarões já sobreviveram a todas as provações, desde erupções vulcânicas a glaciações, passando pelo impacto de meteoros, parasitas, bactérias, vírus, acidificação e outras catástrofes que levaram a extinções em massa. Estão aí desde antes dos dinossauros, e seguiram muito bem depois do desaparecimento dos próprios dinossauros e de outras espécies que surgiram depois. Ainda hoje, cerca de quinhentas espécies de tubarão nadam pelos mares do mundo, e metade delas só veio a ser descoberta nos últimos quarenta anos. Alguma são raras e estão ameaçadas de extinção, outras são mais comuns e numerosas.

Os mais destacados cientistas de hoje, das universidades mais importantes do mundo, vêm alertando em periódicos respeitáveis como *Science* e *Nature* que adentramos a fase inicial da sexta extinção planetária. A «Grande agonia» ocorreu há centenas de milhões de anos, mas o ritmo acelerado com que espécies vêm desaparecendo hoje em dia pode ser comparado à erradicação dos dinossauros, que ocorreu ao longo de poucos séculos. Os fatores por trás disso são a devastação dos habitats, a introdução de espécies invasoras, as mudanças climáticas e a acidificação dos oceanos.[6]

Conhecemos bem as causas desta sexta extinção. Estamos por aqui há poucos milênios, mas nos espalhamos por todos os cantos do mundo. Crescemos e nos multiplicamos. Povoamos a Terra e subjugamos o planeta. Reinamos sobre os peixes no mar e os pássaros no céu e sobre todas as criaturas que existem na terra.

A química dos oceanos está mudando. Mesmo em áreas costeiras, onde antes a vida fervilhava, o que temos hoje são desertos sem vida e oxigênio. Nas zonas abissais essas regiões são ainda mais extensas. O mar não é apenas a nossa principal fonte de oxigênio. Ele aprisiona enormes quantidade de dióxido de carbono, além de metano, um gás estufa vinte vezes mais poderoso que o CO_2.

A temperatura e o teor de carbono aumentaram na atmosfera. A reação automática do oceano é absorver

---

[6] O mais recente relatório científico sobre o assunto foi publicado no periódico *Science Advances*, em 19 de junho de 2015: «Accelerated modern human-induced species losses: Entering the sixth mass extinction».

ainda mais CO_2. Com efeito, o mar já absorveu metade do dióxido de carbono que produzimos desde o começo da revolução industrial, no início do século XIX.

O dióxido de carbono dissolve-se na água e a torna ácida. O mar está se aproximando de um nível de acidez que ameaça bivalves, moluscos, recifes de coral, krill e plâncton, dos quais os peixes dependem para viver. Um oceano mais ácido também afetará ovas e larvas de peixe. Muitas espécies, como o kelp, sucumbem ao aumento de temperatura, enquanto outras sobrevivem migrando para o norte, mas da acidificação nenhuma delas conseguirá escapar. Talvez não sobrevivamos para ver, mas, se os oceanos se tornarem ácidos demais, as maiores formas de vida marinhas serão extintas. Um círculo vicioso estará formado e ecossistemas inteiros desaparecerão. O plâncton que hoje permite a vida deixará de existir, dando lugar a um plâncton tóxico e a uma profusão de águas-vivas — e, possivelmente, também aos tubarões mais resistentes das fossas oceânicas.

Quando o equilíbrio da vida é rompido, vários processos são postos em marcha ao mesmo tempo. Um oceano mais ácido significa que seu teor de oxigênio diminui junto com a capacidade de aprisionar gases que causam o efeito estufa. O mar mais quente não apenas deixa de absorver o dióxido de carbono que é lançado na atmosfera, ele também libera o CO_2 mais rápido, exatamente como uma garrafa de refrigerante gelada conserva melhor o gás. À medida que vai liberando dióxido de carbono, o oceano reduz sua capacidade de absorção desse gás e o aquecimento global acelera. Um dos cenários mais aterradores que os cientistas previram é o desprendimento de gás metano armazenado no fundo do mar e nas calotas de gelo. Neste caso, o ciclo vicioso pode sair do controle e a temperatura da Terra subir ao nível de uma hecatombe planetária.[7]

Em todas as extinções em massa, inclusive naquelas causadas pelo impacto de cometas, o mar teve um papel crucial. Os grandes ciclos e processos ocorrem de forma tão morosa que, quando os problemas são detectados, já é tarde demais para fazer alguma coisa. O mar tem um tempo de reação de cerca de trinta anos.

---

[7] Tim Flannery: *The Weather Makers. How Man is Changing the Climate and What It Means for Life on Earth*. New Atlantic Press, 2005 [ed. bras.: *Os senhores do clima: como o homem está alterando as condições climáticas e o que isso significa para o futuro do planeta*. Trad. de Jorge Calife. Rio de Janeiro: Record, 2007]. Com o aquecimento das águas, a capacidade de o oceano dissipar o calor pela superfície também é afetada. A diferença entre as três principais massas de água aumenta enquanto as trocas entre elas diminuem. A água quente não consegue mais chegar ao fundo, o que acaba contribuindo para aquecer mais ainda a superfície. Há 55 milhões de anos o oceano era tão quente que quase toda a vida marinha que sobreviveu à extinção generalizada estava nas profundezas — o tubarão-da-groenlândia é um bom exemplo.

A acidificação dos oceanos vem ocorrendo desde o século xix, e na melhor das hipóteses o mar levará milhares de anos para se recompor e retornar ao mesmo pH que tinha no início da revolução industrial. A vida marinha como a conhecemos será exterminada. Talvez milhões de formas de vida sejam extintas antes mesmo de serem conhecidas pelo ser humano.

Como dissemos, o plâncton produz mais da metade do oxigênio que respiramos. Se o plâncton desaparecer, a Terra se tornará inabitável. No fim, seremos como aquele peixe jogado no convés, de olhos arregalados e guelras pulsando em busca de oxigênio. É óbvio que deveríamos ter cuidado melhor dos nossos mares. Mas mesmo esta é uma conclusão autocentrada, levando em conta que é o mar que toma conta de nós. As mudanças climáticas, ocasionadas em parte pelo mar devido às alterações nos oceanos, terão um impacto definitivo na nossa vida. Transcorridos milhões de anos, é possível que a vida marinha retorne a um equilíbrio produtivo. Nós, ao contrário, não temos milhões de anos ao nosso dispor. A relação entre os seres humanos e o mar não é uma história de amor romântica, na qual existe uma dependência mútua e um não pode viver sem o outro.

Por outro lado, nações inteiras podem sofrer de uma desilusão amorosa com o mar. Foi o que descobri há alguns anos, ao visitar La Paz, capital e maior cidade da Bolívia. Em 1879, os bolivianos perderam numa guerra para o Chile o acesso costeiro que tinham. A tomada pelo Chile da faixa costeira da Bolívia calou fundo na alma do país. Os bolivianos a consideram a maior injustiça histórica que sofreram e ainda não desistiram de retomar esse território recorrendo a cortes internacionais. Enquanto esperam, tentam manter a moral elevada. Mantêm uma Marinha simbólica cuja frota navega pelo lago Titicaca e a cada ano celebram num feriado nacional o «Día del Mar» com crianças e soldados desfilando pelas ruas da capital, pois somente aquilo que se perdeu é o que permanece para sempre, ou talvez nem isso.

O mar se haverá muito bem sem nós. Nós é que não sobreviveremos sem ele.

34

Voltando do passeio pelas praias de Skrova faço uma parada para dar um alô aos pôneis no prado onde estão pastando. Neste instante toca o meu celular, é a minha namorada com quem divido o teto, cujos olhos também mudam de cor, assim como o mar. Depois que voltei de Skrova no final do inverno descobrimos que ela estava grávida. Está de sete semanas já e tudo vai muito bem, obrigado.

Nós dois estamos radiantes. Já começamos a ler sobre o desenvolvimento do feto, semana a semana. Ao mesmo tempo, tenho lido obras sobre o desenvolvimento da vida na Terra, e é impossível não associar uma coisa à outra e tirar algumas conclusões.

No ventre dela existe um ser imerso em líquido amniótico. Depois de seis semanas, é impressionante como parece com a larva de um peixe, e a semelhança não é apenas superficial. O feto tem saliências ao longo do corpo. São os arcos faríngeos — arcos branquiais nos peixes —, que nas próximas semanas formarão o pescoço e a boca. Agora mesmo o feto tem um olho de cada lado da cabeça, como um peixe. As orelhas estão bem abaixo das laterais do pescoço. A estrutura que se transformará no nariz e no lábio superior encontra-se no alto da cabeça. O entalho que todos temos no lábio superior é decorrência deste processo. Se algo sair errado e o desenvolvimento não se der como deveria, o bebê pode nascer com o lábio ou mesmo o palato fendidos.

Os membros e órgãos do embrião deslocam-se quase como continentes à deriva, em vários estágios do crescimento. Se for um garoto, os futuros testículos estão agora quase do lado do coração. À medida que o bebê se desenvolve, os testículos lentamente descendem ao seu lugar devido. Eles precisam estar na menor temperatura possível. Na maioria dos peixes, que têm sangue frio e temperatura constante, esse detalhe não tem importância e as gônadas permanecem ao lado do cérebro.

Nossos ancestrais migraram para a terra, mas em nós ainda há muito do oceano. Os mesmos músculos e nervos que nos permitem engolir e falar foram desenvolvidos no mar. Tubarões e outros peixes os empregam para mover as guelras. Elasmobrânquios e humanos — tubarões-da-groenlândia e nós — temos estruturas neurocerebrais muito parecidas. Os rins e o canal auditivo também são suvenires do nosso passado marinho. Braços e pernas desenvolveram-se a partir das barbatanas. Nós, e a maioria dos outros animais e aves, possuímos muito mais em comum com os peixes do que costumamos supor.[1]

Não digo a minha namorada que estamos grávidos de um peixe, pois é óbvio que não estamos. Mas os criacionistas, que negam a nossa descendência dos primatas, têm razão: a exemplo dos macacos e de toda a vida terrestre, viemos do mar. Somos peixes reconstruídos.

---

[1] Neil Shubin: *Your Inner Fish: A Journey into the 3.5-billion-year History of the Human Body*. Pantheon Books, 2008. [Ed. bras.: *A história de quando éramos peixes: uma revolucionária teoria sobre a origem do corpo humano*. Trad. de Regina Lyra. Rio de Janeiro: Elsevier, 2008.]

35

Passa uma semana sem que vamos ao mar. Fico em compasso de espera, e neste ínterim me pego refletindo sobre o nosso projeto, e, uma vez que Hugo está com tantos afazeres, começa a implicar com o que eu ando aprontando. Começamos a nos desentender. Talvez tenhamos perdido de vista nosso propósito. Explico melhor: ele mora aqui e faz o que faz, vivendo como vive. Venho visitá-lo com frequência, sem me considerar um hóspede; cada vez é como se tivesse ido embora no dia anterior. Consigo perceber que me adapto bem ao ritmo e à rotina da casa, como se fosse uma espécie de filho adotivo de Hugo e Mette. Mas de certo modo também me comporto como um penetra, me intrometo na vida privada deles, com meus hábitos e defeitos. Embora a estação seja bem maior do que muitos castelos, sua área habitável não é muito maior que uma quitinete. Convidados invisíveis simplesmente não existem. Não é sem razão o ditado que árabes e muitos outros povos têm em comum: depois de três dias, peixes e hóspedes começam a feder.

O trabalho de Hugo e Mette parece nunca ter fim, a carpintaria, as reformas, a burocracia e todo tipo de providências para as quais eu sou de pouca ou nenhuma ajuda. Numa ocasião lavei o pátio e o cais sem que sequer estivessem sujos. E aparentemente nunca aprenderei a fechar direito a porta quando entro em casa, deixando o calor escapar junto com Skrubbi, o cão.

Hugo e eu raramente discutimos, mas já aconteceu. Foi por pura bobagem, creio que ambos nos demos conta imediatamente, mas o fato é que trocamos insultos. A «bobagem» fez com que ficássemos sem nos falar durante dois anos.

Quem disse que bobagens não têm sua importância? Depois das voltas que dei pela ilha nesses dias, tive uma espécie de reação depressiva, uma insatisfação geral diante de várias coisas da vida. Deveria ter concluído vários outros trabalhos. Ora, e isto que estamos fazendo em Skrova pode lá ser considerado trabalho? Quantas vezes precisarei viajar até Bodø para incomodar Mette e Hugo e lhes tirar da rotina?

Um belo dia eu lhe perguntei, sem rodeios:

— O que você pretende mesmo com esse tubarão?

Hugo ficou paralisado e me encarou com o semblante sério.

— Meu pai me contava sobre várias criaturas marinhas quando eu era menino, mas foram as histórias sobre o tubarão-da-groenlândia que mais me marcaram. Eram as mais misteriosas e assustadoras.

— Mas...

— Faz pelo menos uns trinta anos que venho pensando em pescar um bicho desses à moda antiga. Mas agora este nosso projeto perdeu a espontaneidade. Estou nele por mim, não para que alguém possa ler sobre essa história e depois se ache capaz de contá-la. Para mim, basta pôr os olhos no tubarão. Sentir a emoção de vê-lo emergindo das profundezas. E agora que demos o primeiro passo, não temos mais como parar. Vamos terminar o que começamos. Mais cedo ou mais tarde, vamos pegar esse tubarão.

No poema mítico «Hymiskviða» (que integra a *Edda* em verso), temos a história de uma pescaria sobrenatural. Tor, o deus mais poderoso do panteão norreno, faz uma visita ao gigante Hymir. Tor devora toda a comida que existe na despensa da casa, e assim sendo os dois decidem sair para pescar. Como isca, levam a cabeça de um touro que Tor, apenas para provocar seu anfitrião, arranca de uma de suas reses. O gigante e o deus adentram o mar e cada vez distanciam-se mais da costa, e finalmente capturam duas baleias. Hymir começa a ficar vexado porque acha que é o bastante, mas então é a vez da temível serpente de Midgard morder a cabeça do touro. Também conhecida como Jörmundgandr, não é um peixe, mas o réptil gigante que, de acordo com a mitologia norrena, envolve a terra (Midgard) mordendo a própria cauda.

Tor e a serpente travam uma batalha intensa, e, enquanto o firmamento é tomado por raios e trovões, Tor consegue levar o monstro que bafeja éter para a superfície. Com um grito de triunfo, Tor ergue seu martelo para matar Jörmundgandr, mas Hymir, enfastiado da pescaria e temendo pela própria vida, corta a linha do anzol com uma faca. A serpente de Midgard some nas profundezas, mas ela e Tor voltarão a se encontrar no Ragnarok, o evento apocalíptico de guerras e cataclismos que ceifará a vida da maioria dos deuses norrenos.

Certa vez, Hugo e eu voltávamos de um breve passeio de carro à ponta oeste de Skrova, próximo ao velho farol de Elling Carlsen, e deparamos com uns cormorões agitando as asas e exibindo a plumagem. Hugo garantiu que era um sinal claro de que choveria no dia seguinte. Eu duvidei do que para mim não passava de pura superstição e apostei mil coroas que não iria chover. Ele recusou a aposta e ficou irritadiço, decerto suspeitando que eu tinha conferido a previsão do tempo, como de fato tinha. No dia seguinte, como era esperado, não choveu uma só gota. Não havia uma só nuvem no céu.

Em geral, quando surgia uma questão para a qual ambos achávamos que tínhamos a resposta, éramos corteses o bastante para dizer: «Posso responder primeiro?». «Vá em frente», diria o outro. Agora simplesmente desembuchamos tudo o que nos ocorre, sem dar chance para réplica. Até casualmente quando falamos de uma ou outra amenidade paira um clima de confronto no ar. Como durante as refeições, por exemplo. Ele reclama porque eu gosto de cozido lapão, como se isso quisesse dizer alguma coisa, porque fui já fui duas vezes ao mercado em Svolvær comprar cozido lapão.

A tensão cresce no meio de um episódio de *Derrick*, que Hugo vê todas as tardes, talvez para manter o alemão em dia, talvez para se transportar mentalmente de volta à Alemanha, onde viveu na década de 1970. Afinal, trata-se de uma série policial de época que recria à perfeição a ambiência e os diálogos de então. Durante um jantar oferecido a artistas na ilha de Tranøy, do outro lado do Vestfjorden, Hugo se viu sentado diante de Horst Tappert, o ator que interpreta o inspetor Derrick na série e, na condição de «grande amigo da Noruega», era proprietário de uma residência na ilha. Hugo achou o alemão extremamente simpático e educado. Eu observei que o personagem que interpretava não poderia jamais ser descrito assim. O inspetor ou costuma fazer comentários negativos sobre seus colegas de polícia ou descamba para o moralismo mais vulgar. Desdenha de qualquer pessoa pelo simples fato de ser mais abastada, e à primeira vista considera qualquer italiano um rematado pilantra. Ao longo dos 281 episódios da série, só consegue ter duas namoradas, e ambas somem sem deixar rastros depois de pouco tempo — quem sabe Derrick não seria o culpado do sumiço? Digo tudo isso apenas para provocar, mas uma tempestade está se formando no horizonte, e das grandes.

Na manhã seguinte abanco-me na sala de estar e começo a escrever um artigo em cima do prazo. Hugo está no cômodo ao lado, trabalhando num quadro sob encomenda, uma marinha das três famosas ilhas Ellefsnyken, Trenyken e Hernyken, do distrito de Røst, com suas formidáveis montanhas que afloram das águas do mar. Hugo deveria ter concluído a obra meses atrás, para em poucos dias um conhecido levá-la consigo até Røst, onde irá decorar a sala de estar do comprador. Hugo não é um naturalista, mas conhece o cliente e sabe que pelo menos as montanhas precisam estar reconhecíveis.

Hugo não está satisfeito porque as montanhas estão simétricas a ponto de não parecerem críveis. Duas delas estão lado a lado e sempre são comparadas a seios femininos. Mais além vê-se um pico agudo. Os traços que desenhou parecem artificiais. A luz na região das ilhas é dificílima de captar, e o reflexo das montanhas na água fica distorcido, de modo que Hugo termina borrando o desenho ao tentar ajustar o efeito das sombras e nuanças. À noite a pintura parece ótima, mas sob a luz do dia perde toda a sua profundidade. Assim que cheguei de viagem, Hugo perguntou a minha opinião e pareceu aliviado porque estávamos de acordo. Sem que eu pudesse dizer exatamente quais eram os problemas, minha impressão foi a de que a pintura não tinha seu estilo de sempre, parecia o trabalho de um amador, algo que jamais pensei das demais obras de sua autoria.

— Exatamente! É exatamente isso — respondeu Hugo, sem o menor sinal de ironia, mas porque enxerga os defeitos melhor do que eu.

As montanhas icônicas perfiladas rente ao mar; é só perceber que a natureza às vezes parece antinatural. O horizonte precisa se estender rumo ao infinito, algo que requer a ilusão de um céu com profundidade inalcançável e exagerada, e pode conferir à pintura, involuntariamente, um aspecto religioso... Compreendo por que Hugo não está satisfeito.

Mas por que ele precisa pintar com o rádio nessas alturas? Cada vez que se afasta para dar uma volta lá fora, eu abaixo o volume, porque não consigo escrever com esse fluxo de notícias desimportantes como pano de fundo, entrecortadas por músicas pop de péssima qualidade e canções típicas do norte norueguês. Além disso tenho um prazo para cumprir. Melhor dizendo, tinha um prazo para cumprir, e agora preciso entregar um artigo que já deveria estar impresso. Será que ele não pode simplesmente enfiar aqueles fones no ouvido? Provavelmente os largou em algum lugar e não sabe onde estão.

Tudo bem, a casa é dele e o hóspede sou eu. Mas também sou seu amigo. Então, já que estou apurado com um texto, não seria o caso de me comportar agora como amigo, e não como hóspede, por motivo de força maior, digamos assim? Eu percebo que ele percebe que me deixou irritado. É um alerta vermelho que se acende, uma espécie de pausa para desanuviar a cabeça do trabalho redobrado que estão lhe dando essas malditas montanhas. Tudo bem, deixar o rádio tagarelando no volume máximo talvez faça parte do processo criativo de Hugo, ao menos na etapa final do trabalho. Talvez a presença de um elemento de distração seja exatamente o que ele precisa para afastar dali quaisquer outros fatores que desviam sua concentração e lhe tragam a inspiração necessária.

Cada vez que ele se ausenta vou furtivamente ao quarto e giro o botão do volume do rádio até quase zero, mas ele percebe assim que está de volta e torna a aumentá-lo. É bem possível que um confronto seja inevitável, é tudo o que eu não desejo, mas o barulho do rádio me tira do sério, não me deixa terminar uma frase nem concluir um pensamento.

O perigo é que a situação degenere num bate-boca que implicará a perda total da concentração de que tanto preciso agora. Sendo assim, tento ficar menos «presente» ali e sento de costas para ele, recolhido como uma ostra que nada ouve e nada pode incomodar. Não retruco quando ele murmura alguma coisa, e espero que minhas costas irradiem uma energia negativa suficiente para ele se manter afastado. É uma tática um tanto arriscada, pois resultará em outras situações de confronto no futuro. Dispomos de mais de 2 mil metros quadrados de construção ao nosso redor, deveria ser o bastante para não precisarmos sentar tão próximos um do outro. Mas eu preciso de internet para conferir alguns dados antes de enviar o artigo, e a conexão só funciona na sala. O sol brilhando sobre as ondas mansas lá fora de nada adianta para melhorar o humor de ninguém aqui. Poderíamos ter saído para pescar em vez de ficarmos confinados em casa, cada um pelejando com seu prazo apertado. Se pelo menos tivéssemos um barco à disposição...

Depois que abaixei o volume pela terceira vez, Hugo me aborda de um jeito que me obriga a responder. Estamos nos aproximando da gota de água da irritação. Se não me comportar, ele vai acabar me expulsando da casa para conseguir trabalhar em paz. Hugo pergunta por que eu abaixo o volume se ele quer o rádio ligado daquele jeito, naquele lugar, naquele instante. Além disso, que moral tenho eu para reclamar de algum tipo de perturbação, logo eu, que no verão passado punha a mesma música infinitas vezes no replay enquanto ele pendurava as pinturas na galeria e precisava de tranquilidade e concentração?

É uma novidade para mim, mas não para ele. É possível que ele indiretamente tenha me dito que preferia trabalhar em silêncio naquela ocasião, mas não percebi.

Pus a mesma música para tocar diversas vezes, é verdade, mas Hugo só agora revela que tinha alergia aos *riffs* de guitarra da introdução. Ora, era só ter me pedido para parar, da mesma maneira que agora eu estou lhe pedindo, não era? Ele jura que foi exatamente o que fez.

Eu calo a boca e assumo a postura da ostra surda novamente. Hugo está à flor da pele, é perceptível, e só por respeito à nossa amizade não me expulsa de casa.

Passam algumas horas e nós conseguimos cumprir nossos prazos sem que a situação descambe para um melodrama. Hugo mexeu na imagem inicial, suavizou as transições, alterou a direção do pôr do sol e conseguiu o resultado que queria.

Na mesma noite discutimos sobre um texto que escrevi, sobre o qual ele diz que estava flagrantemente impreciso. O porquê da imprecisão não vem ao caso, mas era um artigo sobre o norte da Noruega. Eu respondo querendo saber onde está a precisão na sua arte, ainda mais tratando-se de pinturas abstratas. E até que ponto navegar é preciso? Por exemplo, na triangulação espacial que fazemos: que precisão tem ela quando uma simples cerração ao longe cobre os marcos terrestres de que tanto dependemos para nos orientar? Além do quê, a tração das fortes correntes do Vestjorden já nos deixou em maus lençóis não uma, mas várias vezes. Linha de pesca, boia e isca somem do mapa, nós aqui jurando que estão imóveis onde as largamos, quando na verdade já estão a meio caminho do Polo Norte.

— Que precisão tem uma arte como a pintura? — quero saber.

— Precisão na pintura?! — devolve ele.

Eu sei que a precisão não é um conceito-chave na pintura.

— Talvez esse conceito seja o *oposto* da precisão? — eu digo.

— Não é mesmo. Não tem a ver com precisão. E, portanto, não tem nada a ver com o *oposto* da precisão. Tem a ver com algo totalmente diferente.

A teima deriva para outro assunto, e eu digo que ele se preocupa muito com o que vamos fazer quando tivermos fisgado o tubarão-da-groenlândia, quando deveríamos nos concentrar em descobrir uma maneira de fisgá-lo. Do modo como Hugo fala, parece até uma simples questão de prática. Ao mesmo tempo, nós dois sabemos que o buraco é mais embaixo, que a nossa caçada tem seu lado sombrio. Nós dois podemos estar numa superfície límpida que reflete o céu, mas basta submergir alguns metros para a visibilidade ficar comprometida e estarmos à mercê de rochas e bancos de areia. Lá no fundo a água é turva e patrulhada por uma criatura que consideramos um monstro.

Sob certa perspectiva, isto é, à luz com o sol incidindo sobre o fiorde em céu aberto, nossa «missão» parece coerente e faz todo o sentido. Ao mesmo tempo, é obviamente uma ideia fixa que se transformou em obsessão e foi ficando mais complexa à medida que nossos egos se agigantaram e eclipsaram o projeto. Não queremos dar o braço a torcer até finalmente encararmos o tubarão-da-groenlândia nos olhos, os quais, no caso dele, estarão obnubilados por dois vermes pendendo das órbitas.

Que plano idiota é esse ao qual dedicamos tanto do nosso tempo? É só uma questão de satisfazer a nossa própria curiosidade? Ou enfrentar nossos medos mais íntimos? Ou seria um instinto de caçador que nos compele a abater o maior predador que em tese podemos capturar, nessa espécie de safári marinho que resolvemos fazer? Estará o mito atávico do monstro marinho tão entranhado na nossa genética, desde a época que éramos presas fáceis de predadores já extintos, quando enormes tigres-dentes-de-sabre nos carregavam inconscientes para o breu das tocas onde nos devoravam? Uma luta entre nós, humanos, e os crocodilos que nos arrastam para seu mundo submerso e dilaceram nossos corpos frágeis? A técnica de rotação que o tubarão-da--groenlândia emprega para devorar sua presa lembra muito a do crocodilo.

Pois quem triunfou neste embate ao final fomos nós, com o auxílio de um quilo extra de massa cerebral, uma substância gelatinosa de cor cinza que desenvolvemos e nos deixa aptos a compreender quase tudo, inclusive como funciona nossa própria compreensão. Ainda assim, a herança que nos legaram nossos antepassados ainda está no nosso cérebro, par a par com a nossa consciência. Por que existem tantas feras nos documentários sobre a natureza a que Hugo assiste na TV, com aquele narrador impostando a voz para nos convencer de que alguém está prestes a ser engolido por um monstro assustador?

As vespas são muito mais nocivas aos seres humanos que os tubarões, que matam apenas de dez a doze pessoas por ano em todo o planeta. No mesmo período, retribuímos matando 73 milhões deles, e ainda assim os consideramos predadores perigosos. Nem eu nem Hugo conseguimos compreender por que tamanho paradoxo.

Cada vez que um tubarão ataca um ser humano a notícia corre mundo. As pessoas imaginam uma besta cruel, sedenta de sangue, com olhos inemotivos, que mata furtiva e silenciosamente. Uma bocarra com várias fileiras de dentes afiados como navalhas aproxima-se pela superfície da água e abocanha o braço, a perna ou a barriga de um banhista incauto. O sangue vivo tinge o mar de vermelho e segue-se uma luta desigual em que somos facilmente derrotados por um peixe que mergulha para o fundo do mar, onde nos devorará aos pedaços. A verdade é que tememos o fato de o tubarão não nos temer.

Tubarões jamais ganhariam um campeonato de popularidade. Ursos panda, gatinhos, cachorrinhos, golfinhos e filhotinhos de chimpanzé estão de um lado dessa escala. Os tubarões estão do outro. Se hoje alguém é atacado por um tubarão, o que se ouve é o eco de um tempo remoto, quando ainda não dominávamos o mundo com a nossa sofisticada tecnologia. O controle que exercemos sobre o mundo é temporariamente revogado: de repente não somos nós os que matamos, mas os que são mortos. A possibilidade de tal ataque acontecer é quase inexistente. Mas nós somos intimidados pela simples hipótese de ir parar nas profundezas geladas, cercados por criaturas que nos trucidarão até o último pedaço, até que não reste mais nada da nossa existência.

De um jeito ou de outro, nós todos desapareceremos um dia. Desaparecer nas trevas abissais do mar, onde os peixes e os vermes rastejantes espreitam, porém, é uma sina que ninguém ousa imaginar.

Desbravadores, geógrafos e naturalistas mapearam palmo a palmo o planeta desde a Antiguidade. Segundo Dante, Ulisses não voltou para os braços de Penélope, como quer Homero. Ulisses queria ir além. Ele ultrapassou as Colunas de Hércules e seguiu rumo a oeste em mar aberto. Essas colunas, segundo a mitologia grega, foram erigidas para marcar as fronteiras do mundo conhecido e habitável. Nem mesmo Hércules ousou ir além delas. Porém, impelido pela curiosidade, pela busca do conhecimento e pela sede de aventura, Ulisses se aventurou pelo desconhecido, escreveu Dante em *A divina comédia* (c. 1320). Dante pune Ulisses exemplarmente por essa ousadia, condenando-o ao penúltimo círculo do inferno, o oitavo, onde ele estará para sempre envolto pelas chamas.[1]

Não faz tantos poucos séculos que acreditávamos na existência de homens com cabeça de cachorro ou com o rosto no lugar do tronco — ou em seres que eram uma mistura de escorpião, leão e humanos. Quem quer que se aventurasse numa jornada por terras desconhecidas arriscaria deparar com cavalos alados e criaturas que podiam matar com uma simples mirada. A existência de unicórnios era uma verdade ampla e incontestável. Os oceanos estavam repletos de criaturas gigantes com características estranhíssimas e imbuídas das piores das intenções.

As fachadas das catedrais medievais são decoradas com enxames de animais fantásticos e demônios, ambos percebidos na época como reais. O medo daquele predador específico que poderia nos matar e devorar

---

[1] Dante Alighieri: *A divina comédia*. Canto 26.

sempre é um sentimento que nos assustou. Empregando nosso engenho, aniquilamos espécies num ritmo alucinante, uma vez que alcançamos a hegemonia na terra e a soberania nos mares. Chegamos a um ponto em que não se pode mais falar em equanimidade num embate entre animais e humanos. Qualquer cenário sugerindo isso seria irreal. A verdadeira luta de hoje será sempre entre pessoas.

Hoje os animais selvagens estão ameaçados. Em geral só os encontramos confinados em jardins zoológicos e em safáris, pelos quais pagamos grandes somas para ter um breve relance da vida na savana, talvez com a ajuda de binóculos. Ver de perto uma baleia ou um tubarão não é motivo apenas de alegria, mas também um sinal de status.

Aliás, baleeiros e turistas já andaram muito próximos uns dos outros, e isso não é necessariamente bom. Anos atrás, um barco abarrotado de turistas de todo o mundo zarpou de Andøya para observar baleias nos arredores da ilha. Os turistas não tinham do que reclamar, dada a grande quantidade de minkes na área, mas o que era só alegria teve uma reviravolta brusca quando um baleeiro encostou ao lado e, diante dos olhos de oitenta turistas deslumbrados, arpoou uma baleia-minke de bom tamanho. De volta ao porto, os turistas ainda presenciaram outro navio içando outra minke a bordo enquanto uma cascata de sangue escorria pelo convés.

Foi um espetáculo para jamais esquecer, principalmente para as crianças que estavam a passeio. O diretor da Norges Småkvalfangerlag [Liga de Pequenos Baleeiros da Noruega], uma associação de classe fundada em 1938, declarou em entrevista ao *Andøyposten* que seria «importante esclarecer que as mesmas pessoas que navegam para observar baleias são as que se opõem categoricamente à caça desses animais».[2]

Repare noutra coisa: filmes de monstros já quase não são sobre animais selvagens, e sim sobre perversões do próprio homem, como zumbis e vampiros. Quem quer que nos ameace hoje em dia mora ao lado ou talvez venha do espaço sideral, e só muito raramente do fundo do mar. É lá que ainda existe o desconhecido, uma força que ainda não conseguimos domar.

Hugo e eu, o que será feito da nossa rusga particular? Se nem uma trilha sonora de Brian Eno servir para acalmar os ânimos é porque a coisa está realmente feia. Robert Wyatt? Sinto muito, mas nem mesmo a formação com Robert Fripp na guitarra. Até Roxy Music não está dando conta neste momento.

A cada ano, as baleias-jubarte mudam o repertório das melodias longas e complexas que compõem e

---

[2] *Andøyposten*, 3 de julho de 2006.

cantam. O novo hit é transmitido por grandes distâncias, de um grupo a outro de baleias. Hugo e eu não atualizamos nossa parada de sucessos com tanta frequência, nossas músicas favoritas têm quarenta anos de idade. Tento com *Ummagumma*, álbum duplo do Pink Floyd, de 1969, um dos mais peculiares que lançaram, renegado por boa parte dos membros da banda, mas Hugo é das raras pessoas que consideram o disco uma obra-prima fenomenal.

Comemos *klippfisk* dessalgado e frito no jantar. Os bacalhaus que capturamos há cerca de dois meses estão no seu melhor. O peixe foi curado à moda antiga: não levou tanto sol e absolutamente nada de chuva, e foi reidratado nas próprias águas do Vestfjorden.

A noite avança e nosso humor vai gradativamente melhorando, mais ou menos como a maré que vem subindo depois da vazante. Mas é só o mar inverter o fluxo e temos uma recaída, e o clima azeda outra vez.

Antes de irmos para a cama, concordamos numa coisa: o nome «tubarão-da-groenlândia» não pode mais ser mencionado até que tenhamos capturado um, para que não evoque nenhum tipo de maldição. Não julgue o leitor que passamos a ter uma abordagem religiosa ou supersticiosa em relação «àquele peixe». Nada disso.

Entretanto, ele é objeto de devoção em outras partes do mundo. No Havaí, o ʻaumakua era considerado o anjo da guarda mais poderoso que existia, e se manifestava na forma desse predador. Os japoneses o tinham como o senhor das tempestades marinhas. Em determinadas ilhas da Nova Guiné, pessoas que conseguiam invocá-los adquiriam um status superior entre seus pares. Em Fiji, um deus-tubarão chamado Dakuwaqa era considerado um ancestral direto dos chefes tribais. Na ilha de Beqa, até hoje prestam-se homenagens a um deus-tubarão tão onipotente que nem seu nome pode ser pronunciado. Espero que ao menos possa ser escrito.[3]

O relógio marca quase doze horas quando desperto no dia seguinte, e Hugo certamente está há horas batendo e serrando tábuas. Ele vem lá de fora e me flagra na cozinha passando manteiga numa fatia de pão, e logo pergunta de algo que eu achava que tinha deixado muito claro ontem, por considerar de extrema importância.

— Você é mesmo tão avoado? — eu deixo escapar, e imediatamente me arrependo.

De imediato Hugo fica calado, mas, depois de dois minutos, com o pescoço levemente curvado, me pergunta o que foi mesmo que eu acabei de dizer ali na cozinha. Eu nego que tenha dito o que disse e peço desculpas se o ofendi. Definitivamente, existe algo desagradável entre nós, e a única coisa que me vem à mente

---

[3] Juliet Eilperin. Op. cit.

é aquele resíduo de sedimentos que decanta no fundo das garrafas de vinho.

Os peixes possuem um sistema de órgãos chamado de linha lateral que os impede de trombar uns com os outros, mesmo quando nadam em grandes cardumes. Como nós, humanos, não o temos, fica evidente que está mais do que na hora de uma pausa. Eu gostaria de um contato mais próximo com o mar, mas sem que para isso a paciência de Hugo estoure e ele me arremesse do alto do cais.

Vou dar uma volta pela estação, topo com os antigos equipamentos de mergulho que os finlandeses abandonaram ali e decido conferi-los de perto. O traje é pequeno demais e estão faltando várias peças. Não é só vestir e cair no mar, portanto.

Embora eu e Hugo estejamos meio de ponta um com outro, me ocorre uma ideia: por que não recorrer à mediação na própria família? A filha dele, Anniken, trabalha justamente com mergulho submarino. Ela mora em Kabelvåg e pode emprestar os equipamentos, talvez até nos acompanhar. Faz muito tempo desde que mergulhei a última vez, e foi em águas bem distantes, como Sumatra e Surabya. Mergulhar no Vestfjorden de repente me parece ser a coisa mais sensata a fazer.

Mas primeiro tenho outra missão.

36

Tenho um carro antigo que mantenho parado em Skrova. Foi comprado ano passado porque sou dono também de uma casa na ponta de Vesterålen. Durante o inverno, a água se infiltrou pelo teto do carro. Os assentos estão úmidos, o assoalho está empoçado. O cheiro acre de mofo entranhou-se no veículo.

Embarco no ferry para Svolvær e continuo pelos fiordes de águas reluzentes até Fiskebøl, onde pego um novo ferry para Melbu e Vesterålen. Meu caminho corta praias e atravessa pontes, para além de Sortland e de uma passagem estreita pelas montanhas onde sussurram riachos e quedas-d'água, até finalmente desembocar no distrito de Bø.

Aqui o cenário muda drasticamente. Em vez de estepes e montanhas altas, o clássico cartão-postal dos fiordes setentrionais, o que temos agora é um relevo próximo ao das Shetland ou mesmo da Groenlândia. O verde do litoral não tem árvores, é terra quase nua em toda a sua glória, com picos negros se elevando até onde alcança a vista.

A flora rasteira agarra-se ao chão e veste a paisagem com seus matizes azulados, cor de ferrugem e verde-claro. A cobertura de gelo aqui não chega há quase 18 mil anos, mais do que em qualquer outro lugar da Noruega.

A casinha está no ponto onde termina a estrada, em Hovden, na boca do mar, assentada sobre a crista de uma morena e sobreolhando uma praia de areia alvíssima. É branca, mas cada prego está aparente, incrustado de sal transportado pelos borrifos das ondas. Entro na sala de estar e percebo que o o forro do teto está abaulado. É feito de papelão, e o mínimo toque do indicador é suficiente para perfurá-lo. Um jato de água jorra pelo pequeno orifício e me acerta bem no rosto. Saio correndo à procura de uma panela. A pressão da água não é pouca. Melhor pegar logo um balde.

A residência foi construída pelo meu bisavô e recém-adquirida por mim e mais quatro sócios. A propriedade inteira mede doze hectares e meio, mas terrenos à beira-mar legalmente se estendem até a parede íngreme onde começa a plataforma submarina. Desde a orla até lá são mais uns trezentos metros de extensão. Em outras palavras, somos proprietários de um bom pedaço de mar. Não parece justo, mas é de direito.

A casa está a ponto de ruir. Uma boa quantidade de água vazou dos canos e foi se acumulando sob o telhado. Por sua vez, os temporais se encarregaram de trazer também água lá de fora para dentro. Uma tempestade de inverno mais severa chegou a arrancar uma tábua de madeira do revestimento da fachada. A água que pinga incessante dentro do balde quebra o ritmo suave das ondas na areia. *CHUÁÁÁ. Glub. CHUÁÁÁ. Glub.*

A infiltração está prestes a pôr abaixo uma construção que resistiu incólume a um século de intempéries. Se tudo que meu carro precisa é de uma limpeza e uma revisão, a casa requer uma boa drenagem e um arrimo bem firme. Soprando forte do mar, o vento produz um assobio agudo quando passa pelas frestas e cantoneiras do telhado. Vizinho à casa há um velho poço artesiano com água quase pela borda, antes potável, hoje salobra.

Entro no carro para voltar às Lofoten. O interior do para-brisa fica embaçado durante todo o trajeto, mas quase não noto a diferença quando o esfrego com a flanela, pois lá fora a névoa é espessa. Neste mundo sem silhuetas consigo ainda avistar aqui e ali pelos penhascos as sombras do que parecem ser cormorões, enquanto as vagas arrebentam contra os rochedos e grutas pelo sopé. Meu carro acha que é um barco e eu tento me balizar pela luz de um farol que não existe. Sinto meu corpo encharcado, meu nariz começa a escorrer. Telefono para Anniken, a filha de Hugo. Ela concorda em mergulhar comigo.

37

Dois dias depois, estamos Anniken e eu sentados de costas para a água na amurada de um barco, e nos deixamos cair. Finalmente estou submerso pelo Vestfjorden. Afundo a cabeça, empino as pernas e deixo o peso do cinto de chumbo fazer o resto. Como um cetáceo deslizo oito metros até o fundo. Identifico uma clareira no meio de dois densos bosques de folhas de kelp gigante e é para lá que vou, as folhas me acariciando sem se prender a nada do meu corpo. O kelp gigante chega à altura de uma árvore terrestre e tem folhas largas, lisas e lustrosas, que parecem fitas bailando ao sabor das correntes e roçando a superfície da água.

Ao atingir o fundo, relaxo e olho para cima. Sobre mim a refração da luz na massa azul da água delimita a fronteira de outro mundo. Na terra, o céu está acima e o mar, abaixo. Aqui no fundo o que se vê é uma membrana tão fina que não parece ter espessura alguma, é apenas o marco de uma transição instantânea para outro elemento.

Aqui é o lar da maior parte dos organismos do planeta. Apenas umas poucas espécies podem habitar tanto a terra como o mar, e mesmo assim durante um curto período de tempo. Os pinguins, em tese, se adaptam bem na água, mas em terra são desengonçados e indefesos. O mesmo vale para focas, morsas e tartarugas. Anfíbios e certas cobras, altamente especializados que são, dominam bem ambos os elementos.

No início a Terra era coberta por um oceano raso e sem vida, borbulhando de enxofre. Surgiram células de vida, que foram se agrupando em organismos cada vez mais evoluídos, tudo muito lentamente até o ponto em que a vida acelerou e floresceu em todas as direções. Há bilhões e bilhões de anos, toda a vida que existia no planeta resumia-se ao mar. Seres hoje extintos flutuavam a esmo, respirando com guelras e órgãos similares. Há apenas 370 milhões de anos, os primeiros seres deixaram a água e arrastaram-se hesitantes para a terra firme, desenvolvendo membros para se locomover e pulmões para respirar. De início com um pé em cada ambiente; em seguida, dando um passo adiante e passando a colonizar a terra firme. Mesmo assim alguns se arrependeram e voltaram para o mar.

A água é fresca e transparente, pois aqui a corrente não deixa de fluir. Em caso de tempestade, esta faixa costeira é atingida em cheio. Para a maioria das pessoas, o mar mostra-se estranho e ameaçador, mas também curiosamente próximo e familiar. Sopre um bebê no rosto: ele fechará a boca e prenderá o fôlego, e então é só imergi-lo na água para que comece a nadar como se nunca tivesse feito outra coisa na vida — um fenômeno conhecido como reflexo de mergulho ou reação bradicárdica. Seu ritmo cardíaco reduzirá, seus vasos sanguíneos contrairão, e menos oxigênio será transportado para suas extremidades. O reflexo de mergulho diminui após os seis primeiros meses de vida, mas podemos afirmar sem erro que bebês nasceram para nadar. Tudo que ouço agora é a minha própria respiração, um chiado gasoso quando inspiro, que se aprofunda quando expiro e o ar escapa borbulhando pela água. Não tenho como deixar de associar este ruído a um bebê respirando no útero, o mesmo que ouvimos nos exames de ultrassom. No útero estamos envoltos por água salgada, que penetra até nossos pulmões. Não temos a menor ideia de que a vida pode ser diferente daquilo até sermos finalmente expulsos para um mundo seco, iluminado, e esvaziarmos nossos pulmões num choro espontâneo ou induzido por uma palmada. Já não estamos submersos: de agora em diante o oxigênio atmosférico será nossa força vital. Ao longo de nove meses, reproduzimos e revivemos o processo inteiro que as criaturas primordiais tiveram que fazer do mar para a terra. No clássico filme *O abismo* (1989), em que uma civilização alienígena finalmente emerge das profundezas marinhas, os mergulhadores descem tão fundo que precisam respirar uma mistura de oxigênio líquido, e a instrução que recebem é apenas esta: «Your body will remember» [«Seu corpo lembrará»].

Depois de um breve intervalo deitado no solo marinho, saio do meu recanto no meio do bosque de kelp. Finalmente volto a admirar o mundo pela ótica do mar. Um caranguejo marrom caminha na direção de uma fenda e estanca com as pinças em riste. Eu o apanho, ponho-o de volta no chão e vou em frente.

Um pequeno cardume que julgo ser de enguias-de-areia de Raitt se enfia no solo marinho. Estrelas-do-mar estão dispersas sobre a superfície de um rochedo. Os peixes menores mantêm-se no bosque de kelp, na companhia das criaturas camufladas que de lá nunca saem. O toque sedoso da água no corpo é perceptível mesmo através do traje de neoprene. Deixo a corrente me embalar gentilmente pelas árvores de kelp balouçantes. Não sinto meu peso nesse ambiente primal: sou água dentro da água. Sem abrir mão da minha individualidade, sou apenas uma gota no oceano.

As anêmonas-do-mar acenam os tentáculos discretamente, os lírios-do-mar, parados, apenas decoram a paisagem. Um baiacu me encara com o cenho franzido e infla seu corpo espinhoso, e então surge um pequeno cardume de carpas, prateadas e lustrosas, mudando abruptamente de direção, numa coreografia precisa que prescinde do comando de um líder.

Embora ainda esteja em águas rasas, começo a sentir a dor da pressão nos ouvidos e seios nasais. Águas-vivas e várias outras espécies que vivem nas profundezas explodem quando transportadas à superfície, assim como lá embaixo nós seríamos esmagados numa massa disforme. A apenas dez metros de profundidade, a pressão dobra em relação ao nível do mar. A quinhentos metros, é igual a cinquenta e uma atmosferas — um fardo e tanto para carregar. Mergulhadores que descem a grandes profundidades correm o risco de desenvolver uma série de síndromes nervosas cujos sintomas são sonolência, tremores, náuseas, alucinações, diarreia e vômitos, entre outros, sintomas que em terra firme já seriam ruins o suficiente, mas lá embaixo são letais. A pressão altíssima requer enorme esforço dos pulmões para transportar a mistura de oxigênio para dentro e para fora do corpo. Qualquer mergulhador de grandes profundidades precisa passar por um processo de descompressão que pode levar dias. Se não o fizer, seu sangue borbulhará como champanhe. Pior maneira de intoxicar-se não há. Surgirão coágulos no sangue, juntas, pulmões e cérebro que poderão levar a uma morte dolorosa, num breve exemplo de quão mal-adaptados estamos ao meio onde vive o tubarão-da-groenlândia.

A rainha das bolhas habita uma cova submersa. No épico sumério *Gilgamesh*, o primeiro texto literário que conhecemos, o herói Gilgamesh empreende uma jornada em busca da imortalidade e descobre que ela existe na forma de uma planta no fundo do mar. Gilgamesh amarra pedras ao corpo e deixa-se afundar nas águas do oceano, onde encontra a planta que pode lhe restituir a juventude. Pena que seja tão distraído e não cuide dela como deveria. Ao retornar à superfície, a planta é roubada por uma cobra enquanto o herói se banha.

Agora acontece. Uma corrente me apanha com uma força descomunal. De nada adianta resistir, eu ficaria apenas girando em círculos. Em vez disso, junto os braços ao corpo e me deixo arrastar, para longe e mais além, passando por cenários indescritíveis. A partir de agora estou deslizando pelos oceanos da poesia, ao largo de naus de mastros partidos, onde cachalotes nadam contentes pelo fundo do mar, perseguindo lulas-gigantes com olhos do tamanho de pratos de comida e tentáculos piscantes, no meio de florestas de corais de tons violeta, onde enguias roliças espreitam com a cabeça para fora das tocas. A corrente me conduz por uma vala profunda que deságua numa cratera onde uma baleia-fin entoa seu canto melancólico e pungente sobre os mistérios do mar. Lá do alto ouço acalantos para os alevinos de bacalhau, executados por uma fanfarra de cavalos-marinhos, enquanto lagostas dançam uma ciranda ao redor de halibutes e solhas que acompanham o ritmo, aplaudindo entusiasmados. Peixes-lobo têm as feições de velhos conhecidos meus. Peixes-lua planam sossegados, iluminando com seu clarão tubarões-frade boquiabertos. Como bombardeiros em formação de ataque, um esquadrão de arraias cruza meu caminho e desaparece no infinito.

À medida que vou adentrando a escuridão deixo de lado toda a esperança, pois como poderei sobreviver a tal arrasto? Há muito tempo já deveria estar sem oxigênio, mas não, continuo respirando, e, quando tudo finalmente são trevas, as criaturas mais fantásticas surgem e começam a brilhar. Entre as sombras dos afogados, a luz desenha figuras horripilantes. A corrente me transporta por quilômetros e quilômetros, sempre para o fundo, até que finalmente ouço um estrondo que não me deixa mais dúvidas. Estou debaixo de uma formidável cachoeira. Não é outra coisa, só posso estar me aproximando do enorme abismo marinho que se conecta às entranhas da Terra. O poderoso fluxo de água que me sugava para o fundo me trouxe ao Moskstraumen, o turbilhão onde o mar ferve e se agita mais do que em qualquer outro lugar da terra. Estou irremediavelmente perdido.

A parede interna deste sorvedouro é negra, lisa e reluzente, e os mais diversos objetos de madeira rodopiam ali: destroços de navios naufragados, tábuas e troncos, caixotes, mobílias, sarrafos, barris, estacas e velhos botes salva-vidas. Consigo me agarrar a um tonel que aparentemente está subindo pelo torvelinho.

Acordo numa praia rochosa do outro lado de Lofotodden, o ponto no extremo sul das Lofoten, próximo a uma fábrica de pescados abandonada. Deitado, exausto, ainda ouço o eco do rugido do Mosksraumen. Além do que relatei aqui, não lembro de mais nada da jornada submarina que fiz pelo âmago do oceano.

38

De volta à Aasjorbruket depois da minha viagem submarina pelo Lofotodden, o clima volta a azedar. Hugo me pergunta como foi o mergulho e eu me limito a assentir com a cabeça e dizer que Anniken lhe mandou lembranças.

Então, já tarde da noite, Hugo recebe o motor de volta da oficina. Damos uma volta no Vestfjorden para testá-lo e também despejar um balde com *graks* no mar. O rejeito de fígado que jogamos ali antes já deve estar diluído numa concentração homeopática pelas águas do fiorde. Os mecânicos trocaram o cárter do motor, que agora deve estar em perfeitas condições. Hugo acelera ao máximo na saída da baía e vai aliviando o semblante de preocupação à medida que ganhamos velocidade.

Passamos pela linha entre o farol de Skrova, e algo bem na nossa frente chama a atenção. É uma visão inequívoca. Nenhuma outra criatura consegue ser tão veloz na água, e suas manchas ovais estão bem visíveis. Estamos no meio de um grande bando de orcas, que saltam para fora de água e revolvem a superfície do mar. De repente, um filhote emerge bem ao lado do barco, levanta a cabeça e nos lança um olhar curioso. O filhote é do tamanho do barco, mas dois outros indivíduos duas vezes maior não param de se comunicar com ele. Sua pele negra parece feita de uma manta grossa de pvc, exatamente como nosso rib. É possível que à primeira vista ele tenha achado que o bote era outro cetáceo, e se achegou para interagir. Os adultos querem que volte para junto do bando, que nada rumo a leste, para o coração do Vestfjorden.

As orcas se espalham como se fossem bonequinhos de plástico numa banheira, soprando pelo orifício sobre a cabeça e voltando a mergulhar, sempre a toda velocidade, como se estivessem atrasadas para um compromisso e mesmo assim reservassem um instante para se divertir no caminho. Nunca vi animais tão imponentes. Certa vez, na África, presenciei alguns que chegam bem próximo disso: um grupo de chimpanzés agitados pulando de árvore em árvore pela copa da floresta, quebrando galhos, gritando alto e trocando mensagens entre si, para em seguida sumir de vista tão rápido quanto surgiu. A impressão que tive foi a de cruzar com um grupo de torcedores animados saindo do estádio depois da vitória do time. Mal comparando, as orcas são como aqueles carros esportivos italianos, porém muito mais vivazes e absolutamente convictas de que o mar pertence a elas e a mais ninguém.

Um grupo de cinco ou seis emerge de ambos os lados do barco, alguns indivíduos aproximam-se a poucos metros de distância. O bando não deve estar a caminho do Tysfjord, onde já não há mais arenque a esta altura.

No passado, era para lá que iam. Nove mil anos atrás, em plena Idade da Pedra, habitantes do fiorde gravaram na pedra a imagem de uma orca em tamanho natural. Desde bem antes disso as orcas vêm visitando o fiorde, mas ultimamente os arenques não têm dado o ar da graça.

Nenhuma orca possui manchas idênticas. São como impressões digitais, únicas. A nadadeira dorsal dos machos é maior, projeta-se a quase dois metros do corpo em forma de um triângulo pontiagudo. A nadadeira das fêmeas é menor, e a extremidade lembra uma onda desenhada ao estilo japonês. As orcas estão entre os seres mais velozes do oceano. Somente o peixe-espada, o marlim e outras baleias e toninhas lhes fazem frente, porém a orca é muito maior e mais forte.

Nós as seguimos por uns quinze minutos até que o líder do grupo, provavelmente uma fêmea, avisa que está na hora. Todos a obedecem e se vão. Hugo põe o motor no neutro e a corrente nos traciona na direção de onde viemos. Estamos agora a quilômetros de distância do farol de Skrova.

Hugo está tão encantando quanto eu. Não avistava uma orca no Vestfjorden desde 2002, e está exultante em reencontrá-las. Se pudesse escolher ser um animal, ele me confidenciou certa vez, seria uma orca. Ou uma águia. São seus favoritos. Eu menciono isso e lhe pergunto se ele não ficaria enfastiado de comer arenques e cavalinhas. Hugo ri e me devolve a pergunta: que animal eu queria ser? Não respondo porque os melhores já foram escolhidos.

Ficamos sentados, conversando, e o barco balança no ritmo das ondas. As correntes saindo e entrando do Vestfjorden colidem naquele ponto e precisam aprender a conviver uma com a outra, o que não deixa de ocorrer sem que o mar fique agitado e tenso.

Hugo conta uma história, não, é mais como se me revelasse um segredo do qual se envergonha: em Steigen, na década de 1970, jovens adultos cheios de testosterona costumavam sair ao mar e atirar em orcas com pistolas. Chegavam a se gabar do feito, emenda Hugo, com um fiapo de voz. Dito assim parece um comportamento francamente primitivo, mas naquela época as orcas eram acusadas de dizimar os cardumes de arenque. Por tudo que sabemos, uma vez que como nós são animais sencientes, altamente inteligentes e dotados de memória, é possível que as orcas que acabamos de encontrar lembrem-se bem desses lamentáveis encontros com humanos. As orcas são dotadas do maior cérebro de todos os mamíferos, atrás apenas do cachalote, que, como sabemos, possui o maior cérebro de qualquer espécie conhecida, viva ou extinta. O cérebro das orcas pode pesar até sete quilos. Elas ensinam seus filhotes a caçar, e cada grupo tem características distintas, transmitidas de geração em geração. Para se diferenciar de outros grupos, hostis ou não, cada clã se comunica num dialeto próprio, de frequência e entonação únicas.

Orcas e humanos têm um ciclo de vida bastante parecido. As fêmeas, que normalmente lideram o grupo, tornam-se férteis aos quinze anos de idade, e até chegar aos quarenta dão à luz até cinco ou seis filhotes. Ainda assim, podem viver até os oitenta anos.

— Sabe por que elas se chamam assim? — pergunta Hugo. — Um grupo de orcas pode atacar até uma baleia-azul, o maior animal do mundo, que chega a pesar noventa toneladas. Duas delas se agarram às nadadeiras laterais, enquanto uma terceira abocanha o tecido mole abaixo do maxilar. É o sinal para o resto do grupo começar a arrancar pedaços da camada de gordura da baleia-azul e estraçalhar a coitada — continua ele, acrescentando um detalhe: nem mesmo o temido tubarão-branco tem a menor chance contra uma orca. O apelido de baleia-assassina não lhes foi dado por acaso.[1]

Orcas caçam em grupos e empregam táticas astuciosas. Sopram grandes bolhas de ar sob os cardumes

---

1   Em norueguês, a orca é chamada de «spekkhogger», ou «corta-gordura». (N.T.)

de arenque, ou ficam em posição vertical e dão golpes coordenados com a cauda, deixando os arenques atordoados e indefesos. Orcas já foram filmadas produzindo ondas em série para desalojar focas de banquisas.

Em Steigen, Hugo tem guardados alguns dentes de orcas, e a sensação de quem segura um na mão é tão agradável que não dá vontade de largar. São lisos como madrepérola, maciços e pesados, e têm o tamanho de um punho fechado. Quando orcas investem contra um cardume de arenques, milhares de cabeças do peixe aparecem boiando na superfície, como se tivessem sido cortadas por um estilete, conta Hugo. Não é difícil imaginar como as orcas conseguem fazer isso.

Uma orca adulta quase não tem inimigos naturais. Mas Hugo leu em algum lugar que elas não se sentem à vontade ao lado de baleias-piloto, que podem atacar seus filhotes assim como fazem com os cachalotes.

— Quando um grupo de baleias-piloto entra no fiorde, as orcas rapidinho tiram o time de campo.

Em certas regiões do norte da Noruega, as orcas são conhecidas também como *staurkval*, ou baleia-mastro, decerto por causa da sua enorme barbatana dorsal. De todo modo, é bom segurar firme ou dar no pé quando se avista um mastro desses aproximando-se rápido demais. Orcas são conhecidas por afundar barcos. Hugo conta de uma que, anos atrás, chegou perigosamente próximo de um barco de plástico de dezoito pés [cerca de cinco metros e meio], nos arredores de Skrova, exatamente onde nos encontramos agora.

Por que um animal agiria dessa forma? Hugo tem certeza de que o estresse e um ambiente hostil podem fazer uma baleia perder a cabeça. E se pergunta: quem somos nós para culpar as orcas que vivem aprisionadas em parques de diversão como o Sea World, nos Estados Unidos, por terem se tornado agressivas e vingativas? Elas são predadores gigantes, acostumados a viver em liberdade na vastidão do oceano, mas são raptadas do seu habitat natural e condenadas a passar o resto da vida num piscinão, reproduzindo truques amestrados diante de uma multidão que compra ingressos para vê-las, ensurdecidas por uma música pop que reverbera pelos azulejos da piscina a todo volume. Em troca, os treinadores lhes dão baldes cheios de arenque. À noite, são confinadas em tanques estreitos onde mal podem se mover, como se fossem barcos recolhidos ao cais, enquanto chuveiros esguicham água sobre elas para que não morram desidratadas. Sua imponente nadadeira dorsal com o tempo perde a rigidez e se curva como uma planta murcha. Não chega a surpreender que criaturas tão inteligentes sejam torturadas assim e reajam matando seus tratadores, algo que por sinal já ocorreu diversas vezes.

Em 2011, um grupo de ativistas tentou processar o Sea World de San Diego alegando que baleias também têm direitos, mas o tribunal arquivou o caso. Em 2014, porém, foi um orangotango quem teve melhor sorte, e na Argentina. Um tribunal teve que decidir se Sandra, 28 anos, era uma coisa ou uma pessoa, um veredito que afetaria a maneira como era tratada. O fato de que um orangotango não era definido como um animal estava relacionado à interpretação das leis argentinas e à própria ação impetrada. É óbvio que um orangotango não é um objeto, mas tampouco pode ser considerado uma pessoa. Segundo o jornal *La Nación*, o tribunal concluiu que Sandra era uma «pessoa não humana». Embora não fosse uma mulher, também tinha inteligência e sentimentos, e se pudesse ser tratada em melhores condições viveria uma vida mais feliz, concluiu o júri, ressaltando que os orangotangos têm direitos fundamentais inalienáveis.

O encontro com as orcas definitivamente levantou o nosso moral, e o Vestfjorden, mais uma vez, se provou um lugar perfeito para histórias e aventuras. O sol já se pôs atrás da codilheira. O céu coloriu-se de uma luz lilás com traços esverdeados no horizonte. A lua nova dos pescadores desponta entre Skrova e o Lillemolla.

Talvez por isso Hugo se sinta à vontade para contar um episódio que viveu em Barcelona. Seus filhos quiseram lhe fazer uma surpresa e compraram um balão de aniversário.

— Estávamos passeando à toa pelas pelas ruas. Era de manhã cedo, mas a cidade já estava desperta e cheia de ruídos. No começo escutamos o o burburinho de vozes, em seguida da música escapando pelas janelas. Quando esse som se foi, escutamos o barulho do tráfego, dos motores, das sirenes, o canto dos pássaros, todos os sons possíveis. À medida que chegávamos mais alto, os ruídos iam desaparecendo, até restar apenas um. Sabe qual foi o último som que ouvi lá do alto das montanhas, cercado de nuvens, admirando a cidade lá embaixo? Quando tudo ficou em silêncio e a única coisa que ainda se ouvia era o vento?

Eu medito durante alguns segundos e abano a cabeça.

— Foi o som de cachorros. Mas não eram latidos, nem uivos, nem ganidos. Eram cães conversando uns com os outros à distância — explica Hugo.

Quase esquecemos de despejar o balde com *graks* ao passar por Flæsa. Ainda está claro o suficiente para triangular nossa posição usando os marcos em terra (o farol de Skrova, as escarpas rochosas de Flæsa e o monte Steigberget no topo do glaciar Helldaisen). Embora esteja nevando sobre o Steigberget, ainda podemos identificar a montanha e, portanto, sabemos, com algum grau de precisão, onde começaremos nossa pescaria amanhã.

39

Mas a sabedoria, onde estará? Onde a razão fez sua morada? O homem desconhece seu valor, ela não se encotra na terra dos viventes. Diz o abismo: «Comigo não está», e o mar retruca: «Em mim ela não mora».[1]

Apenas ondas vagarosas e compridas surgem no mar. O céu está encoberto, mas estável até onde alcança a nossa vista a oeste. O mar está *opplætt*, como dizem os pescadores. Nuvenzinhas arredondadas brilham como objetos de aço polido. Tudo leva a crer que é um dia perfeito para pescar um tubarão-da-groenlândia nas proximidades do farol de Skrova.

Como isca temos carne de baleia que deixamos ao relento desde a festa do bacalhau para que apodrecesse. Enfio um belo punhado da carne no anzol e o atiro no mar, e ele logo afunda com o peso da corrente à medida que vai desenrolando o molinete japonês de Hugo. Desta vez usaremos um caniço, e as coisas devem ser bem mais fáceis.

---

1   Livro de Jó.

Hugo vestiu um traje especial com suspensórios. Na frente, próximo ao abdômen, há uma espécie de escudo feito de plástico rígido, com um orifício para enfiar o caniço e puxar o peixe usando a força do corpo inteiro, se necessário. A base do equipamento fica apoiada nas coxas e se projeta uns dois metros à frente do corpo.

Além disso, o molinete é preso ao caniço por rebites de metal reforçado. Caso a vara feita de material sintético seja arrastada para o mar, o pescador irá junto. É um pensamento que acaba de nos ocorrer e faz Hugo lembrar de uma história da década de 1980. Num belo dia de primavera, ele embarcou com a família num pesqueiro de maior envergadura rumo a uma ilha para coletar ovos de gaivota. Hugo embarcou num bote a remo, pois o único acesso à ilhota era feito através de uma baía estreita. Com a forte tração da corrente, o bote sempre era praticamente jogado contra a praia, e o retorno ao pesqueiro demandava cuidado ainda maior.

Hugo apanhou alguns ovos e pôs-se a remar de volta, mas calculou mal e o bote entornou. Antes de cair na água, ainda escutou seu irmão gritar: «Lá vai ele!». A corrente o pegou de jeito e o jogou de um lado para o outro como se fosse um boneco, primeiro até o fundo e depois impelindo-o pela superfície, como um míssil submarino. Tentando se proteger do impacto iminente, escudou o corpo com as mãos e ralou-as inteiras nas cracas das rochas. Hugo conseguiu recuperar o balde que boiava na superfície cheio de ovos de gaivota ainda intactos. Ao embarcar de volta no pesqueiro, achou que estava à beira da morte, seu rosto estava coberto do sangue das mãos que usou para esfregar os olhos.

— E não foi só isso — continua Hugo, provavelmente prestes a levar a prosa para outro rumo, quando de repente fica paralisado. Algo mordeu firme o anzol, e só pode ser uma coisa. O RIB é arrastado pela proa contra a forte corrente. Apenas um peixe pesando centenas de quilos, ou talvez com mais de uma tonelada, teria essa força. Hugo inclina-se com os pés fincados na base da amurada para não ser derrubado no mar.

Será que é pedir demais que seja um tubarão, de qualquer espécie? Não precisa nem mesmo ser um da Groenlândia, penso alto. Recentemente, uma espécie desconhecida foi pescada perto de Eggkanten, em Vesterålen, e nem os cientistas do Instituto Oceanográfico da Noruega conseguiram catalogá-la. Mas nós sabemos que é um *håkjerring*. Hugo estabeleceu um contato de primeiro grau com ele, não há nada os separando exceto as duas extremidades da linha.

— Cadê a faca? — pede Hugo, enquanto o tubarão-da-groenlândia dá um solavanco e reboca o barco na direção de Steigen. Se ele der um puxão mais forte, é possível que Hugo não consiga se firmar no convés, e uma faca seria muito útil nesta hora. Minutos depois a força do arrasto diminui, e de imediato Hugo rebobina um pouco da linha. O tubarão vai medindo forças neste cabo de guerra e só nos resta esperar alguns minutos. Agora o tranco foi mais forte, e eu cambaleio para a popa, erguendo perigosamente a proa do barco. O susto foi grande, mas consigo voltar ao meu posto imediatamente e reestabelecer o equilíbrio. O tubarão volta a se acalmar, então é só enrolar o molinete. Ele está a caminho. Se não tivesse mordido bem, o anzol já teria escapado a esta hora.

Confiro a linha enrolada no molinete, e não falta muito mais, é coisa de poucos metros agora. Hugo aparenta ter o controle total, apesar da tração imensa. Não trocamos olhares nem nada dizemos, exceto um ou outro palavrão que deixamos escapar. Não há nada a dizer. Sabemos das desvantagens de pescar com este método. Se tivéssemos usado a corda com a boia, era só deixá-lo nadar até a exaustão. Com o caniço isso não é possível. O tubarão-da-groenlândia vai emergir ao lado do barco, e a única coisa a fazer é... Olho fixamente para Hugo. Chego à conclusão do que não temos alternativa. Se as coisas não derem certo, é só cortar a linha.

Depois de uma meia hora a linha está esticada ao máximo. É agora, imagino, e a superfície da água começa a borbulhar. O tubarão está se contorcendo logo ali, a corrente é comprida o bastante para enrolar seu corpo algumas vezes, mas então ele logo roça o corpo na linha, que se parte instantaneamente. O mar se agita, e eu imagino a enorme mancha cinza-amarronzada desaparecendo pelas profundezas. Com seis metros de corrente pendendo de um anzol preso à bocarra, a vida deste tubarão-da-groenlândia jamais será a mesma depois do nosso encontro.

Tudo volta à calmaria de antes. Atrás de nós, pisca o farol de Skrova. Um bando de gaivotas-de-cabeça-preta aproxima-se do barco, percebe que não há comida para elas e segue planando ao sabor do vento, na direção das ondas. Lentamente o mar vai retomando seu ritmo, como sempre fez antes de estarmos aqui e continuará a fazer depois que não mais estivermos.

AGRADECIMENTOS

Mais que a qualquer pessoa quero agradecer a Mette Bolsøy e Hugo Aasjord. Como pode ver o leitor, este livro jamais poderia ter sido escrito não fosse a nossa amizade. Agradeço também a Anniken Aasjord. Obrigado também a todas as pessoas que, em maior ou menor grau, me ajudaram neste projeto: Arnold Johansen, Leif Hovden, Frode Pilskog, Bjørnar Nicolaisen, Torgeir Schjerven, Inger Elisabeth Hansen, Sverre Knudsen, Anne Maria Eikeset, Håvard Rem, Inge Albriktsen, Hilde Linchausen Blom, Tora Hultgreen, Knut Halvorsen, e ao casal Ronald e Kari Nystad Rusaanes (que tanto me hospedaram nas minhas passagens por Bodø). A todos que aqui não foram mencionados e merecem meu agradecimento: muito obrigado!

Sou grato à minha editora, Cathrine Narum, cujo entusiasmo, domínio do idioma e amplos conhecimentos gerais me deixaram absolutamente impressionado. Dito isto, qualquer eventual erro factual é de responsabilidade deste signatário. Obrigado a minha amada Cathrine Strøm, que me ajudou com dicas literárias e todo o apoio que precisei ao longo desta obra. Uma última lembrança vai para nosso filho que ainda não nasceu, foi concebido entre as viagens que fiz de norte a sul da Noruega e virá ao mundo mais ou menos junto com este livro. Que o mar sempre o trate bem.

BIOGRAFIA

O norueguês **MORTEN A. STRØKSNES** é historiador, jornalista, fotógrafo e escritor. É autor de reportagens, ensaios, perfis, colunas e resenhas publicados na maioria dos jornais e revistas noruegueses. Já publicou quatro livros de reportagem literária aclamados pela crítica, e colaborou em diversos outros.

Das Andere

1. *Kurt Wolff,* **Memórias de um editor**
2. *Tomas Tranströmer,* **Mares do Leste**
3. *Alberto Manguel,* **Com Borges**
4. *Jerzy Ficowski,* **A leitura das cinzas**
5. *Paul Valéry,* **Lições de poética**
6. *Joseph Czapski,* **Proust contra a degradação**
7. *Joseph Brodsky,* **A musa em exílio**
8. *Abbas Kiarostami,* **Nuvens de algodão**
9. *Zbigniew Herbert,* **Um bárbaro no jardim**
10. *Wisława Szymborska,* **Riminhas para crianças grandes**
11. *Teresa Cremisi,* **A Triunfante**
12. *Ocean Vuong,* **Céu noturno crivado de balas**
13. *Multatuli,* **Max Havelaar**
14. *Etty Hillesum,* **Uma vida interrompida**
15. *Wojciech Tochman,* **Hoje vamos desenhar a morte**
16. *Morten R. Strøksnes,* **O livro do mar**

DIRETOR EDITORIAL
Pedro Fonseca

CONSELHEIRO EDITORIAL
Simone Cristoforetti

COORDENAÇÃO EDITORIAL
André Bezamat

PRODUÇÃO
Zuane Fabbris editor

IMAGEM DA CAPA
Julia Geiser

PROJETO GRÁFICO
ern**ésto**

EDITORA ÂYINÉ
Praça Carlos Chagas, 49 2º andar
CEP 30170-140 Belo Horizonte
+55 (31) 32914164
www.ayine.com.br
info@ayine.com.br

TÍTULO ORIGINAL:
Havboka

© 2019 EDITORA ÂYINÉ
1ª edição Novembro 2019

Este livro foi publicado com o apoio de Norla

ISBN 978-85-92649-57-9

PAPEL: **Polen Soft 80 g**
IMPRESSÃO: **Artes Gráficas Formato**